本书系江苏省高校"青蓝工程"中青年学术带头人培养对象资助项目

一个写作教师从教书匠向一个研究型学者的转变

既是教师，又是学者，一身二任焉

写作艺术探寻

滕永文◎著

中国文联出版社
http://www.clapnet.cn

图书在版编目（CIP）数据

写作艺术探寻 / 滕永文著 . -- 北京：中国文联出版社，2016.9

ISBN 978 - 7 - 5190 - 2053 - 8

Ⅰ.①写… Ⅱ.①滕… Ⅲ.①汉语—写作—研究 Ⅳ.①H15

中国版本图书馆 CIP 数据核字（2016）第 227494 号

写作艺术探寻

作　　者：滕永文

出 版 人：朱　庆

终 审 人：奚耀华　　　　　　　复 审 人：蒋爱民

责任编辑：胡　笋　贺　希　　　责任校对：傅泉泽

封面设计：中联华文　　　　　　责任印制：陈　晨

出版发行：中国文联出版社

地　　址：北京市朝阳区农展馆南里 10 号，100125

电　　话：010 - 85923062（咨询）85923000（编务）85923020（邮购）

传　　真：010 - 85923000（总编室），010 - 85923020（发行部）

网　　址：http://www.clapnet.cn　　http://www.claplus.cn

E - mail：clap@clapnet.cn　　　hex@clapnet.cn

印　　刷：北京天正元印务有限公司

装　　订：北京天正元印务有限公司

法律顾问：北京天驰君泰律师事务所徐波律师

本书如有破损、缺页、装订错误，请与本社联系调换

开　　本：710×1000　　　　　　1/16

字　　数：253 千字　　　　　　印　张：15

版　　次：2017 年 1 月第 1 版　　印　次：2017 年 1 月第 1 次印刷

书　　号：ISBN 978 - 7 - 5190 - 2053 - 8

定　　价：45.00 元

《写作艺术探寻》序

凌焕新

写作，这一古老而神秘的人类生命活动，是一门艺术，它按照"美的规律"，以语言文字作为艺术手段，创造出众彩纷呈的艺术形象，和形式多样的精神艺术作品，人们称之谓"语言艺术"。它又是一门科学，在写作后面加"学"，就成为"以人为本"的人文科学中的写作学。写作，无论从艺术角度还是学科角度，都隐含着许多未知的奥秘和被遮蔽掉的自在世界，有待一切有识之士去开掘和探索。从名校硕士、博士研究生毕业后在相关院校从教多年的滕永文同志，则是正宗的写作学科的研究者和高校写作教师。他在写作领域里不断地耕耘，从教写作中研究写作，从写作中学习写作，写出并发表了一批学术论文，开辟了一片有关写作学研究的学术新天地。今将主要特色略呈一、二。

一、凸显写作的本体性。教写作，研究写作，必须先弄清楚写作是什么？为什么？怎么样？即写作本体的概念、性质、规律、基本范畴等基础理论，才能让写作的艺术研究有一个扎实而牢固的根底。作者在对《写作通论》《写作学新稿》《中国当代基础写作教材发展概况评述》等相关写作教材、著作的评述中，展示出写作研究从写作的成果——文章构成要素即主题、题材、结构、表达方式、语言等静态研究，转而向写作作为一种自觉表达行为的表达活动，从感知、运思，到表述、择技、用语等创制劳作过程来做本体性的动态研究，同时把写作活动与写给谁看，写得怎样、看得怎样、是否有益于社会等有关写作价值论联系起来。对各种有代表性的教材进行了比较中肯的综述和评析，在宏观上勾勒出写作学研究发展的一个粗略轨迹，这些都有助于对写作本体研究的探讨和借鉴。但对于这方面的研究，虽有了长足的进步，但与其丰富的内涵比较，还远远没有终结，有待于写作学者的更上层楼。

二、注重写作教与研的结合性。作为写作教师，教学是职责所在，必须教好，但教好不只是方法问题，更重要的是你教给学生什么？是精华、营养，还是垃圾、通货。这就要对所教内容进行研究，研究有多深，教学就有多深，学术上有高度，教学水平才会有高度。教学需要学术研究，学术研究是为了教学、提高教学。潜心于开辟学术新天地固然很好，但在教学的领域里自掘一块方塘也值得提倡。本书中的文章大都是为了教学而写而研究，把教学与研究有机地结合起来，这个研究方向应该肯定。《读写练》的构想与思考，可以说是该校写作课程教学的特色，既符合写作的基本规律，又提高了写作实践和教学的有效性，深受学生的欢迎。为了指导学生写作学年论文，针对文科学生写作学年论文的困难进行调研，尔后提炼并加以理论阐释，撰写成《文科学年论文选题漫议》。为了教学的需要，大力投入写作教材建设，参与了由江苏省写作学会组织的《写作新教程》的部分章节的编写工作。并撰写了其中《微型小说写作》、《时评写作》两个专题，体现出"新世纪、新体系、新特色"的写作教学导向。本书中有关微型小说与时评方面的论文，或提高了教材的质量，或是成为教材中某些精彩的章节。教与研的结合，相得益彰。

三、追寻写作的创新性。创新是写作最宝贵的本性。研究写作，也要有程度不同的创新色彩。构建学科的新体系、营造独特的理论话语与框架，自是一种大手笔的创新，在面对各种写作现象时，在审察中有所发现和体悟，敢于提出自己的识见，甚至是和专家权威相悖的看法，这也不失为一种创新，散金碎玉，也可为人所取，鲁迅说："人生却不在拼凑，而在创造"（《难得糊涂》）。著者在散文写作研究中，有文体论，有散文理论家论、散文教学论等多种形式。每篇都有若干令人眼前一亮的见解。有一些"真知灼见"。如谈散文写作的"真"，虽然人人都谈，论者认为"散文以它可贵的品质'真'而独树一帜"。这就把"真"作为文体特性中标志性的符号凸显出来，超越了文学真实性的一般化论述。记得莫言曾说过："散文写法那就是一个'真'字，有真乃大，有真乃美。"在对微型小说和时评的研究中也呈现某些独到的论述，歌德曾论及所谓独创性时说：并非因为他所创造了什么新东西，而仅仅是因为他们能够说出一些好像过去还从来没有人说过的东西来。这也应该归入创新性写作的范畴，也正是论者平时研究的追求。

这是一本写作研究文章的有序汇编。文章有长有短，学术含量有多有少，但可以看出一个写作教师从教书匠向一个研究型学者的转变，既是教师，又是学者，一身二任焉。从中也可以看到青年教师发展的未来。这又是作者第一本学术性著作，虽然还有不少提升的空间，但大体上可以看出著者学术探寻的殚精竭虑，学术上登上了一个新的台阶，随着他的继续探寻，必将会有更高质量、更新的学术成果面世，推动写作艺术事业的不断发展。我们期盼着！是为序。

（凌焕新，南京师范大学文学院教授。曾任南京师范大学中文系副主任、文学研究所所长、中国写作学会副会长、江苏省写作学会会长、江苏省微型小说研究会名誉会长、中国微型小说学会副会长、世界华文微型小说研究会副会长。）

目　录
CONTENTS

一部标新立异的开拓性著作

——《现代实用写作学》评介

近年来，由于新的经济体制的确立，社会各方面都发生了深刻的变化，实用写作也日益在谋求着发展与创新。新近出版的由南京大学裴显生教授任主编，凌焕新教授（南京师范大学）、王继志教授（南京大学）任副主编的《现代实用写作学》（江苏教育出版社，1996 年 8 月版），便是在致力于写作学基础理论研究的同时又密切关注实用写作学研究的一部标新立异的开拓性著作，其新异性和开拓性主要表现在以下几个方面：

1. 强烈的现代意识。

该书在阐述实用写作的任务时便充分地体现出历史感和现代意识相结合的特点：一是加强对实用写作特点及规律的研究；二是抓好实用文分类及写作技法的研究；三是重视实用写作史的研究；四是不断总结新鲜经验，回答当代实用写作实践中提出的问题，并较早地提出实用写作电脑化的问题；五是建设实用写作基本功训练体系，以培养大批实用写作人才。在现代意识的指导思想指导下，该书编著者勇于创新，大胆突破传统惯例和模式，创建出一套新的命题、范畴与逻辑运行方式，用现代观念审视实用写作学研究，其理论色彩具有鲜明的时代特征。

2. 崭新的理论建构范式。

该书一反传统惯例，用一种开阔的宏观理论视野来构建理论框架，努力建设一种现代化、科学化的实用写作基本理论体系和基本功训练体系。全书由两大块组成：一为基本原理，二为文体写作。这冲破了多年来实用写作学的局限性很大的例文模仿模式。

3. 有效的实用性。

该书充分考虑到写作学科的实践性特点，注意到可操作性、可训练性，但又同时努力提高理论层次，从术到学，由技到道，力求理论的高层次与训练的科学性的统一。该书在文体写作部分，对管理类和信息类（非管理类）及为数众多的小类实用文体，都选择一些使用频率颇高的文种，对每一列入的具体文种，均力求具体地阐明其特征与功用，简述其源流，并且举出例文，说明其写作要求与方法，同时指出应该注意的事项，体现出强烈的操作性和实用性色彩。在总结教学实践经验的基础上，力图建立起可操作的实用写作的基本功训练体系，以适应现代社会培训大量实用写作人才的急需。

当然，一门新学科的建立与完善并非易事，正如该书编著者所说的："我们所做的工作只是走出了第一步，虽构建了一个还算完整的理论框架，也努力做出具体的阐述，但不完善之处一定不少。"的确，实用写作学是新兴之学，许多问题都还有待于进一步探讨、进一步完善，但这本著作仍不失为一部标新立异的开拓性著作。

（原文发表于《社科信息》1997 年第 1 期）

中国当代基础写作教材发展概况评述

写作学是一门古老而又年轻的学科。教育界的有识之士在这块尚不丰沃的园地里呕心沥血，辛勤耕耘，取得了引人注目的研究成果。这些成果不仅推动了写作理论研究的深入发展，而且对我国高校写作教学起着重要的支撑作用。写作教材的状况，直接与写作学的研究联系着。写作学科学体系的建立，必将进一步推动写作教材和写作教学工作的深入发展；反之，写作教材的完善化、科学化以及写作教学的深入开展，也必将给写作学的建立和对有关写作问题的研究带来好处。教材的多样化是写作学兴旺繁荣的表现，同时又是写作学发展到一定阶段的产物。由于手头资料有限，本文所涉及的写作教材，是从数量众多的当代基础写作教材中挑选出来的，不免带有一定程度的主观意味，笔者尽量挑选那些在写作学界反响颇多、读者影响面比较大的写作理论专著，作为评述当代（此处特指新中国成立以来）基础写作教材发展概貌的主要对象，剖析它们的得失及其在写作理论研究领域中的地位、作用。当然，我们不能用今天的现代眼光来苛求前人，不能脱离开当时具体的社会历史条件来孤立地看待他们的研究成果。"历史从哪里开始，思想进程也应当从哪里开始，而思想进程的进一步发展不过是历史进程在抽象的、理论上前后一贯的形式上的反映。这种反映是经过修正的，然而是按照现实的历史过程本身的规律修正的，这时，每一个要素可以在它完全成熟而具有典范形式的发展点上加以考察。"[1]本文试图按照"现实的历史过程本身的规律"来考察这些教材，还其历史的本来面目。

一

五十年代到六十年代是写作教材的初建期。复旦大学中文系胡文淑、翁世荣、黄润苏等编写的《写作基础知识》（上海教育出版社1960年5月出版，1961年12月、1962年7月先后出版修订本）；在沿用萧东著《作文讲话》的三要素（"主题"、"结构"、"语言"）理论框架的基础上，增设了"题材"、"文体"等教学内容，形成了五要素建制的基本框架（该书共分六章，包括绪论、主题和题材、文章的组织结构、遣词造句和辞格、记叙文、论说文）。它吸收了文艺学和语言学的一些研究成果，是构建以文章为思维中心的写作理论体系的初步尝试。本书侧重讲文章知识，从整体内容上看，著者的认识是有所进展的，尽管还没有完全从语言学中摆脱出来。另外附有记叙文、论说文、应用文等文体写作知识，这种安排也是较为符合作文教学之需的。受当时历史条件的限制，该书从论述到取例，均带有过于浓烈的政治色彩，把写作教材类同于政治教材。

　　与其体例大致相同的由北京大学中文系汉语教研室编撰的《写作知识》（商务印书馆 1964 年版），是在该系编写的《现代汉语》下册"修辞"和"作品分析"两部分的基础上扩展而成。共分八章："主题""结构""叙述和描写""说理和议论""准确和简洁""修辞方式""文章的风格""文章的准确性、鲜明性和生动性"。编者在对文章因素剖析的基础上，加入表达方式、修辞、文风等方面的内容，从而形成了一个从语言学、修辞学基础发展起来的新的写作学体系。这一体系直到七十年代和八十年代初仍是我国写作教材的基本框架，至今仍有可资借鉴的价值意义。同时该书的实用性不很强，引证取例也同样存在着浓厚的政治色彩。

　　由于受传统的"以读带写"作文教学模式的影响，五六十年代出版的这些以文章知识传授为主的知识类教材，大都非但脱不出静态地讲文章构成的一贯模式，而且与学生的作文实际有较大的距离，因而其教学价值自然是很有限的。造成这种状况的原因很多，其中很重要的一条是写作教学没有成为独立的课程，写作理论界的自身经验与理论积累也比较低水平。但毕竟造就了一批写作教师，积累了一些经验，为此后写作教学的大发展打下了基础。与此同时，这一时期的研究具有开创和探索的性质，在继承前贤研究成果的基础上，一些学者着意创制、孕育了一个初具学科特色的理论雏形。使偏重文学创作而忽略一般文章写作、注重对学生文学创作能力的培养而忽视一般文章写作能力的提高的倾向得到纠正，重新确立基础写作的地位，这一点无疑值得重视。

二

　　新时期以来，写作学科在理论进展的速度上、学术成果的数量上以及社会影响的广度、深度上，都是以往任何历史时期所无法比拟的。1980 年 12 月中国写作研究会（后更名为中国写作学会）的成立、1981 年 7 月《写作》杂志的创刊，标志着中国的写作学科建设开始进入自己的青年时代。

在写作学界为"建设写作学科"而苦苦探索时，由路德庆、施亚西、范培松等主编的《写作教程》（华东师大出版社 1982 年 4 月版，1984 年又修订再版）便是应运而生的研究成果。作为《大学写作丛书》之一，它曾荣获中国写作学会首届优秀科研成果一等奖。该教程共五章，第一章写作基本训练，是写作基础知识与写作技能的总论；第二章以后分别讲述记叙文体、议论文体、说明文体、应用文体的写作训练。它最显著的特点是以训练为序，把讲授写作知识和写作技能训练结合起来，重点放在各种文体的写作技能训练上。为了达到训练的目的，每章大体上按照"基础知识——基本技能——训练方法途径设计"这种样式来论述，着眼于知识向技能的转化。它主要是在"训练"这一点上与基础写作教学的实践性特征相吻合，从而开创高校写作分解训练的先例，是训练类教材的典范之作。它标志着写作教学思想上的一个转折，是写作研究由客体生活、文章转向动态的写作过程和写作主体的信号弹，在当代写作教材建设中具有重要意义。从其发行量之大（十二万册）便可反映出它的影响和价值所在。著名教育家张志公先生在该书序言中曾说："在理论联系实际方面，在教学写作基础知识和培养写作能力相结合方面下了不少功夫，这是这部教材的一个主要特点。把讲解写作的基础知识、文化知识和训练结合起来，把训练作为教材内容这是一种新的探索，这种探索是有意义的。"当然，该教材也并非无瑕拱璧，它所涉及的写作基础理论知识有继承有余、创新不足的缺憾，也许这与编者的主导思想——以训练为线索，着眼于智能训练，着重培养和提高学生的写作能力，它也讲基础知识，但较简明扼要，并力求和训练结合起来讲——有关，而这个训练体系只只着眼于局部的技术的能力的训练，如记叙文体训练中的叙述训练、描写训练、抒情的训练等等，它并未对写作行为系统进行宏观的整体思考。因此，福建师大林可夫教授对该书的评价是：首先提出了训练的构想，并进行了初步的设计，但距离解决问题尚远，因而可以认为在由知识传授向能力训练过渡上，前进了半步——值得充分肯定的半步。也就是说，《写作教程》迈出了写作训练的前半步，至于完成后半步的则是两本书，即《基础写作概论》和《基础写作教程》。

由林可夫主编，福建师大写作教研室叶素青、孙绍振、林可夫、颜纯钧、潘新和共同编写的《基础写作概论》（福建人民出版社 1985 年 3 月版），是一部写得很有特色、有水平的基础写作教材。它建立了新的教材体系，具有较强的科学性。除前言外，全书共分四编，编下面又有具体的章节，条分缕析，系统严整，显示了严密的逻辑关系；其次，它力求突出重点，而不是平均用力，如第一编有《摄取》《构思》《表述》《修改》四章，该编以《构思》一章作为重点加以论述。二、三、四这几编，分别讲述记叙文、说明文、议论文三个基本型文体的写作训练，其中以议论文为重点。这几编内，都设有《基本知识》《写作训练的中心环节》《写作的基本过程》这三个章目，以《写作的基本过程》为重点。还有该书纵横联系，从纵的方面看，以"训练"统率整部教程，这与编者的"既重视理论知识，更重视写作实践，在实践中消化理论，从而达到培养写作能力，提高写作水平的目的"理论观点紧密相连。从横的方面看，各编之间，各章之间，互有照应和联系，以记叙文、说明文、议论文这三种文体训练来说，就经常是相互联系并相互对照着来讲述。

《概论》提出了许多新观点、新见解。如在对"基础写作"下定义时，强调了以辩证唯物主义理论为指导，以培养写作能力、提高写作水平为目的，以系统的写作实践为特征；揭示了基础写作与哲学、思维学、心理学、语言学、美学、系统学的联系；明确了基础写作是一门具有综合训练性质的智能、技能课。这是对于基础写作的学科性质、目的、任务及其与相关学科关系的新理解、新概括，显示出新的认识水平。另外提出了写作运动的公式：生活→思维→文章，因而学习写作不仅要注意成品，更要研究形成文章之前的构思活动。诸如此类的新见解、新观点在书中屡屡出现，不一而足。

另外，《概论》的实用性也较强，力图克服过去一些写作教材讲知识多，而讲如何运用知识、把知识转化为能力显得不够的缺陷，努力把知识讲活讲透、讲得深入浅出，以便让学生能使会用。书中时常说"初学者"如何，"习作者"如何，指出他们易在哪些地方出毛病，原因何在，并指示纠正办法，这是十分可取的。此外，该书所援引的例文及各种材料，博采古今中外，兼括自然科学和社会科学，且注意时代性，给人以丰富感、新鲜感，利于引起读者的阅读兴趣。

《概论》在促进写作教学科学化和现代化的进程上做出了可贵的贡献，尽管其还存在着种种问题和不足之处。这一点不容忽视。

由吴伯威主编、林柏麟、余承滨副主编的高等师范专科学校写作教材《基础写作教程》（山西人民出版社 1985 年 7 月版），是一部以智能训练为中心的体例新颖而实用的写作教材。全书除绪论外，分上、中、下三编，且都以"训练"命题：智能训练、表达训练及篇章综合训练。从篇章的命题即可看出编者的着力点在于突出"练"。至于练什么？怎样练？如何有计划、有步骤地练（即练之有序）？它提出了解决这些问题的可值得研究的答案：先安排纵向的写作智能训练，再安排横向的表达方式训练，最后进行文体组装的综合训练。这样安排是否完善，姑且不论，但将写作教学的口头禅"多读多练"之中的"多练"模糊不清的一般性经验，变成"练之有序""练之有法"的具体步骤，这在写作教材的改革、创新中可说是迈出了新的一步。

《教程》在对传统知识体系的阐述中，强调了智力、技能在写作过程中的作用，并结合文章要素安排了系列化的智力、技能训练。以上编智能训练而论，既讲述传统的写作基础知识，又增加了新颖的写作基本训练。"捕捉与采集"可授人以取事之法，"理解与开掘"则授人以炼意之术，"推导与想象"意在培养开拓思路的良好习惯，"组合与贯连"旨在培养结构设计的实践能力，"语感与笔力"则重在强化表达工具的熟练运用。这中间包括五个写作环节和五种写作功力，将知识传习与能力培养融为一体。此外，在对并非新内容"表达方式"的论述时，编者选取新角度，一反传统的写作教材关于表达方式的介绍多侧重于定义、种类及应用的惯例，而侧重于效果、技法及应用的基本功力方面，抓住记人与叙事、说理与释意、写景与状物、论是与斥非的写作训练的中心环节，旨在有效地培养学生的表达能力。

在创新的同时，该《教程》还充分强调务实，强调"教材性和实用性"。其编辑原则（"以理论知识为指导，以训练为中心，以范文、例文为借鉴"）充分考虑到了教学的实际需要以及学生的可接受性，体现了"教材性"。且所选例文时代感强，实用性强，大胆选用学生习作当例文，作为一种务实的尝试。此外，练习的设计也体现了这种精神，无论是智能训练中的分项练习，还是篇章综合训练中的文体练习，设计中都注意了启发和调动学生的写作积极性。尤其是智能训练的单项练习，具有实用价值，易取得实际效果。

上述三部写作教材是 80 年代写作学训练工程体系的代表作，它们对写作教学产生了重大的影响，对建立系统的、完善的写作学学科体系也有不寻常的参考价值作用。

70 年代末，被教育部首肯认定的第一部广泛使用过的大学文科写作教材是由北京师大中文系刘锡庆、朱金顺、齐大卫、刘芳泉等编写的《写作基础知识》

（北京出版社 1979 年 11 月版），它的内容基本上是对六七十年代若干"写作知识"教材的总结。共分十章，分别是"绪论""材料""主题""结构""语言""叙述和抒情""描写和对话""修改文章""文风"。全书体例富有传统特色，重视理论知识的讲述而缺少练习设计，论述写作基础知识比较全面系统，且例证丰富，便于读者自学，因而其影响和作用不可忽视。由于该书广受欢迎，故此刘锡庆、朱金顺两人在该书原有基础上改编而成的《写作通论》（北京出版社 1983 年 6 月版），仍遵循原有的教材体制，可谓是前者的翻版。后者的备受读者欢迎（发行量为 100 多万册）的程度，也可从侧面映射出前者对后者的影响之深，说明了其地位和作用的非同一般。

尽管该书对初学写作者及教学工作人员有极高的参考价值，但它仍处于现代写作研究的原点状态，局限于"物、意、文"等传统观念，在研究方法上仅止于对文章作静观式的解剖，即只根据文章要素把写作过程当作知识切割成主题、结构、材料、语言、表达方式、修改、文风、绪论八大块，尽管这其中也不乏动态的探讨，譬如如何占有材料，如何提炼主题等等，但从整体上是忽视了写作主体这个最根本最关键也是最为活跃的主导因素的，最终难以揭示出写作活动的深层奥秘。

第一本较为像样的《写作学》——《基础写作学》（中央电大出版社 1985 年 6 月版），是编著者刘锡庆在学科面临新形势（即"建设现代写作学"）下，创学科意识激发而辛勤耕耘后捧出来的一份有分量的成果。全书分上下两编，上编为写作基础理论知识，即"写作""文章""写作学"的知识以及写作本身的性质、特点、基本规律；下编则侧重于作者——写作行为的主体——和写作行为的具体过程，如"写作准备阶段"的聚材取事、命题炼意、谋篇布局、定体选技；"写作行文阶段"的得其机遇、贯通文气、多种表达、遣词造句、讲求文面；"写作的完善阶段"的修改润饰等。该教材的最鲜明的特色是体系感强，理论成分浓。把写作行为的主体（作者）作为写作学研究的中心环节；并借鉴中国古代写作理论和前苏联学者 A·科瓦廖夫的"双重变换"观点，创造性地提出写作过程"双重转化"学说；较为系统地描述了写作行为过程的动态性特征。同时，它首次提出"写作学"这一响亮的口号，打出一面鲜红的旗帜，表现出一种强烈的独立的学科意识。另外，该书研究的立足点已从文章要素分析的角度开始转向写作本体的研究，对写作规律、特性等问题的论述均具有开创性；对概念、术语的阐释也具有较强的独立性。与同类基础写作教材相对照，该书的理论性、系统性和学术性，都具有较为明显的优势，尽管其还存在着不可避免的局限性，如所建构的理论体系尚处于雏形阶段，不够完善；对写作的本质及规律的探讨也值得进一步商榷，譬如把学习写作应该遵循的原则、方法和途径当作从写作行为活动本身（内部）所概括出来的本质规律；理论和实践有所脱节等等。

随着我国现代化建设的迅猛发展和改革浪潮的巨大冲击，尤其是面临席卷世界的新技术革命的严峻挑战，使得致力于我国写作事业的仁人志士越来越明显和急迫地感到：写作学科必须走现代化、科学化的道路（即"走现代科学宏观综合之路"），舍此别无他途。正是由于时代的催生和写作学科自身趋势的发展，加之现代科学新成果、新方法的引进应用，《现代写作学》便应运而生，脱颖而出。（该书由朱伯石主编，张得一副主编，全国 20 所高校写作教师编写。人民日报出版社 1986 年 6 月版）它是一部内容新颖的革故鼎新、继往开来的现代写作学理论著作，是第一部公开而鲜明地亮出了"现代写作学"的旗帜的理论型写作教材。全书除续编外，分上中下三编，绪编为写作与写作学，论述写作学科的历史、传统写作学与现代写作学的联系和区别、写作的特殊本质等问题；上编为客体论（写作的外部研究），分三章：写作的重要工具——语言，写作的物化形态——文章，写作的诉诸对象——读者；中编为主体论（写作的内部研究），共五章：主体运动的基础——感觉，写作运动的生命——情感，主体内化世界的运动——思维，主体运动的翅膀——想象，主体的定向运动——构思；下编为总体论（写作的综合研究），分别从写作实践的宏观决策、写作过程的动态考察、写作的基本规律、写作技法及其辩证艺术等方面来安排章节。该书编者力图运用新方法论并吸收现代语言学、心理学、接受美学、思维科学、脑科学、社会学等学科的研究成果来重新审视写作行为，探讨写作的特性、规律，创造性地开拓了写作研究的新领域，从宏观大体系上全面更新了写作基础理论，突破传统写作知识的旧框架，把写作理论研究的中心从静态的文章构成的平面式研究转为对写作系统的构成研究，尤其重点研究写作主体系统中的心理、思维、情感、想象、能力等领域，这是深入到对文章制作过程的动态研究。同时，它首次鲜明地举起了"主体论"的大旗，把写作主体摆在了研究的中心位置，在多学科透视的基础上，对主体的写作活动进行立体分析，且十分强调写作主体的能动创造性，进而首次提出"感知飞跃——内孕飞跃——外化飞跃"这种"三级飞跃"理论，把其作为核心思想统领和贯串于书中的各个章节。新的观念、新的体系、新的方法，难免产生新的不足，由于初次引进其他学科的理论观点及成果，因而难以避免在"移用"过程中存在着明显的生硬痕迹，未能与写作自身的内容水乳交融地化合在一起；个别章节的内容仅仅注意横向移植，而在针对写作自身的矛盾特殊性方面纵向研究不够，如对情感、思维等问题的论述，仅仅满足于心理学层次上的理论阐释，未能结合写作学理论做出写作学层次上的阐释。它关于"写作规律"的论述也值得进一步商榷，因为除了"化一律"之中的"物我化一"和"言意化一"可以算作是对写作规律的某些方面的认识外，"渐递律"实际上讲的是学习写作的方法和途径，而"适宜律"实际上讲的是写作的原则和要求，很难说是写作行为活动的自身规律；此外，它过于偏重抽象理论的阐述，而对理论如何指导实践方面缺乏论述，忽视了教材的实用性。但不能否认，这是一部有新意、有深度对于写作研究具有重要参考价值的写作学专著。

在"中国写作学会首届优秀科研成果奖"中荣获一等奖的写作学专著还包括《写作学新稿》（裴显生主编，凌焕新、张泽民副主编，江苏教育出版社1987年7月版）。全书共分五部分：一、绪编。讲述现代写作学的对象、任务，二、本质论。对写作的涵义、特性及规律作了界定，认为写作是特殊的实践活动，在此命题之下，分别讲述了写作与时代、与文风、与读者的关系；三、写作过程论。分述采集、构思、表达、修改等写作行为过程；四、技法论；五、文体写作论。全书的内在框架是以"基础科学"（本质论、过程论）——"技术科学"（技法论）——"应用工程"（文体写作论）这种理论层次、模式来建构的。它归纳总结写作的基本规律为"意化""雏形化""物化"，为我们提供了一个写作活动全过程的能力转化的基本规律形态；并且运用思维科学、现代心理学的知识对写作行为过程的四环节作了具体论述，力图从动态的、立体的角度对过去认为"只可意会、难以言传"的写作奥秘作以科学的揭示。同时全面地完整地论述了作者、生活、读者、文体四因素之间的关系，强调"必须重视对作者素养和能力结构的研究"，侧重从写作主体的角度探讨写作的本质及特性。《新稿》以崭新的、气魄宏大的"四大块"理论体系赢得了写作学界和广大读者的广泛关注。它在继承前人研究成果的基础上不断地创新，新的观点、新的阐释随处可见：如关于写作的涵义、规律的论述；关于写作的"个体性"与"创造性"的论述；关于"技巧论"的阐述等均能给人以新的启迪；同时它在融化、吸收相关学科的理论时，能立足于写作学科，将其他学科知识恰到好处地化合到对写作理论的研究中，如对"构思"的阐释；运用接受美学原理对"读者"在写作活动中的反馈作用的论述等等。全书充分地体现出一种强烈的现代意识和现代气息。

毋庸讳言，《新稿》中也有一些观点值得进一步讨论，如关于写作学与文章学的关系问题，它认为文章学是基础科学，写作学是前者下属层次的技术科学，即文章学包容涵盖写作学；关于写作规律"三化"概念的使用；关于文体分类的标准等等。另外，作为写作教材，《新稿》在"理论知识的高层次与能力训练的科学性相互渗透、相得益彰"这个关系的处理上似乎还有工作要做，尽管有可读性、可讲性，但练习设计中的科学性尚嫌不足，对学生能力转化方面的指导性还不强。瑕不掩瑜，《新稿》不失为一部优秀的很有理论深度和实用价值的写作教材，是一部写作学集大成之作，在当代写作发展史上具有里程碑式的地位。

应教学之需和社会之需，在《写作通论》《基础写作学》等教材的基础上重新编写的《基础写作》（李景隆主编，张继缅等副主编，中央广播电视大学1989年2月版），本着两个基点：一要重视基础，注重实用，要讲文章的构成的基本规律（这是"讲"的方面的科学化问题）；二就学的方面来说，要突出实践，建立一套有效的写作训练程序（这是"练"的方面的科学化问题），全书的内容作如下安排："讲"的方面，讲授四编。一、写作的准备；二、写作；三、修改和文面；四、基本型文体。"练"的方面，每章都设计出若干个以单项训练为主、以成篇训练为辅的写作练习题目。由于把写作过程界定为"从确定写作目的开始到文稿结束"，而忽略了文章的社会效应及读者反馈效应的考察，致使该书体系不甚妥当，显得理论视野不够宽阔，显得比较拘谨、狭隘。至于文论部分，也很难说具有真正的科学性，把语言表达方式（即叙述、描写、说明、议论）作为文体种类加以论述，这都值得商榷。然而，作为一种较受欢迎的写作教材而言，该书也有其他同类教材所不具备的一些特色，如对于"段"这一语言学、文章学和写作学的交叉现象论述得比较详细、系统，强调了"段"的重要性及其意义；关于"基本型文体"的论述，在局部的理论的阐释上也有较大突破，如对于人称视角问题的探讨颇有新见。另外，它还具有较强的实用性，它所设计的习题，题型灵活多样，能引起写作者的练笔兴趣，这一点不能忽视。

八十年代末写作学界"保守、守旧的样板"——《写作》（王光祖、杨荫浒主编，华东师大出版社 1989 年 3 月第 1 版），尽管作为汉语言文学专业的全国高等教育自学考试教材曾多次印刷，且印数不少（1991 年已达 30 多万册），但它在写作学界并未引起多大的重视，也几乎未见评论者对其做出哪怕是苛刻的吹毛求疵式的评价。究其原因，乃是编著者没有用现代开放、创新的意识和眼光来对待写作研究，过于囿于传统，显得继承有余，而创新不足。过分地强调"为使教材具有通用性和普及性"而死板地"沿有传统写作教材的体系"，考察该书的内容便可以看出其保守性、传统性：上编为基础理论知识，分主题、材料、结构、表达方式、语言、作文过程；下编为文体理论知识，分记叙文体、议论文体、说明文体、应用文体四类。它在对写作基础理论知识的简要介绍时几乎没有新意可言，让人读后总有一种雷同感；而且文体理论知识部分也存在着文体分类标准不精确、不统一的弊端。当然，该书也并非没有可取之处，其中，有关文艺评论写作的论述和所设计的"思考和练习"的实用性强等方面都可资借鉴。总之，它作为一个样板、一个个案应该引起写作学界的重视，重新反思和审视写作基础理论研究领域中的有关继承和创新的关系问题。

　　属于国家教委"七五"规划项目之一的高等学校文科通用写作教材——《写作学高级教程》（周姬昌主编，李保均、林可夫副主编，武汉大学出版社 1989 年 4 月第 1 版），曾荣获国家教委第二届普通高校优秀教材一等奖和中国写作学会首届优秀科研成果一等奖。它已多次印刷出版，受到社会各界的广泛好评。全书除绪论讲述写作学的性质和任务、理论框架、写作学与写作教学的关系外，共分上下两编，上编为基础理论，分八章，即"八大块"，规律论、作者论、感知论、运思论、表述论、技巧论、文采论、读者论，外加附篇：源流论，论述中国古代写作理论的发展概况；下编为文体理论，从文学文体和实用文体两大类别来分别论述具体的、有代表性的文体写作，最后加附篇，讲述实用文章的历史演变。由于该书的编委会成员大都是我国写作学界具有丰富教学经验和较高学术水平的专家、学者，因而决定了全书的浓厚的学术色彩和精湛的学术水平，是一部体现了写作学科八十年代最高水平的学术著作，是一部适合当今高校师生教学使用的好教材。它以体系的新颖，研究领域的拓宽、理论层次的高深等突出的特色，确立了在写作学科建设中理应占有的位置。

　　由于"可教性"是教材的生命，是教材使用价值得以体现的基本前提，据此我们同样可以发现《高级教程》在教材的实用性方面也存有缺憾，虽然各章都设计有思考和练习，但题型设计较单调，缺乏灵活机动性，因而对具体的写作实践活动的指导意义不大；此外，教材中所概括的写作基本规律（即"物我交融转化律"、"博而能一综合律"、"法而无法通变律"）有的评论者曾指出，"转化律"可以算作写作行为活动中对"物"的"感知"阶段的一条具体规律，而"综合律"则讲的是写作的特点，"通变律"讲的是学习写作的原则，而不是写作行为活动的自身规律。这确实是一个值得进一步探究的理论问题。

三

有的论者在论述当代写作教材的建设进程时曾断言："九十年代写作课进入发展期。这一时期进一步向纵深和横向发展，形成相对稳定的内容体系。……面对新世纪，写作课在已有积累和拓展的基础上，将跨入成熟期。"[2] 下面将以两部写作教材作为考察对象，大致地了解一下进入九十年代以来基础写作教材的发展概貌。

作为"写作丛书"之一的由山西省社科院林柏麟、孟建伟编著的《写作原理与技法》（山西高校联合出版社 1991 年 9 月第 1 版），本着创新、求实的指导思想，吸引近年来全国写作理论研究领域中的新成果，积极开拓写作研究的新领域。它着力于基本原理的阐述和基本技能的训练两个方面，基本原理的阐述，注意现代观念、思想的吸收，基本技能的训练，则安排了纵向过程与横向表达两个侧面的系统组合，纵向过程是指文章制作自始至终的过程，横向表达是指语言操纵各种各样的方式。据此全书分三编，上编为写作原理，分写作性质、写作过程、写作规律、写作能力四章；中编为文章制作，纵向论述文章制作过程中的操作环节，即聚材与取事、运思与炼意、定体与谋篇、行文与改稿；下编为表达技法，讲述记人与叙事、状物与写景、析理与释义、论是与斥非等各种方式。它科学地融合了符号学、传播学、哲学、思维科学等诸学科的先进研究成果，立足于写作本体，把写作原理的研究领域横向拓展，且不乏见解深刻、观点新颖的理论阐释，如从三个方面来剖析写作的特性，即写作行为的社会性、写作活动的智能性、写作符号的工具性；从文字传播的系统过程、精神生产的系统过程、语言表达的系统过程等三个方面来阐述写作过程；在"从无到有"四规律（一是思考的无向转向表达的有向；二是客体的无限转向载体的有限；三是思维的无序转向语言的有序；四是思想的无形转向文章的有形）即指转化是写作过程中的普遍规律的哲学分析的基础上总结出四条写作基本规律，作为一份抛砖引玉的探索性答案：即同化律、类化律、序化律、优化律。上述所有这些理论阐释都有不可忽视的创造性，同时对写作理论界的研究也不无启迪作用。另外，它在每章的最后都设计有针对本章节所讲内容的"阅读与思考"，以供读者参考使用，虽有一定的启发性，但训练方式过于单调，对学生的能力的转化与提高的意义不是太大。

首次以"当代写作学"的旗号出现于教材之林的便是由王强模主编、李慧民等副主编的《当代写作学》（贵州教育出版社 1993 年 7 月版），它曾经作为高等院校的写作教材而被广泛使用。全书除绪论外，共九章。绪论讲述文章概念的演进、写作学的源流、内容、任务及其研究方法、前景；九个章节分别论述写作的主体、客体、受体、载体（文体）、中介、规律、技巧及创造，侧重从写作活动的各个要素的分析入手来剖析写作的性质，它在广泛吸取其他学科营养的同时，进行着"为我所用"的理论创造，这其中不乏新鲜的观点，如"受体"一章，便对受体的创造功能、接受地位、接受方式等问题的论述都能结合写作本体来分析，相当精辟；它同时还注意把文学写作与实用写作放在同等地位来论述，并非偏重文学创作的分析而忽视实用写作的考察，如受体对非文学类文章的接受和受体对文学类作品的接受；文学文体的流变与非文学文本的流变；文学语言与科学语言的不同点比较等问题的论述都是编者试图把二者结合起来共同探讨写作的基本原理。另外，该书所归纳的写作规律，即"物我交融转化律"、"多元作用综合律"、"循序渐进递变律"，笔者认为也没有多少新意，其规律的本质涵义与《写作学高级教程》所归纳概括的规律的内涵极为相似，只是语言略有变通而已；同时它对写作过程的阐述也乏善可陈，也许这与编者力求写作基本理论的稳定性思想有关；还有一点需要指出的是该书偏重于理论讲述而严重忽略训练系统工程的设计，这是作为教材使用而言是一个致命的缺憾。

中国的写作学，在艰难的探索中步入到了二十世纪末，实现了从"传统到现代"的转变。在实现这种转变的曲折进程中，上述所剖析的这些基础写作教材都从不同角度、不同程度上给予写作理论界以新的启示，尽管它们存在着种种缺陷与不足，但不可否认它们曾经所拥有过的不容忽视的地位和影响。面对二十一世纪，写作学界会团结一致，再接再厉，进一步加强基础理论研究，使之走向成熟，用新的业绩来适应时代的需要，来创造学科的新的辉煌！

注释:

［1］中共中央马克思恩格斯列宁斯大林著作编译局编：《马克思恩格斯选集》（第一卷），人民出版社1995年，第576页。

［2］任遂虎：《关于写作教材建设的新思考》，载《写作》1996年第9期。

（本文发表于《常州工业技术学院学报·社科版》1998年第3期）

提高军校学员写作素质之我见

世纪之交，我们面临着人才竞争的严峻考验。科学技术的迅猛发展及综合化、整体化的趋势，科学技术与人文文化相互渗透和融合的趋势，信息时代的到来和社会化的趋势，东西方文化的交流、碰撞、融合的趋势，我国社会主义现代化进程以及经济体制和经济增长方式两个根本性转变等，都对我国高等学校的人才培养工作产生深刻的影响。当然，军事院校也不例外。军队现代化程度越高，对高素质人才的需求就越大，要适应未来高技术条件下局部战争的需要，军队院校就必须把培养高素质学员放在重中之重的位置。正如江泽民总书记所反复强调的"要把培养和造就大批高素质人才作为军队现代化建设的根本大计来抓"。而科学文化素质，是高素质军校学员的基础素质。它是一个综合素质，其中文化是基础，没有坚实的文化基础，较高的科学素质就无从谈起。大量事实证明，现代军事力量的强弱，不是同数量成正比，而是同军事成员的科学文化素质以及训练水平成正比。成员的文化素质越高，训练有素，才能充分掌握和发挥高技术武装的作用，综合战斗力才能体现出来。因此，提高军官队伍的科学文化素质，既是贯彻中央军委科技强军战略思想的长远大计，也是部队现代化建设的当务之急，还是军官自身成长进步的重要基础。

"寓兵于民，藏官于校"，是和平时期国防建设的一条基本规律。按照中央军委的战略部署，从军队建设的全局出发，军队院校应当把提高学员的科学文化素质作为一项重要的教育训练内容，采取多种途径，努力培养和造就具有扎实的科学文化基础知识，精通专业知识，且又熟悉与本专业有关的相关知识，具有科学的思维能力和一定的创新能力，善于运用知识提高认识水平和工作水平；具有现代科学技术知识，重点了解、掌握新高技术在现代战争中的利用；具有较高的文化素养，广泛涉猎社会科学和自然科学知识，拓宽知识面；具有在实践中更新知识的紧迫感和强烈愿望的现代军事人才。

写作素质作为科学文化素质的一个重要组成部分，也是军队院校在培养人才方面所不可忽视的一个重要方面；它同时还是军事人才整体素质的一项重要指标，是军队复合型人才所必备的一种素质。正如原中央军委委员、总参谋长傅全有上将在为《军事写作大全》所写的题词"军事写作是部队的重要战斗力"那样，写作素质的高低，往往对人才作用的发挥有着不容忽视的制约作用。

解放军国际关系学院作为全军重点外语院校之一，在培养各类外语人才方面做出了不小的贡献。但是，由于以外语为特色、为专长，所以学校在一定程度上也赶了"重洋文，轻中文"的大潮流，为了提高学校的四、六级通过率，加大了对英文等外语的学习力度，使学员把绝大部分时间与精力用于学洋文，而极少有时间来加强对中文的学习。笔者在讲授汉语写作这一公共基础课的过程中，曾亲眼目睹过学员们所写的文理不通、格式不对、错别字满篇的文章，以及各类水平不怎么样的译作。面对这种状况，笔者曾感到深深的困惑，这难道就是一个军校大学生的真实的写作水平？他们的写作素质如此之差，究竟原因何在？著名教育理论家、北京理工大学高教研究所研究员杨东平先生针对当代大学生"重洋文，轻中文"的不良倾向，曾经不无感慨地说："当年的一代学术宗师如陈寅恪、冯友兰、汤用彤等，可以当得上'学贯中西'四个字，他们都曾游学欧美，他们的中文也堪称上品，词章雅驯，独领风骚。再看今日之大学生，许多人的中文写作用'狗屁不通'四个字形容，恐怕并不过分"[1]。中科院院士、原华中理工大学校长杨叔子先生也曾激动地表示："目前大学生忽视的不仅仅是一门语文，而是整个文史哲，是一个人的综合人文素质，是中华民族最宝贵的文化遗产"[2]。

这些教育界有识之士的忧虑与疾呼，不能不引起我们对这一问题的高度重视。面临新世纪给我们带来的机遇和挑战，作为教育者，我们确实应该转变思想观念，切实把学员全面素质的提高放在首位。对于如何提高学员的写作素质，笔者认为要从这几个方面出发，要做到：

第一，领导部门要重视汉语写作课的作用

汉语写作课作为一门公共基础课，其目的是为了提高军校学员的书面表达能力和写作水平。但由于它是一门大课，上课人数比较多，不容易管理，很难做到有针对性地因材施教。再加上写作课的特殊性，短时间内很难有比较明显的效果（想仅靠短短的几十个课时就能把写作水平提升很快，实在有点痴人说梦的味道），所以致使许多学员对写作课漠然视之，每次布置的作业都敷衍了事，质量难如人意。大部分学员由于没有更多的时间和精力来阅读本专业以外的社科或文艺书籍，仅仅靠中学时代积累下来的那一点"干货"来应付写作课，因而，这门课的教学效果也就可想而知了。另一方面，由于班级人数太多（常常超过百人），任课教员在布置、批改作业（主要是作文）时常常感到苦不堪言，占用了大量的时间和精力，付出了辛勤劳动，却收效甚微，这不能不在一定程度上影响到教员积极性的发挥。再加上，作为一门公共课，领导部门大都视其为"点缀性"的课程，认为其重要性难以跟专业课同日而语，这就无形之中造成了眼下这种难堪局面的出现。为此，笔者认为，要想提高学员的写作水平和写作素质，作为领导部门首先应该对所安排的课程一视同仁，不能认为非专业课的作用可有可无。要从舆论方面施加一些影响，并且制定一些相关措施，使学员确实认识到基础课的地位和作用，从而在思想上、行动上改变以往的观念。这样才能调动任课教员的教学积极性，使他们为提高学员的素质而精心工作。

第二，任课教员要认真加强指导，以调动广大学员的写作积极性。

写作是一种实践性非常强的精神创造活动，写作能力的提高，从来都不是单靠"听"出来或"看"出来的，而主要是靠"写"出来的！任何教员、作家，都不能直接地传导"能力"。他只能"传导"一点知识（经验、体会、方法、途径等），然后由学生完成把它转化为能力的任务，这个任务是任何人都无法替代的。正是从这个意义上，鲁迅先生才说："文章应该怎样做，我说不出来，因为自己的作文，是由于多看和练习，此外并无心得或方法的"。（《致赖少麒》）这话有一定的道理。当然，教员作为外部"条件"，可以起到指引、点化和督促学员的作用。给点"时间"，做点"点拨"，加点"压力"，适当"逼"他们一下，是很有必要的！总之，教员要当好"教练员"，要帮助学员打好"外围战"。而决定性战役还要靠学员自己打！这是提高写作水平的关键所在。这就叫"师父指指门，修行在个人"。

所谓"指指门"，我认为最主要的是指导学员选择科学的阅读方法，使他们成为会学习的人。作为教员，应当指导学员掌握一些基本的阅读方法。

1. 略读：属欣赏性、涉猎性阅读，要求对相关读物进行快速浏览，把握整体，以辨认出需积累的材料。

2. 精读：即着眼局部，对在略读中发现的好材料进行深入细读，认真推敲。

3. 默读：通过复述、背诵、联想、回忆等方法理解、记熟阅读材料，直接储存到大脑里，以便写作时能灵活运用。

4. 圈点勾画：即对阅读材料中关键的字眼、语句、段落做标记。

5. 写阅读提纲：阅读篇幅较长的文章，在理解的基础上，按照原文的顺序整理成内容结构提纲。

6. 做笔记：笔记所记内容可以是有价值的原文的摘录、剪辑或是与阅读材料相关的心得体会等。这是一种能有效提高写作能力的阅读方法：一能积累知识，二能练笔，三能提高思想认识，陶冶情操。

在此基础上，教员可以通过多种方式来检查学员们阅读的效果，比如查阅学员的读书笔记；利用第二课堂，开办阅读课、欣赏课，开展演讲比赛、作文比赛等活动。通过检查，教员既可以得知他们的阅读效果，帮助他们从阅读转入写作，也能使学员们的学习个性得以体现和完善。

大教育家孔子曾经说过"知之者不如好之者，好之者不如乐之者"（《论语·雍也》），这句话是说学习或干出一番事业，最主要的是靠主观能动性。对一件事情，知道做它的道理的不如对它爱好的，仅仅爱好还不够，有人把这项事业（或学习）当作莫大的乐趣和幸福，这就一定能学好、干好。在这里，它告诉人们要想干好一件事，各种自然条件甚至知识、技能的基础等都只是一些必要条件，更主要的条件是从事者对这件事情的认识和态度。思想是指导行动的，思想上发动起来了，工作个学习的主动性提高了，办好事情、学有所成的可能性也就大大增强了，这样，事情自然就会办好，学习也一定能有成就。这道理同样适合于学员们的写作活动。试想，如果学员们对写作不感兴趣，那么，长此以往，他们肯定会把写作当作一种精神负担，以至于把自己搞得心神不定。相反，那些对写作有浓厚兴趣的学员，从来不把它当作一种负担和苦差事，而常常乐在其中，感到妙趣横生，得到审美的愉悦与欣喜。所以，对于写作这一综合性、创造性的活动来说，兴趣爱好是旺盛的写作热情的基础、支柱。因此，教员要想方设法充分调动学员们的写作乐趣，开展丰富多彩的文体活动，利用院报、校园广播台等媒体作为写作阵地，鼓励学员们多写、多发，写出高质量、高水平的文章来；同时鼓励、帮助学员向校外的报纸杂志投稿，这就叫"立足国关，冲向社会"。

面临新世纪，我们感到担负的责任更加重大，任务更加艰巨。我们军队院校只有担负起培养高素质军事人才的重任，才无愧于党和人民的重托，无愧于时代的要求。

注释：

［1］ 见杨东平编：《教育：我们有话要说》，中国社会科学出版社1999年，第69页。

［2］ 自杨东平编：《教育：我们有话要说》，中国社会科学出版社1999年，第72页。

（本文系作者任职于南京解放军国际关系学院基础部汉语教研室时写就）

编写中文系《读写练》课程教材的构想

运用书面语言进行写作，是交流思想、传递信息的第二性（第一性是口头语言）工具，它在人类社会生活中占有极为重要的地位。我们不但在物质生产、精神活动、政治交往等方面离不开写作，而且写作还能帮助我们开发智力、发展思维和正确使用语言。

写作的重要性正被越来越多的有识之士所关注。当然这一认识的转变并非一帆风顺，回顾一下写作课的历史足迹，我们能清醒地看到：二十世纪五六十年代是写作课的萌动期。这一时期，写作课还处于"范文＋作文"的阶段。七八十年代是写作课的成型期。这一时期开始转向文章要素分析，形成板块的写作知识（即所谓主题、题材、结构、表达方式、语言、文风、修改、文体知识等"八大块"），继而突破板块拼凑和经验描述的藩篱，引入"动态流程"的教材框架（当然，在七十年代末、八十年代初期，写作课曾经受了严峻的考验：包括北京大学、南京大学等在内的不少名牌大学的写作教研室被撤销，写作课下了马，写作教师被迫改行去教别的课程；继续开设写作课的院校，也大多不太景气。写作学科"无理论""无前途"的悲观论调，像幽灵一样在各大学徘徊）。九十年代写作课开始进入发展期，这一时期，进一步向纵深和横向伸展，形成相对稳定的内容体系，并被原国家教委（现为教育部）认定为高校中文专业主干必修课程之一。写作课程的基本属性和价值取向得到了确证。这对写作教材的编写不无指导意义。

任何避免以往写作教材编写中出现的相互雷同、平庸粗浅、缺乏新意的平庸化倾向，以及刻意追求"新度""深度""高难度""陌生度"，不遗余力地套搬新学科理论，搞名词爆炸、概念搬家、原理对应、论点移植，从而导致教材篇幅膨胀冗杂的繁琐化倾向，并且从中文系的实际特点出发，编写一套科学而实用的写作教材，这是我们首先要考虑的问题。

　　这里应强调指出，高等学校教育，是我国学校教育的最后阶段，因而，所有课程都注重知识的深化、能力的提高以及向专业化倾斜。写作课知识的深化，应该是指在中学语文知识积累的基础上，向系统化、规律化深化。写作课能力的提高，应该是指在中学一般语言文字表达能力的基础上，向未来实际工作需要的方向提高。写作课向专业化倾斜，应该是指在中学一般文体写作的基础上，向专业文体写作倾斜。因而，写作课应当向学生讲授写作的基本原理和基本规律，还应该向学生讲授未来工作所需要的专业文体写作知识。

　　还应当指出，写作课教学不能只是把写作的基本原理、基本规律概念化地、抽象化地传送给学生，而应该是从大量的典范作品的解读、分析中，总结出普通的基本原理和基本规律。同时，还应当把学生所学到的写作基本原理和基本规律转化为写作实践能力。而写作实践能力的提高，"从来都不是单靠'听'出来或'看'出来的，而主要是靠'写'出来的。"[1]所以，写作课教学应当加强专业文体的写作训练。

　　著名语文教育家叶圣陶先生曾说过一番发人深省的话："只有认清了写作是任何人都必须掌握的技能，认清了掌握写作的技能是为了满足学习、工作和生活的需要，然后根据学生今后的需要来编写教材。进行教学和训练，才能真正弥补目前中学语文教学的不足，让学生真正具有必不可少的切实实用的写作能力。"[2]这样的建议的确有一定的价值，我们应当记取。

　　教材是教学任务的具体化。编写写作教材必须结合我校中文系新闻采编、现代文秘专业的主要任务，即要培养出既有较高的文化素质、又能写一手好字、好文章的合格的应用型的语文工作者、新闻记者和秘书。为此，中文系学生必须自觉而持久地进行"三基"（基本理论、基本知识、基本技能）训练，在学好专业课、工具课（主要是外语、计算机及工具书使用等）的同时，强化阅读、作文和书写等三个方面能力的基础训练。改变以往中文教学中存在的"三重三轻"的误区，即重通史概论的教学，轻作品阅读与分析；重过去文艺思潮的梳理，轻分析当代文化艺术思潮的产生；重理论阐述教学，轻写作实践。[3]因此，中文系自创系之日起就特意开设《读写练》系列课程，以强化学生的阅读和写作能力的培养与训练。

　　《读写练》系列课程的重点是写作和阅读。广泛而有效的阅读不仅可以使大学生受益，而且也是提高他们写作能力的有效途径，阅读是写作教学中不容忽视的一个重要环节。从阅读中获得精神的滋养、情操的陶冶，可使学生的视野开阔，目光敏锐，并能培养其善于思考的习惯；在阅读中可逐渐领悟写作的理论，学会如何结构文章，如何表达主题；另外，阅读还是学习语言的最佳途径。因而，必须高度重视阅读能力的培养。结合中文系学生的实际情况，我们认为阅读应该包括两方面：一是中文系指定的四年必读书，一是写作课教学中的例文。前一类书，学生应当自订四年的阅读计划，教师主要从读书方法上进行指导，并结合阅读书目中的有关专著作示范性的阅读辅导。后一类是作为学生写作的文鉴，要求学生阅读时，不仅注意其内容，而且特别要从写作的角度去学习、研究、借鉴，了解其写作思路，掌握其构思和结构、语言、表现手法上的特点，从而领会"应该这样写"而"不应该那样写"。当然，例文的学习和写作理论，并不能直接转化为写作能力。能力来自实践和思考，来自不断、反复的实践和思考。这就要求我们的学生，在自己的写作实践中不断总结、提高，并能从更高的要求对自己的习作进行修改，以臻完美。

"读写练"贯穿于中文系整个教学计划之中。具体安排如下：

第一学期开设《基础写作》课，目的在于传授一般社会常用文章的写作知识，培养和提高学生必备的文字书写能力。通过写作教学，使学生了解写作的基本原理，掌握基础知识，学会基本方法，提高基础写作能力。

第三学期开设《读写练Ⅰ》，内容主要以散文创作为主，并兼及散文诗等文体。

第四学期开设《读写练Ⅱ》，着重介绍微型小说、报告文学、剧本等文体写作知识，以使学生了解、掌握这些文体的相关特征及写作要求，进而进行行之有效的、符合文体规范的创作。

第五学期开设《新闻写作》《秘书写作》《广告写作》等课程，使学生进行专业文体的写作训练。

第六学期开设《读写练Ⅲ》，主要介绍学术论文写作，重点介绍学年论文、毕业论文等相关文体的写作知识。使学生了解、掌握学术论文的规范及要求等内容。

结合上述教学内容及安排，我们认为，编写《读写练》系列课程教材必须具有以下三方面的内容：（一）写作文选。可以选择各种文体中的有代表性的典型例文或学生习作。（二）写作原理。原理的讲授应力求生动活泼，灵活多样，能激发学生的兴趣。（三）写作训练。要采取多种多样的科学而有效训练方式来培养学生的写作兴趣，进而提高其写作技能。

学界泰斗蔡元培先生曾经说过："大学课程，分'学'和'术'两种，'学'为'学理'，'术'为'应用'。'学'借'术'以应用，'术'必借'学'为基本，两者并进始可。"这种理论和实践不可偏废的观点，对我们编写教材也不无启迪。因此，我们在编写《读写练》系列教材时应处理好几个方面的问题。

1. 规避重复性

如何找到写作课自己的视角和力度，避免与其他课程（如文学理论、文学史等）重复，这是在编写该教材时需要注意的问题。因此，凡是中学时期已经讲授过的内容，凡是文学理论中已经讲深讲透的问题，写作理论便不宜再多加铺展。

2. 强调规范性

写作教材有必要对文体规范、语体规范和文面规范等提出适当的要求。这是由于许多学生文体意识不强，搞不清不同文体之间的差异，经常导致文体与语体之间混淆、错位，出现用文学笔调写实用文章等现象。另外，笔者在近几年的写作教学实践中发现，有相当多的大学生所写的文章，文面不规范之处随处可见，存在字迹潦草难辨、行款格式不合乎要求、标点符号使用不准确（信手乱点、点个圆点、一逗到底等）等种种现象。这些规范性内容在基础写作教材中虽已涉及，但仍有必要提醒学生注意并提出具体的要求。

3. 寻求可教性

教材是教学的蓝本和依据。教材的内容、体例、例文、语言、思考题（或训练题）等都应突出可教性。可教性意味着准确而又通俗、简明而又适用。教材可以根据教学的需要适当吸收相关的研究成果，但不能等同于研究成果。学术化、专著化在一定程度上可能会有碍于教材的传教功能。因此，《读写练》系列教材中所涉及的写作理论应力求精简明晰，有穿透力和涵盖面，不宜大而失当。相关的术语、概念等不宜过多、过杂。

4. 切合时代性

社会需要是课程完善最直接的动力。《读写练》系列课程最本质的功能，即在于它的实用性。因此，它的内容必须面向社会时代，面向现实需要，教材中选讲哪些文体，不选讲哪些文体，都要视社会时代而定。当然，切合时代并不等于排斥传统。传统的精华不能抛弃。而这就需要教材编写者在选择例文时，应首先考虑那些富有科学精神和人文关怀等"精神维生素"的文章（或作品），以便于启发学生思考和实践如何"精神成人"，以引导他们进行自我精神反思，对自己的人生价值进行思考，引导他们最终形成独立精神、自由思想及确立自己的人生价值坐标。"时代需要人文化的科学和科学化的人文"[4]，写作教材的编写理应体现这种时代性。

5. 强化训练性

写作理论和文体常识本身不能代替操作性内容。众所周知，写作活动本质上是一种能力和技巧，而这种"能力""技能技巧"，必须要通过写作者长期的、反复的、刻苦的实践（即叶圣陶先生所说的"历练"），才能有所提高。因此，实践、操练这一环节是必不可少的。写作训练在设计目标上既要考虑到质量目标，同时也要考虑到相应的数量指标。如规定一周写一篇作文，走"以量求质"的路子等。为强化这种操练性，教材编写者可在教材中设置类型多样、形式活泼的训练题，以帮助学生锻炼思维、开拓思路。同时，还应考虑到学生实际水平的差异，训练题应呈现"易—中—难"的等级和档次，以便于让不同程度和特长的学生都有"用武之地"。如何使这种训练科学、有效，应该说值得进一步探索。

要真正编就一套完整的、科学的、适应专业需要的、有自己特色的阅读写作教材是不容易的，需要进行具体的反复的探索和实践，为此，我们将准备做出不懈的努力。

注释：

[1] 刘锡庆、朱金顺著：《写作通论》，北京出版社 1998 年 4 月，第 5 页。

[2] 叶圣陶：《对高等院校写作课的建议》，《叶圣陶集》第十五卷，江苏教育出版社 1993 年，第 177 页。

[3] 著名学者、文艺理论家包忠文先生的观点，载《三江学院报》2002 年 10 月 22 日第 2 版。

[4] 黄祖洽：《科学人文本同根》，载《光明日报》2004 年 3 月 16 日第 8 版。

（本文发表于《文学教育》2005 年第 9 期）

关于提高《读写练》课程教学质量的思考

　　《读写练》作为三江学院及文学与新闻传播学院的特色课程，已经开设、实施了近十三个年头，这期间该课程受到诸多的关注，曾获得过江苏省优秀教学成果二等奖（2002 年）、三江学院优秀教学成果一等奖（2009 年）等奖项，但是，该课程也面临诸多困境，如何解决发展中所存在的诸多问题（如师资队伍、课程设置、课程规范及成果培育等），进一步提高教学质量这是我们首先要考虑的。

一、课程目标与作用

　　《中华人民共和国高等教育法》明确指出，"高等学校工作应以培养人才为中心，开展教学、科学研究和社会服务，保证教育教学质量达到国家规定标准。"高等学校的一切学科都应从"培养人才"这一中心出发去确定自己的位置。写作学科也是如此，应该通过写作教学去培养人才，而不应该以手段去代替目的。21 世纪是知识经济的时代。只有具有高度创新精神的人才才能在激烈的世界经济的竞争中立于不败之地。根据《中华人民共和国高等教育法》和国家教育部的相关要求，我们认为《读写练》课程也应该从自身的特点出发，紧紧围绕培养"创造性人才"这个中心去确立自己的位置。我们认为，通过写作教学提高学生的写作能力只是写作教学的任务之一，更为重要的是，要在写作教学的过程中着力培养学生从事创造性活动所需的各种要素，以使学生终身受益。这不是强加于写作教学的力所不能及的额外任务，而是写作教学有条件承担的义不容辞的责任。因此，《读写练》课程完全有必要根据时代的需要把培养学生的创造精神作为教学的首要任务。基于以上认识，我们据此确定了《读写练》课程教学的三项目标（或曰任务）：1. 通过课程教学，来培养学生健康的人格，陶冶学生的情操，开发学生的智力资源，特别是创造性思维和创造性想象能力，使之成为能适应现代社会需要的具有竞争力的复合型的创新人才；2.
通过本课程的学习，使学生切实掌握写作的规律、特点和方法，具备一定的写
作水平，为今后的工作和学习打下良好的基础；3. 使学生掌握必要的写作理论
和写作训练的方法，为毕业后从事各种工作（如公务员、编辑、记者、教师、
秘书等等）奠定必要的基础。

二、课程设置与基本要求

《读写练》课程贯穿于文学与新闻传播学院的整个教学计划之中。具体安
排为：

第一学期开设《基础写作》课，该课程为专业基础课，教学目的是培养学
生具有较强的写作能力，以利于其他专业课的学习，并为将来从事新闻、文秘
等文化宣传工作、科学研究工作打下良好的基础。

教学要求：

1. 使学生能系统地了解、掌握写作知识和理论，培养、提高学生分析、解
读文章的能力；

2. 使学生能较为熟练地写出观点正确、内容充实、结构完整、语言流畅、
文风端正的文章；

3. 培养、提高学生评鉴文章以及指导别人修改文章的能力。

第三学期开设《读写练Ⅰ》，主要以散文及散文诗等文体为主进行相关创
作；第四学期开设《读写练Ⅱ》，着重创作微型小说、剧本等文体；第六学期开
设《读写练Ⅲ》，重点介绍文艺评论和学术论文（包括学年论文、毕业论文等文
体）的写作；

开设《读写练》系列课程的教学目的是使文学院的学生自觉而持久地进行
"三基"（基本理论、基本知识、基本技能）训练，在学好专业课、工具课（外
语、计算机及工具书使用）的同时，强化阅读、作文和书写三个方面能力的基
础训练。以培养既有较好的专业文化素质，又能写一手好字、好文章的合格的
应用型语文工作者、新闻记者、秘书、公务员等人才。

关于读、写、练的基本要求：

1. 读

（1）读好文学与新闻传播学院所指定的100种（含共用80种，专业自选20
种）必读书和有关的专业报刊。每位学生应制订出四年的读书计划，第一年不

少于 30 种，第二年不少于 30 种，第三年不少于 30 种，第四年不少于 10 种。

（2）阅读要求：A、理清思路，把握主旨；B、分析篇章结构特点；C、学会利用工具书解决阅读中的困难问题。

（3）做好阅读卡片或笔记。按阅读要求，作专题笔记、卡片。要求：A、摘录论点；B、注明著者、书名（或篇名）、出版社、版次、页码等；C、写读后感。

（4）阅读中要求背诵 80 篇（首）古今名诗、名文。

2. 写

（1）要求：文章不仅要写通，而且要写好；不仅要写好日记，写好信，而且要好言之有物，言之有序、言之有文的各类文体的短文。

（2）写作训练规范——"六练"：练词、练句、练意、练体（文体、要求"得体"）、练思（思路、结构）和练字（书法）。重点为立意、结构和语言三项。

（3）要求每周写 1000——1500 字的文章。稿纸一律，最后装订成册。

3. 练

练好钢笔字（结合作文和作业）；练好毛笔字（坚持每天写一张），并学会熟练运用电脑打字。

三、课程教学与改革

为深化教学改革，提高教学效率，我们应该根据本课程的具体特点，在教学方法、教学内容等方面下大气力进行大胆的尝试和改革。我们的做法是：

第一，建立写作训练系列

根据任课教师多年来讲授该课程的经验建立系统的写作训练系列。写作教学的最终目的是让学生会写。本着这个原则，在教学中我们应该破除狭隘的写作教学观念，突破"以讲为主"的常规教学方式，确立"以写为主，以讲促写"的教学理念，坚持理论联系实际的教学原则，克服重理论而轻技能、轻实践的偏向，突出写作训练系统，我们要充分重视写作训练，做到训练的系统性、系列性、科学性、可行性。我们可以设计包括单项练习和综合写作实训等多项内容的写作训练题库，为根据学生实际、灵活而又切合实际地培养学生的写作能力打下良好的基础。

第二，建立正反例文系统，践行"范文引路一条龙"教学法根据课程特点，建立正反例文系统：既设计正面的"范文示例"子系统，通过分析解读范文，让学生知道"应该怎么写"；又设计反面的"病例分析"，其中又分为"病例举隅、病理分析"两部分。通过例文分析，让学生知道"不应该怎么写"。这样，就使学生从正反两方面全面了解了写作行为：既知道"应该怎么写"，又从反面的"不该怎么写"中更深刻地体会"该怎么写"。

为了突出例文的重要作用，任课教师应注意搜集、积累、选择好典型例文，并装订成册；例文中既可以是名家名篇，也可以是学生成功的优秀习作；在教学实践中实行"范文引路一条龙"教学法。

第三，强化实践教学，培养学生的创新能力

我们应该根据该课程综合性和实践性强的特点，注重学生写作能力的实训和提高。在教学中有意识地联系学生实际，开展形式多样的写作实训，让学生在应用中学习写作：

1. 坚持理论联系实际的教学原则。在教学中，要注意克服重理论而轻技能、轻实践的偏向；在写作理论的指导下，多作单项练习和综合写作实训，切实培养写作能力。力求在实践中加深理解，在实践中学会运用。

2. 注重基础写作和应用写作相辅相成。在教学中，要有意识地加强基础写作能力的训练，在基础写作能力不断提高的大背景、大前提下，促进应用写作水平的提高；防止脱离基础写作能力单纯强调应用写作程式的偏向。

3. 坚持启发式教学原则。要充分发挥学生学习的主体作用，激发、培养学生学习写作的兴趣。

4. 补充实训素材，以保证写作训练有足够的数量。

5. 组织小规模的讨论、社会调查实践，以丰富写作素材，培养学生的分析能力、创新能力。

6. 运用多种辅导答疑形式，如面批、讨论、课内师生对话、课外师生对话等。

7. 改革作文批语的写作方式，建立和谐、融洽的师生对话关系。

8. 注意加强多媒体教学。以生动直观的教学手段和形式，以丰富的教学信息来大力提高教学水平和质量。在教学中采取的主要教学手段是课堂讲授与讨论相结合，与论文写作、专题报告相结合，充分利用现代化多媒体教学手段，制作切实可行的课件，提高课堂教学效率。教学大纲、教案、习题及参考文献目录、网络课件、讲课录像等均能上网，可以做到网上适时交互式教学。

9. 突破"纸质文本"的传统写作方式，确立数字化时代新型的写作观，通过适合青年学生特点的作文方式落实到网络写作训练中去。可以通过创建个人博客和参与群组博客来培养学生学习写作的积极性。

四、课程成果的建设

主要包括：

任课教师的科研（或创作）成果，这主要包括：

1. 任课教师可以根据自己的学术兴趣和研究特长，撰写与该课程相关的研究论文（如对写作理论、写作教材的探讨等），也可以结合自己在授课过程中的心得体会，撰写教改论文；每位教师争取每年都要公开发表 1 – 2 篇研究文章。

2. 任课教师要群策群力，加快教材的步伐，争取编写出有特色、有水平的系列教材。

3. 努力提高教学质量，使该课程获得更大的突破，争取把该课程建设成为省级精品课程（或精品课程群）。

学生的创作（或实践）成果，包括在各种媒体上公开发表的各类文章、作品等。这些成果需要精心搜集、整理，使这些积累的优秀成果能变成纸介图书的出版资源，以显示该课程所取得的成效。另外，学习该课程的每一位学生在每一学期即将结束时都要上交两篇质量较高的作业，要求打印稿及电子稿各一份，交给任课教师，由任课教师加以整理。

五、课外阅读与练习

《读写练》课程的重点是阅读和写作。阅读是写作教学中一个不可或缺的重要环节，也是学习语言的最佳途径。因此，必须高度重视阅读能力的培养。结合文学院学生的实际情况，阅读应该包括这两个方面：一是文学院指定的 100 部必读书，二是写作教学中的典型或优秀例文。前一类书，要求每个学生自己制定一个切实可行的阅读计划，教师主要从阅读方法上进行指导，并结合阅读书目中的有关专著适当地做些示范性的阅读辅导；后一类是作为学生写作的范文，要求学生在阅读时，不仅要注意文章的内容，更要注意从写作的角度去学习、研究，以借鉴、了解其写作思路，掌握其构思和结构、语言及表现手法上的特色，以便从中领会"应当这样写"而"不应当那样写"。

要强化课外阅读，并进行督促、检查，检查、验收的方式可灵活多样，可以定期或不定期地举办诗歌朗诵会、读书报告会等活动，也可以抽查学生的读书笔记，以便发现问题，及时总结。

课外写作练习，要求学生写100篇文章（包括每学期的"读写练"课程作业、读书报告及各专业课所布置的小论文等）。

六、课程管理与保障措施

（一）课程管理

教师管理方面：

作为任课教师，应该努力做到以下几点：

1. 坚持因材施教原则，平等地对待每一位学生，不歧视学生。

2. 要有"三种精神"（即有"坚持精神"，要持之以恒，守正攻坚；有"创优精神"，坚持"人无我有，人有我优"的八字方针，不断推陈出新；有"奉献精神"，要不怕吃苦，乐于奉献，不计报酬），只有这样才能扎扎实实地做好工作。

3. 努力改革作文批改方式，提高批改效率。在进行大运动量写作训练的情况下，如果仍然要求教师一人全批全改、精批细改的话，那对教师来说是不堪重负的。但如果因教师无力批改又回到让学生少练的老路上去，这无异于因噎废食。出路只有一条：简化批改，让教师从"作文大山"的重压下解放出来。任课教师可有意识地选择若干次作文让学生互批，使他们在批改作文中学会批改作文。在学生批改作文之后，教师再收阅作文，以便了解学生作文的状况并纠正学生批改中的失误。也可以把全班学生分为若干小组，在各组选择两个写作水平较高，工作认真负责的"小先生"进行批改，教师定期轮流抽查。

4. 要定期或不定期地举办教研活动，互相交流、观摩，以进一步提高教研水平。

学生管理方面：

学生必须养成学风端正的好习惯，认真细致地做好课堂笔记、读书笔记（要定期检查）；必须按时完成作业，不得无故缺交；不得无故旷课，若旷课次数较多，则不得参加该门课程的考试等。另外，还要养成文风端正的习惯，不得抄袭作业，拾人牙慧。

（二）保障措施

1. 队伍保障

要想使该课程的教学质量进一步提高，必须有一支稳定、精干的师资队伍作为有力支撑。

2. 时间保障

要给任课教师留出一定的时间进行教学内容、教学方法的总结研究，使教学改革扎扎实实地进行，并取得切实的成果。

3. 措施保障

学校要求每学期课程结束之后都要写课程小结，这其实是搞好教学研究、提高教学质量的重要措施。《读写练》课程组的全体成员，要把此当作搞好教学研究的措施保障，认真写好教学总结，不断总结教学过程中出现的新问题，自己的新体会、新见解。

4. 物质保障

作为校级特色课程，希望文学与新闻传播学院能给予我们一定的经费支持，这是我们搞好教学研究、提高教学质量的重要物质保障。

只要担任该课程的教师能够齐心协力，同心同德，心朝一处想，劲往一处使，就一定能在教学研究、教学改革中取得突出的成绩，把《读写练》这门课程的教学质量提升上去。

（本文发表于《文学教育》2010 年第 5 期）

文科学年论文写作创新意识培养谫论

摘　要：学年论文是一种初级形态的学术论文，尽管在广度、深度、难度等方面都只是论文的雏形，但它毕竟属于论文范畴，因而，它同样具备学术论文的一般特点（即必须具备科学性、学术性、创造性和规范性等），其作用也不容忽视。训练创造性思维和培养创新精神，是我们要求高年级大学生撰写学年论文的根本目的。学年论文的创新性主要体现在要有问题意识，要敢于提出问题；要勇于开展学术争鸣；要敢于质疑权威论断，提出新见解；要有填补空白的开拓精神等。

关键词：文科学年论文写作；创造性；创新意识培养

学年论文是"各类高等院校在校学生在大学二年级开始练习撰写的考查学习成绩和科研能力的论文（有的三年级才练习撰写）。它是学生通过一段时间的基础课学习之后，在老师指导下，运用自己掌握的基础理论、基础知识和基本技能，独立地进行科学研究，分析和解决学术问题，了解学术论文写作的步骤和方法，培养和锻炼学术研究能力的一种尝试。"[1]论文写成之后，一般不进行论文答辩，由论文指导教师负责审核，并写出评语、评定成绩。学年论文是一种初级形态的学术论文，尽管在广度、深度、难度等方面都只是论文的雏形，但它毕竟属于论文范畴，因而，它同样具备学术论文的一般特点（即必须具备科学性、学术性、创造性和规范性等），其作用也不容忽视。其中，训练创造性思维和培养创新精神，是我们要求高年级大学生撰写学年论文的根本目的。

创新是学术的灵魂，是学术研究的内在要求和发展动力。时代的发展呼唤学术创新，经济力量的提升需要文化与学术的同步繁荣，我国"十二五"规划纲要将哲学社会科学的创新提升到国家发展战略的高度，学术创新成为我国学术界面临的一项重要任务。所谓"创"就是打破常规，"新"就是在打破常规的基础上造出新的、有意义、有价值的东西。不创新，科学就难以发展。1998年 6 月 1 日，江泽民在接见中科院第九次院士大会和中国工程院大会的部分院士与外籍院士时的讲话中指出："迎接未来科学技术的挑战，最重要的是坚持创新，勇于创新。我说过，创新是一个民族的灵魂，是一个国家兴旺发达的不竭动力。""科学技术的发展、社会各项事业的进步，都要靠不断创新，而创新就要靠人才，特别要靠年轻的英才不断涌现出来。"[2]

　　一个民族如果没有创新精神，这个民族就要衰亡。人类的历史就是创新的历史。没有创新，人类文明就不会前进。一个社会，迸发的新思想越多，包容的新学术越多，开掘的新知识越多，则其除旧布新就越快，创新能力涌现就越快，社会进步就越快。创新是学术研究的终极目标，是学术的生命，只有不断地探索追求，才会有新的发现，才会有新的研究成果。科学研究是对新知识的探求，如果科学研究只有继承，没有创新之处，那就毫无价值。学术论文的本质在于承载和传播科学领域内最新的学术信息。

　　创新是科学发展、文明进步的动力。当代大学生肩负着中华民族伟大复兴的历史使命，培养大学生创新能力，是大学教育的首要任务。培养大学生创新能力，必须培养其理性的思辨精神，使之具备良好的判断能力和批判精神，鼓励其在学习和继承人类优秀文明成果的基础上，勇于突破成规，勇于对现有知识质疑，敢于独辟蹊径，不断发现和创新科学知识，推动社会不断向前发展。

　　我们认为创新，就是指研究者在研究过程中具有新的发现、新的见解、新的成果。学年论文的创新性主要体现在以下几个方面：

　　1. 要有问题意识，要敢于提出问题

　　学术创新要有问题意识，要能够、敢于提出新问题。爱因斯坦说："提出一个问题往往比解决一个问题更重要。"[3] 马克思指出：对一个时代来说"主要的困难不是答案，而是问题。"[4] 著名科学家李政道也认为："做学问先要学'怎么问'，如果在学校只学'如何答'，都不是做学问。"

　　有些学生可能会认为别人已经研究过的题目（或课题）没有必要再研究了，再研究也不能出新成果。甚至有人不无偏激地认为，新中国成立六十多年来，没有产生过像鲁迅、郭沫若、茅盾等这样的大家，没有什么可值得研究的。这种看法，可以说相当片面。这六十年来，的确没有产生像鲁迅、郭沫若、茅盾等这样的大家，但却产生了他们那个时代没有也不可能有的文学作品（像《白鹿原》《废都》《古船》《活着》《长恨歌》等等），塑造了他们那个时代不可能出现的人物典型。如果我们真正地深入到当代文学的研究领域，就会发现可研究的课题是相当丰富的。如新时期的文学与新中国成立后的 17 年的文学相比较，无论是在题材、主题的多样性，还是人物塑造方面，以及表现手法的多样化，作家艺术风格的建树方面，文学观念方面，都有突出的变化和发展，完全可以选择其中之一进行研究，完全可以推出新的研究成果。其实有不少研究的新成果，往往是在原有研究的基础上发展起来的。

例如，著名文学理论家、作家、诗人冯至在杜甫研究上就很有创新意识、创新精神。据有关资料介绍，杜甫研究在中国已有近千年的历史，有人做过统计，集注近 400 种，考证、笺释、辑评有 200 多种，年谱有 50 多种，关于杜甫诗的诗话可谓"车载斗量"，许多研究杜甫的专著和论文也颇有创见，但从整体上去研究杜甫和把握杜甫的工作，却一直没有人去做。没人去做的原因是多方面的，其中一是要花大量的时间和精力；二是要为杜甫写一部反映他一生的传记，史料不足；三是已有不少人研究，也有不少人写出了一些颇有创见的文章，再创新也不是一件容易的事。然而，冯至却迎难而上，从 1947 年开始到 1951年，他用了四年的时间从整体上去研究杜甫。他就是在前人研究杜甫的基础上，经过深入的研究，提出了新的见解，终于撰写出《杜甫传》。这本传记是杜甫研究史上的第一部，它在杜甫研究领域中具有开创性的意义。这部传记既是一本严谨的科学著作，也是一部动人的文学作品，它问世之后，不仅受到许多学者的、读者的好评，而且还受到了毛泽东的好评。冯至如果没有强烈的创新意识和创新精神，他就不可能写出《杜甫传》。郑振铎用十多年的时间撰写的《插图本中国文学史》、钱钟书撰写的《谈艺录》《管锥编》等著作，都蕴含着学术大师在学术研究中敢于创新的精神。

从以上这些例子可以看出，在别人研究过的基础上，仍然可以再搞研究，仍然可以出新的研究成果，当然，这需要研究者必须要有问题意识，要能够敏锐地大胆地挖掘、发现有价值的研究话题（或课题）。

2. 要勇于开展学术争鸣

在开展学术研究的过程中，产生学术争鸣是不可避免的。"在人文社会科学各门学科中，由于时代条件、指导思想、思维方式的差异，也由于考量视角、探求途径的不同，人们对同一范畴、同一问题的解读与诠释就可能有所不同，自然会产生不同的观点。即便是同一时代、同一思维方式与同一指导思想的研究者，也常常由于其生活背景、知识结构、学说旨趣的差异，在研究同一事物时得出不尽一致甚至迥然相异的结论。另一方面，人文社会科学的研究成果是否妥当、正确，常常要经过很长时期社会实践的反复检验或学术探讨的大量印证，才能够比较清晰地凸显出来。即便是某种权威学说或经典理论在其形成后虽然要占据学术主流，并将在一定的时期内产生重要的示范效应，但它们既不应该也不可能长期一成不变，必将随着新的社会实践的牵引或学术研究的深化而有所修正与发展。因此，在人文社会科学的演进轨道中，人们尊重学术权威，但却不会承认其拥有神圣至尊的垄断地位；人们尊重主流学派的学术观点或理论模式，但却不会将之奉为完美无缺的绝对真理。也正因为如此，在人文社会科学领域，必然要产生互有差异乃至对立的各种学派及其观点，也必然由此而展开诸多的观点交锋乃至激烈的学理论战。"[5]这种学术争鸣所促成的思想解放，能大大地拓展研究视野，提升学术境界，激发创新精神。在讨论、争鸣时，要抱着友好的态度，对一些确实立论有问题的学术观点，指出其学术观点的问题所在，并提出自己的学术观点，友好地进行商榷，以此共同推进学术研究事业的发展。因此，在学术争鸣中提出自己的独立见解，也是一种创新的表现。

例如广东肇庆学院文学院的王福湘教授撰写的论文《几部经典文本的修改与当代文学的版本问题》[6]，对《红旗谱》《青春之歌》《创业史》《山乡巨变》的修改版和初版作了细致的比较与分析，从版本学角度论证了中国当代文学史的某些规律，呼吁出版界和学术界要重视当代文学的特殊版本问题；这篇文章可以说是在争鸣中提出了自己的新见解。我们大家都知道，在《中国当代文学史》中，这四部小说一直背称之为五六十年代革命历史题材和农村变革题材的优秀长篇小说，对这四部长篇小说的原版本和修改本一直也存在着不同的评价，有认为原版本不如修改本的，也有人认为修改本不如原版本，但都缺乏版本之间的具体的比较研究。而王福湘教授的这篇论文，则通过具体深入的比较研究，提出了自己的新见解："不论是思想还是艺术，这些修改本都比初版本逊色，修改并不成功，或者简直就是失败。"尤其是该论文还提出了"为什么修改本总不如初版本"的原因所在——"当代文学的某些特质和规律"，这是很有见地的，立论也是站得住脚的。这对重新认识这四部作品的修改本是很有意义的，这也是一种创新性。

又如，广东惠州学院的李靖国教授的论文《鲁迅〈狂人日记〉重探》[7]也是在学术争鸣中提出了自己的新见解。在学术界，众多的学者专家都认为，五四新文学的开山之作——《狂人日记》最突出的成就，在于鲁迅塑造了一位彻底的不妥协的反封建斗士——"狂人"的形象。而李靖国经过多年的深入研究和多角度的深入分析，则提出了"'狂人'这个形象的反封建，并不具备彻底性与不妥协性"的新见解。我们认为，在评析《狂人日记》的论文可谓汗牛充栋的今天，李靖国却能解读出这篇作品的新意，提出新的见解，这对于人们重新认识和评价"狂人"这个形象是很有启迪意义的。

北京师大教授王富仁先生所撰写的论文《〈废都〉漫议》[8]，也是在学术争鸣中提出自己对《废都》这部颇有争议的作品的认知和评价的。

3. 要敢于质疑权威论断，提出新见解

古人云："学贵知疑，小疑则小进，大疑则大进。疑者，觉悟之机也。"怀疑是知识的钥匙。只有敢于怀疑，才能减少盲从。杰出人才都是在不断质疑、不断思考、不断挑战权威过程中成长起来的。

在中国当代文学评论中，曾出现过极为特殊的现象，即文学评论由于受到错误思潮的影响，也往往和政治、政策对号，褒贬依据"风向"，定论全靠"气候"，对一些作家作品没有作正确的、公允的评价，随意歪曲事实，无限上纲地进行批评。（五十年代对胡风等人的批评即是如此粗暴）对这种不正确的批评定论，需要我们重新认识，做出新的评价。

例如，在 20 世纪 50 年代初期对路翎《洼地上的"战役"》的批评定论，就得推翻，就得再认识再评价。《洼地上的"战役"》是一篇反映抗美援朝战斗生活的小说。它通过一个朝鲜姑娘和一个志愿军战士之间所发生的淳朴的爱情故事，赞美了中朝人民之间的深情厚谊。但在 50 年代，有的名作家名批评家却把这部作品批评为"散布消极、动摇、阴暗、感伤的情绪，散布和平幻想和反动腐朽的资产阶级的思想感情"，具有"反动性"和"反革命本质"。这种批评定论，不仅使作品遭到了批判，而且也使作家遭到了迫害。1980 年中央有关部门对"胡风反革命集团"重新定论落实政策之后，野艾在《对一个熟悉的陌生人的问候——向路翎致意》中，对《洼地上的"战役"》做出了新的评价："这部以朝鲜战争为背景，描写朝鲜姑娘金圣姬和志愿军战士王应洪之间真实、朴素而又微妙的爱情的作品，在我所在的部队，受到了普遍的欢迎。""作品严格地从生活的真实出发，毫不回避现实生活中完全可能出现和存在的矛盾、冲突，使描写的人物在尖锐的思想、感情交锋与纠葛中经受考验，从而在生活聚焦的焦点中闪耀出照人的光彩。""为战地爱情和革命理想主义谱写了一曲壮丽的凯歌。"[9]这种敢于推翻名作家名批评家的定论，敢于提出新的见解，敢于重新做出公允的评价的精神，是相当难能可贵的。

有的学术论文，虽然没有提出新的学说，但敢于匡正谬误，指出偏颇，也是具有一定的创新价值的。例如王福湘的《谣言惑众几时休——评王晓明〈鲁迅传〉的一条注释》[10]，为了驳倒一个谣言，作者搜集了大量资料，经过分析辨别，归纳整理，写成此文。王福湘写这篇辟谣文章，其目的就是"不忍看到一本严肃的而且堪称优秀的学术著作竟使用谣言作材料，更不能容忍这种手段拙劣的品质恶劣的谣言因此而继续传播贻误青年"。这种不迷信新老权威，对"权威"的话语敢于质疑和反驳，不也很有价值吗？著名学者王晓明时任上海大学中文系教授、博导，文化研究系主任、中国当代文化研究中心主任，原任华东师大中文系教授、博士生导师，中国文艺理论学会副会长、中国现代文学学会常务理事、《文艺理论研究》副主编，浙江大学、南京大学、华东政法大学兼职教授。他可以说是中国现代文学研究领域的权威，但王福湘并没有完全迷信权威，而是结合自己的缜密思考，大胆地提出自己的质疑，亮出自己的见解。

另外，中南财经政政法大学教授古远清先生所写的《请再多下一点"水磨功夫"——〈中华文学通史〉当代文论卷史料匡谬》[11]一文，也是敢于质疑权威，大胆提出自己见解的好文章。（注，《中华文学通史》一书由中国社会科学院的专家张炯等人领衔主编）

4. 要有填补空白的开拓精神

填补空白的新发现，往往是指把已经存在的尚未被人们认识的东西认识出来。这种新发现、新认识，往往会使所研究的科学领域得到进一步发展。例如，国内外公认的学界泰斗、著名语言学教育家、国际知名的印度学专家和东亚最杰出的梵文学者季羡林先生，以自己所掌握的多种古代语言（如梵文、巴利文、吐火罗文等）为工具，着重研究佛教史和中印文化关系，先后发表《浮屠与佛》《论梵文 td 的音译》。"这两篇论文在中国佛教史研究领域中别开生面，用比较语言研究方法，令人信服地证明汉译佛经最初并不是直接译自梵文，而是转译自西域古代语言。"[12]这种新发现、新理论，无疑填补了空白，成为该领域研究的宝贵财富，也将促进该领域研究的进一步发展。

著名民俗学家、民间文学大师钟敬文先生在民俗和民间文学研究方面独有建树，是我国提倡用人类学、民俗学、民族学的观点来研究民间文学的首批学者之一，是我国第一次正式打出民俗学大旗的学者之一，他在日本东京早稻田大学文学部研究院研修期间所撰写的重要论文《民间文艺学底建设》[13]一文，首次提出了建立独立的民间文艺学的问题。对建设中国自己的民间文艺学学科体系做出了重要贡献。这篇论文所提出的开创性见解，无疑也具有这种开拓精神。

当然，这种开辟新领域的探索性研究，极具创造性和创新性，但难度比较大，它往往需要研究者具备一定的学术积累和敏锐的学术眼光，具有较宽广的学术视界。要实现这种"人无我有"的学术创新，重在学术积累，重在培养学术眼光，重在学术研究的戒骄和戒躁。

结语

学术论文要有创新性，当然，我们也要认识到，学术创新并不是轻而易举的事情，需要付出艰苦的努力和持久的探索，需要全身心投入到学术创造活动中，才能达到崭新的、更高的学术境界；同时，也不能把创新看得过于简单，把它简单地理解为标新立异，追求时髦。北京大学资深教授黄枬森先生早在1986 年就曾指出："在有些人看来，新的就是好的，中国没有的就是好的。古人没有讲过的就是好的。他们把过去的传统的公认的东西一概斥之为过时、陈腐，认为伟大科学家之所以伟大就在于全盘否定过去的东西。这种思潮借思想解放之风到处泛滥，在文学、艺术、美学、伦理学、历史观、世界观等领域尤为强劲。"[14] 这种追求新奇的不正之风，会把科学研究引入歧途。所以，我们在强调"锐意创新"的同时，不要为创新而创新，故意标新立异。

参考文献：

[1] 陈仕持等编著：《文史哲类学生专业论文导写》，中南大学出版社 2000 年，第149 页。

[2] 江泽民：《江泽民同志在接见出席中国科学院第九次院士大会和中国工程院第四次院士大会部分院士与外籍院士时的讲话》，载《光明日报》1998 年 8 月 10 日。

[3] [美] A·爱因斯坦，L·英费尔德：《物理学的进化》，上海科技出版社 1962 年，第 66 页。

[4] 马克思、恩格斯：《马克思恩格斯全集》，第 41 卷，人民出版社 2003 年。

[5] 孟广林：《学术争鸣与人文社会科学的发展》，载《光明日报》2005 年 6 月28 日。

[6] 王福湘：《几部经典文本的修改与当代文学的版本问题》，载《海南师院学报》1998 年第 2 期。

［7］李靖国：《鲁迅〈狂人日记〉重探》，载《文学评论》2002 年第 4 期。

［8］孟繁华主编：《九十年代文存》（上卷），中国社会科学出版社 2001 年，第 1 – 20 页。

［9］野艾：《对一个熟悉的陌生人的问候——向路翎致意》，载《读书》1981 年第 2 期。

［10］王福湘：《谣言惑众几时休——评王晓明〈鲁迅传〉的一条注释》，载《文艺理论与批评》2003 年第 1 期。

［11］古远清：《请再多下一点"水磨功夫"——〈中华文学通史〉当代文论卷史料匡谬》，载《文汇读书周报》1999 年 6 月 12 日。

［12］中国社会科学院科研局编：《学术大师治学录》，中国社会科学出版社 1999 年。

［13］钟敬文：《民间文艺学底建设》，载《艺风》1936 年第 1 期。

［14］黄枏森：《创造性是博士论文的灵魂》，载《学位与研究生教育》1986 年第 4 期。

（本文发表于《文学教育》2014 年第 5 期）

文科学年论文选题漫议

摘　要： 选题是撰写学年论文的第一步，也是非常关键的一步，必须引起重视。在选题时应尽力遵循新颖、联系实际、兼顾兴趣、衡量主客观条件以及大小适中等原则，另外，还需要进一步了解和掌握一些选题的具体方法。

关键词： 文科学年论文；选题意义及原则；选题方法

学年论文就是高等院校要求学生每学年（主要是在大三）完成的一篇学术论文，这是一种初级形态的学术论文。其目的在于指导学生初步学会对一学年所学专业知识进行科学研究，以逐步培养学生的科研能力，为将来撰写毕业论文打下坚实基础。

一、学年论文选题的意义

学年论文写作的一般过程，大致经历选题、围绕选题搜集资料、确立论点、拟定论文提纲、执笔写作、修改定稿等6个环节或步骤。选题是撰写学年论文的第一步，也是非常关键的一步，必须引起重视。

学年论文的选题，就是要选择研究的课题或论题，也就是解决"研究什么"、"写什么"的问题。"题"不一定就是论文的标题。标题是文章的名称，是一篇论文的眼睛。

一个课题可以写成一篇论文，这时论文的选题与标题就是一致的，如《中国流行文化中权利关系》。一个课题也可以写成数篇论文，有若干个标题，如《世界华文微型小说美学研究》，就可以写若干篇论文：《微型小说的美学特质》《微型小说的审美创造》《微型小说的审美形态》《微型小说的艺术优势》等等。这若干篇论文标题的外延都没有超越《世界华文微型小说美学研究》这个课题的内涵和外延。由此可见，选题可以是论文的标题，也可以是一个大致的范围。

善于选题是写好论文的前提。选对了题目，论文就等于完成了一半，所以，写学年论文的第一步就是要争取选对题。论文选题除决定论文写作的成败之外，还往往决定着论文的价值及论文写作的难易程度，一篇论文的难易程度是否适中，是否适合作者写作论文的主客观条件，这是决定一篇论文能否获得预期成功的一个重要因素。如果选题难度太大，论文就很难写好。如果太过容易，也难以写出有质量的论文。

选题作为科研的起步，确实起着关键作用。这一步事关成败，所以要慎重选题。

二、学年论文选题的原则

选题的原则就是衡量课题、决定取舍的标准和根据。要能够正确而恰当地选题，应尽力遵循以下几条原则：

1. 看选题是否新颖

新颖是科学研究和学术论文写作的精髓，科学研究是进行创造性思维、探索新发现的过程。学术论文的质量高低、价值大小，很大程度上取决于选题是否新颖。所谓新颖，即论文表现的是新材料、新观点、新理论、新方法、新角度等等。一般说来，新颖主要包括三种含义：创新、更新、拓新。创立他人未有的科学理论，提出他人未曾发表过的观点谓之创新；否定或修正他人已有的理论，提出自己不同的甚至相反的见解谓之更新；在他人原有理论的基础上加以扩展和拨正，充实和提高谓之拓新。学年论文选题不难，但是，要选准一个富有新意的学术论文选题却不是那么容易的。因为，新往往意味着首创和独创。

学术论文评价标准中的第一条就是看选题是否新颖，有没有意义，值不值得做。如果学术界对于该课题已经研究得相当深入，而且成果也相当丰富，你也提不出什么新的见解，就没有必要重复去做。有些题目尽管别人已经做过，但如果你能更换一种角度，或者使用不同的研究方法来重新解读，或者对前人的说法提出质疑，自己有新的看法；或者觉得前人的说法有不妥、不完美之处，自己能提出补充性的意见，这也是一种创新，就可以作为选题进一步研究。

选题新颖需要扎实的理论基础和丰富的资料积累，一步不可能登天。所以，对本科生的学年论文和学位论文，一般不会在创新上提出太高的要求。但作为初学者，也不应把这当作降低标准的借口。应该在力所能及的前提下，力求在"新"字上作不懈的努力。即使选了别人已经写过的论题，也要尽可能地做到老题新做。运用新的材料、提出新的观点或新的看法；也可以运用新的视角或新的研究方法来观照研究对象，从而得出与前人不同的结论。

2. 选题要联系实际

论文的选题必须着眼于社会实践和科学本身发展的需要，必须有益于解决现实生活中存在的实际问题。

联系实际的论文选题，重要的是针对现实生活中的突出问题进行深入分析，而不是泛泛而论，问题越具体越有针对性。如隐性采访的规范化问题、新闻报道的真实问题、网上舆论引导规律研究、网络文学的发展走向等等，都是值得深入研究、探讨的有价值的课题。

根据社会实际需要来选题，就有写不完的题目。但这也并不意味着只能撰写与社会现实生活直接相关的论文，而不能从事基础研究和理论研究。我们也可以根据自己的专业特长、兴趣爱好，来研究古今中外的文学、历史等方面的各种学术问题。

3. 选题要兼顾兴趣

兴趣在科学研究中是促使人们积极追求、潜心探索的一种欲望。它是精神力量的源泉。孔子曰："知之者不如好之者，好之者不如乐之者。""乐之"就是一种极感兴趣的心理状态，"乐之"去做，就有助于调动主观能动性，使人不知疲倦地深入其中，倍感其乐无穷。

兴趣对完成论文的写作十分有利。当然，兼顾兴趣原则不等于只顾兴趣。如果只顾兴趣而不顾其他的选题原则，或者太强调兴趣，一切从兴趣出发，也是不恰当的。

4. 选题要衡量主客观条件

论文选题还需要考虑完成研究任务的条件。研究条件包括三个方面：一是有资料；二是有基础；三是有专长。

首先，要选择一个具有丰富资料来源的课题，这对课题的深入研究与开展很有帮助。俗话说"巧妇难为无米之炊"，在缺少研究资料的情况下，是很难写出高质量的论文的。

其次，要有研究的基础，没有基础如同空中楼阁。比如，写《"写真实"在20世纪中国小说中的历史命运》这样的论文，你就必须掌握"写真实"在20世纪中国小说中所经历的曲折道路，对其经验、教训有深入的了解、把握，而要掌握这些情况不是一个人在短期内能够完成的。

再次，要结合自己的业务专长。学术研究的课题，带有强烈的专业化色彩。各个学科都有自己的专攻范围，从而形成自己的业务专长。俗话说，"隔行如隔山"。一般说来，应该以所学专业课的内容为主。

总之，选题一定要根据自己的主客观条件，尽量扬长避短。力求选择那些与自己所学专业对口，或者自己原有知识基础较好，又有一定研究条件的选题，这对顺利完成课题的研究大有裨益。

5. 选题要大小适中

学术论文把握"适中"的原则是很重要的。大小适中指的是：论题的大小与篇幅相称，与论文的水平要求、层次高低相适应。

中国人民大学教授、博导戴知贤先生在《大学生研究生论文写作十五讲》（北京中国广播电视出版社，1991年版）中曾经把论文选题分为5种类型：大题大做、大题小做、小题小做、小题大做、中题中做。

我们在进行选题时尽量避开大题大做。大题大做对于大学生的学年论文、学士论文都不合适。如像《十七年长篇小说的审美特征》这样的题目，需要花较大的力气才能完成。而这对本科生来说难度过大，一旦盲目动笔，很可能中途写不下去，迫使自己更换题目。这不仅浪费了时间和精力，而且也容易使自己失去写作的信心。若勉强写下去，也会像蜻蜓点水一样，浮光掠影，既不深也不透，什么问题也不能彻底解决，只能落个"大而空"。所以，选题宜小不宜大。从小题做起，扎扎实实地钻研下去，小题也可以写出大文章。王力先生所述："论文的范围不宜太大，……范围大了，你一定讲得不深入、不透彻。……应该写小题目，不要搞大题目，小题目反而能写出大文章，大题目倒容易写得很肤浅，没有价值。"[1]这的确是经验之谈。

另外，我们还应认识到题目的大小与价值的大小不成正比。小题目也可以有大价值。如，肇庆学院王福湘教授的《谣言惑众几时休——评王晓明〈鲁迅传〉的一条注释》（载《文艺理论与批评》2003年第1期）一文就是小题大做的成功范例。文章从一条注释谈起，搜集了大量资料，经过分析辨别，归纳整理，写成一篇很有力度的文章。文章选题较小，切入点也小，从"一条注释"谈起，但却澄清了一个错误事实，在学术界产生了一定的影响。

由此可见，大题不可以小做，小题却可以大做。所选的题目虽然不大，但如果能够运用所掌握的知识，加深对材料的理解，往深处钻研和挖掘，深入其本质，把问题说清说透，有自己独到的见解，论文有分量，就是好论文。所以，不要怕题目小，论文的分量会单薄。论文分量的轻重和论文题目的大小不一定成正比。

选择小题目，有两种方式，一是直接选个小题目，如《试析海明威早期小说作品中的死亡意识》等；二是在大题目中选定小角度，如《赵树理小说中的农村社会隐喻系统》，只是在《赵树理小说研究》这个题目几分之一的范围内作研究，显得角度小，针对性强，容易驾驭，便于进行深入研究。

选题要小，要具体，但也不能太小，使其失去研究的价值和意义。如以《〈天净沙·秋思〉的意象描写》《随物赋形　空灵拔俗——苏轼〈记承天寺夜游〉赏析》等为题来写学年论文或毕业论文，就显得非常狭窄，因为这样的论题容量很有限。

最好选一个适中的，自己经过一番努力才能写好的题目。

三、学年论文选题的方法

要选好论题，还需要进一步了解和掌握一些选题的具体方法。对于初学写作学术论文的大学生来说，可以选择以下几种比较稳妥的方法。

1. 可以先看文献资料再选题

选题一定要查看文献资料，熟悉选题所在领域的研究状况，不看研究的历史与现状，很可能是没有研究价值的无效劳动。

在选题之前，需要查阅、了解别人在这方面已经研究了哪些问题，进行到什么程度，是否有人写过你正要写的题目？如果没有，那你所要研究的就是新问题；如果别人已经研究并且写了文章，那你就看看这些文章的结论是否正确？如果不赞同，可写写商榷性文章；如果赞同，再看一看这些文章的视角、立场、切入点、论据及论证逻辑是否合理，如果发现有明显的瑕疵，也可以写文章进行补充和纠正。总之，在了解、把握研究动态的基础上所确定的题目才不会与别人已经发表过的论文在题目、观点上重复。

2. 可以在学科交叉区域选题

这是一种跨学科研究的选题。跨学科领域的研究是对单一学科研究的挑战与革命，是人类认识自然、改造自然的实质性突破。这是科学发展与技术进步的必然趋势，必将对未来科学与技术产生深远的影响。本学科领域内的一些课题早已被为数众多的研究者所普遍观照，而交叉学科区域常常是少有人涉足的空间。在交叉学科之间选题也很容易出成果。如文艺心理学研究、文艺生态学研究、网络语言学研究、文学地理学研究等，均有很多有影响的成果涌现。

3. 可以在旧话题中更换新的研究角度

在科学研究中，某些旧课题一再被重新提出，加以研究。这是符合马克思主义认识论的。因为真理不会穷尽，人类的认识永无止境。对同一个问题，前人总是从他们所处的时代氛围、当时的认知水平和个人特有的角度来阐释自己的看法。随着历史的发展、科技的进步、观念的更新及认识的深化，后人对同一问题也可以从新的视角去研究、去解读。角度不同，方法改变，旧题也会出新意。如以往的红学研究者都把王熙凤看作是心狠手辣，善于玩弄权术的人。但也有研究者从管理学、人才学的角度来研究她，撰写了《论王熙凤的管理才能》、《论王熙凤的管理艺术》等论文，这样的文章就颇有新意。

这方面的选题还有很多，如《〈金瓶梅〉成就再评价》《李清照豪放之气新说》《〈废都〉再评价》等都是在老话题中用新视角来重新解读作品的。

旧题新作要求研究者要尽可能完备地搜集前人已有的学术成果，做到知己知彼，作新要知旧，不了解"旧"，就不知道什么是"新"。

4. 可以接着别人提出的问题继续说

别人提出了一个问题，这个问题比较有学术价值或者实际意义，别人论证之后，你如果觉得还不满意，或者还有话要说，也可以接着别人的话继续说下去，当然要说得更深入、更有说服力才行。这样的选题也是具有新颖性的选题。

5. 可以选择冷门课题

冷门题是指某一时期人们少有关注或无人关注的问题。有些冷门课题的意义和价值，一旦被发现和开掘出来，就会像深埋地下的珍珠重见天日一样，立刻引起人们的关注，并为社会创造价值。

在冷门中选题，不仅很少与人"撞车"，且容易获得成功，还可以拓宽研究的视野，更能体现出一个研究者见微知著的科学敏感与慧眼独具的才华（如张仲谋的明词研究、欧阳友权的网络文学研究等）。不过，选择冷门，应该以科学的态度、辩证的观点去研究，避免一味地标新立异。

四、学年论文选题中常见的问题

由于许多学生是初次接触学术论文写作，所以在选题过程中常常会出现这样那样的问题，这些问题大致有这么几种情形：

1. 选题范围把握不当

有些选题过于宽泛，如像《20世纪中国戏曲的历史回顾》这样的选题就太大，短期之内是无法完成的。如果选题超越了自己的驾驭能力，还硬要去写，那么在写作过程中肯定会遇到难以想象的困难，当然，如果选题过于狭窄，无法展开论述，那也同样达不到综合训练的目的。

2. 选题过于随意、凑合

有些学生在选题时随便凑合，写作时动辄更换题目，这既浪费了自己的时间，也浪费了指导教师的精力。选题首先是"选"，要从自己几年大学学习生活的积累中去认真选题，而不是信手拈来，草率应付。

3. 论文标题过于陈旧

有些选题非常陈旧，毫无新鲜感，甚至直接把教材里的章节名称"拿来"作为自己论文的选题，如《论秘书的职业素养》等，这样的选题就显得毫无新意。学年论文的选题，要能反映出独到的见解，给人耳目一新的感觉。我们虽不要求每篇论文都是"发前人所未发"，但也要有一定的新意，不人云亦云、拾人牙慧。

注释：

[1] 王力：《谈谈写论文》，《怎样写论文——十二位名教授学术写作纵横谈》，辽宁教育出版社2006年1月版，第2-3页。

（本文发表于《文学教育》2016年第1期）

学术文风改革小议

摘　要：在学术界，人们对不良文风的诟病由来已久，不良文风存有种种弊端，其中一个人所共知的通病就是，一些理论文章言之无物，空洞乏味，味同嚼蜡。它们往往有非常刻板的写作模式、故作高深的唬人面孔和不讲究文采的致命缺陷。学术界要想改进文风，一定要从该领域所存在的问题出发，敢于直面问题、善于分析解答问题，能给人以思想启迪。

关键词：学术文风；存在问题；改进

在当下中国，改进文风是个热议话题。文风不仅涉及语言和文字风格，而且关联着党风、政风，折射着社会风气，甚至影响到国家的前途和命运。对任何民族而言，对任何国家而言，对任何政党而言，文风问题都是大问题，它直接反映着政党的面孔，体现着民族的进步，展示着国家的形象。因此，我们党历来十分重视文风问题。党的十八大以来，中央领导同志带头改进文风，在全社会产生了强烈共鸣。诚然，正如习近平总书记所说，弘扬优良文风、纠正不良文风，是一项长期任务，不可能一蹴而就、一劳永逸。

在学术界，人们对不良文风的诟病也是由来已久，人们期待着清新朴实的文风扑面而来。不良文风存有种种弊端，其中一个人所共知的通病就是，一些理论文章言之无物，空洞乏味，味同嚼蜡，人们的抱怨此起彼伏。问题到底出在哪儿？有学者分析指出："上世纪90年代以来，中国人文社会科学很快告别了起初的惊惶愤激，因应当下需要的新兴学科更迅猛发展，一派繁荣景象，但同时学术语言问题日益凸显，'看不懂'的抱怨此起彼伏，有时还升级为严厉指责：许多论著'看不懂'，并非学问高深而晦涩难解，乃是作者学养不够，满足于摆弄自己也不懂的话语概念，甚至缺乏起码的语文素养。一些著名学者用词不当、概念模糊、文理不通、不知所云的'硬伤'不时被公布出来，触目惊心。

'学术繁荣，语言退化'，好像成了盛世学术的一个悖论。揆其要害，无非两点：一者缺乏基本语文素养，二者依赖夹生的话语体系，致使学术语言脱离民族历史语言脉络和当下日常语言母体，流于空虚玄远。"[1]一针见血地指出其病源所在。学术界要想改进文风，一定要从该领域所存在的问题出发，敢于直面问题、善于分析解答问题，能给人以思想启迪。凡是称为好文章、好文风的，这一点是少不了的。

尽管我国的学术生产力正在迅速飙升，我国的 SCI 论文已位居世界第二（SCI 收录我国科技论文从 2008 年的 11.7 万篇到 2011 年的 16.8 万篇，已连续四年居世界第二）[2]。但这些论文的被引用率却远低于世界平均值，这些论文不但缺乏原创性观点，而且似乎有一个刻板的写作范式，语言又晦涩难懂，让人望而生畏，读而生厌。"特别是有些峨冠博带的社会科学论文，特别喜好套用海外话语词汇和知识体系，而不对所引进的名词概念进行准确的阐释，明确界定其内涵与外延，更不顾这些知识体系、话语体系是否符合中国的国情。比如巴赫金提出一种'狂欢化'理论，这当然是有价值的，但不少中国理论家便都跟着'狂欢'起来，似乎无作品不'狂欢'，就像眼下'江南 style'风靡全球一样，这就不好了。说句迹近刻薄的话，就叫做'拆穿西洋镜，不值半文钱'!"[3]

广大读者之所以对学术文章望而却步，很大程度上是因为学术性文章大多有着一个非常刻板的写作模式。

其一，就是不管什么类型的文章、不管篇幅多少，都要写上中英文摘要、引言、正文、结语、参考文献及注释等要素，缺一不可。

其实，无论是西方文论，抑或中国古代、近代、现代文论，体裁从来都是不拘一格的。"众所周知，在中国古代，一些儒家经典所采用的是语录体，谁又能责难它没有原创理论？唐代著名诗歌评论家司空图的《二十四诗品》，是用二十四首四言古诗写成，诗中用'不着一字，尽得风流'来形容'含蓄'风格，谁能说它没有学术价值？在西方，柏拉图的《文艺对话集》和《歌德谈话录》是对话体，奥古斯丁的《忏悔录》是独白与倾诉的抒情语式，但丁的《致斯加拉大亲王书》采用的是书信体，达·芬奇的《笔记》采用的是笔记体，这又有谁能否认其学术价值？"[4]

其二，除了形式刻板以外，学术论文的故作高深也是一大弊病。

中国文论历来主张言近而旨远，辞浅而义深，辞达而理举，而反对追求诡异之体，反对使用险恶之辞。在古代，有些文人好以奇僻之字替换平易之字，如不用"吉"而用"麻"，不用"祥"而用"祯"，不用"夜"而用"宵"，不用"梦"而用"寐"，甚至故意用"崚""嶒"一类僻字以显示其艰深，这早已为学人所嗤笑。"当今有些学人说中国话的能力之所以越来越差，就是因为他们误以为外国的名词术语新潮，所以习惯于用西方概念置换东方概念。比如不说'一分为二'，而说'硬币的两面'；不说'内省'，而说'原罪'，其结果是拉大了论文与读者之间的距离。这也许是作者未曾预料的后果！胡适在《〈蕙的风〉·序》中也表示过同样的意见：'论诗的深度，有三个阶段：浅而浅出者为下，深而深出者胜之，深而浅出者为上。'"[5]陈漱渝先生的这段感慨不无道理。

其三，文采缺失，这是当今学术论文的第三大弊病。

学术论文是最能体现思想创新、学术探索、人文关怀、社会担当的思维成果。学术论文作为学者个人与学界、社会对话交流的"公器"与途径，理应将论文写得让人看得懂、喜欢看，也即讲究文采，这本是不证自明的事。理论与文采并不是水火不容，而是相得益彰。

中国古代文论一贯重视文采。司空图《二十四诗品》开篇强调"大用外腓，真体内充"，就是要求文章华美的文辞变化在外，真切的内容充实于中。刘勰在《文心雕龙》一书中打了两个比方：虎皮和豹皮如果没有毛色纹采，就会跟狗皮和羊皮一样。雄犀牛和雌犀牛的皮革虽然有用，但还是要靠朱红的油漆来显示色彩。意思就是内容要靠文采才能流传久远。

学术论文讲究文采的传统，如长江活水源源不断地流贯至20世纪初叶，在王国维的《人间词话》中达至高潮。《人间词语》存有深邃的美学内涵，特别是其中的"意境说"，揭开了一代美学研究与文艺理论研究的新篇章。但《人间词语》同样又是炉火纯青的美文。无怪乎著名学者胡绳感到："读一篇极精彩的论文时，每每能浮起读文学作品的兴趣，而从伟大的文学作品中又似乎能读出一篇论文来。"（《夜读散记·谈理论研究与文学欣赏》）。谁能说《人间词话》不是学术？不是论文？学术论文难道只有一种刻板的写作模式？显然不是。

从古希腊亚里士多德的《诗学》、柏拉图的《理想国》，到前苏联康·巴乌斯托夫斯基的《金蔷薇》、多宾的《论题材提炼》等，国外文论无不形式各异，甚至有"学术论文文学化"的倾向。

中国现代学术论文曾有过讲究文采的时代与记忆，周作人更是热烈提倡把论文写成"美文"，"学术美文"。他热切地"希望大家卷土重来，给新文学开辟出一块新的土地来"；同时又身体力行，在他选编的《中国新文学大系·散文一集》中，将他认为具有美文性质的学术论文毫不犹豫地收了进去，这有郭沫若的《神话的世界》、郁达夫的《文艺赏鉴上之偏爱价值》、俞平伯的《与绍原论被》、刘半农的《国语问题中一个大争点》等。现代学术论文的"文采"追求与"美文"品质还深刻地体现在一批"现代感悟批评"的批评家身上。他们以王国维为范式，以周作人、李健吾、李长之、沈从文、朱光潜为代表，与那些以理性的、逻辑的、抽象的与科学的"刻板式"文学批评形成鲜明对照。这有周作人的《自己的园地》《中国新文学的源流》，李健吾的《咀华集》《咀华二集》，李长之的《鲁迅批判》《苦雾集》，沈从文的《沫沫集》《废邮存底》，朱光潜的《悲剧心理学》《诗论》，钱钟书的《通感》《谈艺录》，李广田的《诗的艺术》，以及后起学者王朝闻的《以一当十》，艾青的《诗论》，秦牧的《艺海拾贝》，周振甫的《诗词例话》、杨义的《中国现代小说史》、何永康的《红楼美学》等。

学术论文的写作，本是一种最能见出作者之思想、襟抱、情感、才思的独创性精神劳动，因而必须投入作者的真情实感、性气才情、体悟悲喜，将自己充分地投注于学术研究的对象之中。这就是"有我"的研究，"有我"的论著，"有我"的写作。古人所谓"文章须自出机杼，成一家风骨"（《魏书·祖莹传》）说的就是这个意思。清人沈德潜在《说诗晬语》中强调"有第一等襟抱，第一等学识，斯有第一等真诗"，崇尚的也是"有我"的写作。钱穆更是将文中"有其人"即"有我"，作为中国人文精神的道统和命脉来看待的。他说："中国文学的一个特征，常是把作者本人表现在他的作品里。我们常说文以载道，其实也如此。苟非其人，道不虚行，故载道必能载入此作者之本人始得。"（钱穆《中国散文》）因而"在中国，则读其书贵能知其人，如《论语》《孟子》是矣。"（钱穆《略谈中国哲学》）"有我"是学术研究诚信的体现，也是对自己的论著言说负责任的体现。中国文论从来主张"诗品出于人品"（刘熙载《艺概·诗概》），"才有深浅，无有古今；文有真伪，无有故新。"（王充《论衡·案书篇》）

"有我"在20世纪初那一代学者身上依然表现得十分明显，几乎人人都有个性，篇篇都见真人。梁启超的激越慷慨，章太炎的直道显世，王国维的沉郁苍劲，鲁迅的愤激瘦硬，胡适之的酣畅直白，陈寅恪的古朴谐和，真所谓刊落声华，掷地有声，馨欬音容，跃然纸上。20世纪90年代，杨周翰曾尖锐地批评过文学研究"无我"的倾向："研究文学仅仅采取一种所谓'科学''客观'的态度，也许能找出一些'规律'，但那是冷冰冰的。文学批评也应如同文学创作一样，应当是有感染力的，能打动读者感情的。"杨周翰所批评的"客观""冷冰冰"即"无我"，正是当今学术论文的最大弊病之所在。"无我"的根本原因是将学术论文作为谋取职称福利、功名利禄的敲门砖，一旦目的达到，就暴露真相。以至于有人评教授前拼命著述，到处托人情找关系发表论文，评上教授后，就发誓再也不写那个劳什子了。也正因为"无我"，所以只要文章拼凑成功，发表出来，才不会去管什么文采不文采。有的更是为了凑足数量，千方百计拉长稀释，满篇烦词冗语，空洞无物。这样的论文何来文采、含金量？自然更谈不上厚积薄发，千锤百炼，像曹雪芹那样"披阅十载，增删五次"了。

学术工作是一种纯粹的精神生命活动，是学者用其独特的富于个性化的理性探险和感性表述来展示其对人生和世界真理的生命证悟与探索，是学者作为社会的人、历史的人、文化的人、生命的人所选择的自身生命活动的一种特殊形式。学者这个行当不是谁想做就能做的。因而真正的学者所从事的创造性工作，必然是激情燃烧的，充满生命人格的，有我的。"学术论文是学者进行学术研究工作的具体途径与思维结晶，是学者惟一可以用来彰显自己的思想才智并作为'公器'与人交流的载体，因而学术论文必然是最具创造性的个性化的有我的，最应写得生动辨洁、具有可读性的，最讲究文采斐然、文若春华的，最斤斤计较'文锦织成便不磨'的，最忠实践行'文质彬彬，然后君子'的。虽然学术工作'寂兮寥兮'，但他们依然'独立不改，周行而不殆'，心善渊，动善时，在大化流行中呈现出学术的生趣与光辉。"[5]

有我，永远是真正的学者必具的品格。

文采，永远是上乘的学术论文所需要的品质。

文风是思想的外衣，是作者思想的直接反映。一个人是什么样，就会呈现什么样的文风。可信可爱的文风沁人心脾，使人感到温暖和充实；艰深晦涩的文风，只会把人变得没有情感、没有激情，冷冰冰的毫无思想。现实中，文风更是时代风气的一种彰显。那种拘泥于条条框框、死板僵硬甚至以八股为样板的文风，体现的是没有精神解放、没有开拓意识的社会氛围，对人对己对国家都是百害而无一利。

参考文献：

[1] 郜元宝：《中国现代学术的语言认同》，载《文汇报》2013 年 3 月 18 日。

〔2〕万钢：《SCI 收录我国科技论文连续四年居世界第二》，载《中国网》2013 年 10 月 11 日。

〔3〕〔4〕陈漱渝：《学术文风真该改改了》，载《文学报》2013 年 1 月 17 日。

〔5〕王泉根：《学术论文需要文采斐然》，载《中华读书报》2013 年 7 月 31 日。

"童话诗人"的美丽幻梦

——顾城其人其诗解读

摘　要："朦胧诗"派的主将之一、被舒婷称为"童话诗人"的顾城，以他那不泯的童心，耽爱幻想而又敏感忧思的气质，用心灵和诗情建造了一座与尘俗对抗，充满温情、纯洁的童话世界。顾城在面对这个丑恶的世界时，不是在批判中走向成熟，而是拒绝成熟，他转身而去，走向虚设的精神天堂，沉湎其中而不准备向人间反顾。正因为顾城太偏执于没有污秽的内心世界和纤尘不染的诗歌梦境，这必然使他或迟或早地迎头撞上并不完美的世界那无情的墙壁，甚至刀锋。

关键词：顾城；"童话诗人"；精神幻境；诗意迷梦

一

号称"童话诗人"的顾城（1956 - 1993），在他 37 年并不算太长的人生中，以他的诗歌和他的行动，度量了一个理想主义者在走出俗世的情形下，可能抵达的最远里程。

这个被舒婷（朦胧诗派的代表诗人之一）称为"童话诗人"的天才人物，以他那不泯的童心，耽爱幻想而又敏感忧思的气质，用心灵和诗情建造了一座与尘俗对抗，充满温情、纯洁的童话世界。他似乎一出生就与凡俗的平庸生活无关，而是直奔诗歌而去，他年仅 8 岁即能赋诗，那时候，他的诗"是塔松和雨珠的故事；是云朵和土地的对话；是瓢虫和蚂蚁的私语……"从少年到青年，顾城的岁月里交织着现实的迷茫与苦难，经历着坎坷与动乱，这也使顾城与其他"觉醒于血火的炙烤与沐浴"[1]的朦胧诗人一样，在政治高压与文化沙漠中启动了对生命和世界的思考。对于既缺少面包又固执地沉迷于玄想与梦境的顾城来说，诗歌就是聊以充饥的可口的面包，这块面包上闪着乌托邦的熠熠光辉，却终又骇人听闻地滴着鲜血。

　　"文革"期间，顾城曾随自己的父亲（军旅诗人顾工）"下放"山东农村，在荒凉的河滩上过着孤独的生活。农村的生活，使他得以亲近大自然，领略了大自然的美丽与恬静，暂时忘却现实的喧嚣与丑恶。小小年纪的顾城已经开始逃避现实，一心躲进大自然的童话世界中去。"我在阔野上，在霜气中，/找寻春天，找寻新叶，找寻花丛。//当天大亮冷雾散尽，我只找到一滩败草，一袖寒风……"（《找寻》）从年仅13岁的少年所写的这首诗中，我们更多地体会到他精神世界中的那种深切的萧索之感，这种感觉大概来自于并不美好和透明的现世刺激。顾城在面对这个丑恶的世界时，不是在批判中走向成熟，而是拒绝成熟，他转身而去，走向虚设的精神天堂，沉湎其中而不准备向人间反顾。他说："没有目的，/在蓝天中荡漾。/让阳光的瀑布，/洗黑我的皮肤。""睡吧！合上双眼/世界就与我无关。"（《生命幻想曲》）[2]这首《生命幻想曲》是顾城早期的代表作，是他"把大自然的童话世界搬进自己的诗中，变成一个没有被污染的童话天国的一次尝试。"[3]他像一个非常"任性的孩子"，在自己的诗中创造一个与城市、与世俗社会对立的"彼岸"世界。他认为，"诗就是理想之树上，闪耀的雨滴"，他"要用心中的纯银，铸一把钥匙，去开启那天国的门"，去表现"纯净的美"。[4]顾城这种诗观，其实是建立在这样的信念之上的：现实世界的不可弥合的分裂，不和谐的痛苦，将在诗中得到解决，以实现人的心灵的"绝对自由"。因此，"诗的世界，对于顾城来说，不仅是艺术创造的范畴，而且是人的生活范畴。为了对抗他所厌恶的世俗世界，他要在布满'齿轮'的灰色城市，执拗地讲他的绿色的故事，即使他的听众只有天空和海上飞溅的水滴也罢。在诗中，而且在生活中，他都偏执地和现实世界保持距离，实行'自我放逐'；他拒绝（不过也没有准备好应付）'现实'的'入侵'"[5]。

　　正因为顾城太偏执于没有污秽的内心世界和纤尘不染的诗歌梦境，这必然使他或迟或早地迎头撞上并不完美的世界那无情的墙壁，甚至刀锋。在和谢烨相识、相恋四年之后，这对"朦胧诗人"结了婚，由于婚后的顾城有了谢烨对人间烟火的独自承担，便更加超脱地坠入了他的精神漫游和诗意迷梦之中，成为一个绝对的诗人，一个绝对的隐士，绝对的圣者，以神秘的微笑和灵慧面对与他隔着重重帷幕的芸芸众生。他率性而为，在异国他乡（新西兰激流岛）过着一妻一"妾"的"不俗"生活，进一步把自己领进了精神的

"太虚幻境"，于是，一场危机也就悄然逼近——在缺少面包的俗世生活中，顾城的"妾"和妻相继让他偏执的内心对世界和生活产生了无可救药的绝望，最后迫使他走出美妙而玄虚的"乌托之邦"，于1993年10月8日朝着侍奉他的"伟大"灵魂长达十年的无辜的谢烨举起了一柄利斧，并继杀妻之后自己悬颈自尽——就这样，一个诗坛的神话破灭了。这位极端理想主义的诗人最终化作一缕远离故国的亡魂，在太平洋上飘来荡去，继续"找寻"。

20世纪90年代，有关顾城的杀人和自杀，当事的人和不当事的人相继出版了一本又一本的书和连篇累牍的评论，它们关乎情爱与隐私，涉及法律与道德。身兼诗人和犯罪分子的顾城一时间成了文坛内外无所事事的闲人们茶余饭后的谈资、感慨、"思索"、稿酬和版税。而他的诗也就不被当作诗来读了，聪明的人们从他的诗中钩沉索隐，参悟他杀妻、自杀的玄机，顾城的诗退而成为背景。然而，当20世纪的历史大幕终于落下之后，顾城的"事件"倒更应该仅仅被当作一种背景，而他的诗作则应被重新重视。我们有必要承认，顾城是代价甚大的诗歌天才，他的诗歌中有神品，有绝响。

二

1980年4月，在将顾城命名为"童话诗人"时，舒婷曾写道："你相信了你编写的童话/自己就成了童话中幽蓝的花/你的眼睛省略过/病树、颓墙/锈崩的铁栅/只凭一个简单的信号/集合起星星、紫云英和蝈蝈的队伍/向没有被污染的远方/出发"（《童话诗人》）[6]读到这里时，人们也许会产生一种错觉：时年二十四岁的顾城还与童年的"星星、紫云英和蝈蝈的队伍"搞在一起，像个"小时了了"的神童，显系病入膏肓，又显得多少有些滑稽。其实，顾城的诗品并不单一，他既是一个"任性的孩子"，也是一个早熟的智者，他能稚拙到极致，也能深刻到顶点。他的稚拙是一种语言方式，而内心经验的深刻和抽象把握的深刻，乃是顾城诗歌的精神内容。他的诗歌之所以有味道，其实并非一门心思地童真可爱而已。顾城其实根本就不是什么"童话诗人"，他的趣味和表达并不证明他长不大，而是他拒绝长大——拒绝世俗人生中庸俗而丑恶的长大。这个古怪的诗人，非但不"童话"，反而极早熟，他拥有一个理想主义的乌托邦，一个精神上的纯诗天地，同时也拥有远非同龄人所可比肩的人生高度，尤其是内心深处那与其年岁不甚谐调的无限沧桑。他在《幻想和梦》中，曾这样写道："我在时间上徘徊/既不能前进，也不想后退/挖一个池沼/蓄起幻想的流水/在童年的落叶里/寻找金色的蝉蜕"。写这首诗时，他年仅 14 岁，照常理，14 岁正是不知天高地厚的年龄，处于这个年龄的人们在漫无边际的胡思乱想中展开的应是金色的幻梦、金色的理想，应该是一往无前的成长和在人生征途上盲目而又急速的进击，但顾城的抒情却胶着于少年时期的某一点，将行将止，徘徊不定，幻想仍驻留于"童年的落叶"和"金色的蝉蜕"。这其中既有时代在顾城内心引起的突变，也与他精神的"未老先衰"大有干系。丑恶的俗世人生使顾城打消了走向"成熟"的念想，他想蜷缩在童年的梦境中，享受梦幻之美。童年是精神性的，而成年则是现实性的；童年系乎梦境，成年则入乎尘俗。"在时间上徘徊"，可以说既是沉迷，沉迷于童年的迷梦，也是恐惧，恐惧未来和俗世——有如此念想和境界的诗人，哪里还有一丝"童话"的味道可言？

对于像顾城这样的诗人而言，在自己内心虚造的世界中漫游已然成为一种存在的常态，他对现实世界的偶然一瞥，那眼神和声口，显得多少有些漠然与旁观。20 世纪 80 年代初期，当许多朦胧派诗人对着世界激情满怀地表达一肚皮的意见和一腔情绪时，顾城却不是那样的激动，他只是站在一旁观看他所选择的事物，而这些事物又没有任何意识形态的隐喻色彩。这一点在他写于 1980 年的《弧线》中体现得很明显："鸟儿在疾风中/迅速转向//少年去捡拾/一枚分币//葡萄藤因幻想/而延伸的触丝//海浪因退缩/而耸起的背脊"。

他漠然地独对世界，却又醉心于从世间的市声中提取几个纯净的物象（即风中鸟儿的飞行轨迹、少年俯身的动作线路、藤蔓的触丝、海浪的背脊），醉心于从这些纯净的物象中抽取美丽的弧线，寥寥数行，干干净净，让读者自己去细细品味一个"有意味的形式"。他在《弧线》中并不追求深刻，但却别具一番滋味。

三

顾城诗思的澄澈、精致和透明，不是童蒙的咿呀，而是智者的吟哦。这一点也可以从他所创作的那些超越了个人的幻想迷醉而带有为"一代人"立言倾向的诗章（如《一代人》《不要说了，我不会屈服》《我们去寻找一盏灯》《不要在那里踱步》等）中参悟出来。正是这些诗章所标示的内心警觉使顾城最终完全选择对尘俗的规避而迷失在纯粹、澄澈的幻想领域。顾城的这些"大诗"与北岛不同，北岛的诗歌内质乃是激昂的正义感，内中有一种正邪对峙的紧张，而顾城的"大诗"则更注重脆弱的"小我"与强大的世界之间的关系，它注重的不是正邪对峙，而是弱小与强大的对峙，是纯粹与芜杂的对峙，是精神圣域与物质世界的对峙，是灵气与俗气的对峙，是虚与实的对峙。北岛的诗中多悲壮，而顾城的"大诗"多悲哀。顾城在写给姐姐的那首《铁铃》中就流露出一种无可救药的悲哀感："我们不去读世界，世界也在读我们/我们早被世界借走了，它不会放回原处"——"我们"的精神被物质世界任意措置而"我们"却只能像一本书一样束手以待，这其间所潜藏着的悲哀感着实让人动魄惊心。

　　顾城于1979年4月写就的被人广为传诵的诗作《一代人》，只用寥寥两句，三个互相关联的意象（黑夜——眼睛——光明）就构成了一个复杂有机的意象整体，从中生成无限的意蕴，给人以丰富的联想。诗中"黑色的眼睛"是一个意蕴丰饶的中心意象，它既顺承历史所给予的悲剧性，又使高举"黑色的眼睛"走向未来的热切追寻染上了悲哀的黑色——用染黑的眼睛到底能追寻到什么样的"光明"？在这里，诗人所寻觅的"光明"是一个悬而未决的问题，重要的似乎是"寻找"本身，是"寻找"这种姿态。但问题是这种姿态究竟有几分主动性？它会不会再一次像既往那样屈从于强大世界的规定而被动无为呢？世界的强大不仅是过去，也是未来，"一代人"掌握不了过去，难道就一定能掌握未来吗？顾城要用"黑色的眼睛"来"寻找光明"，可是他在俗世中找不到太阳，只找到"一滩败草，一袖寒风"，只能到自己臆想中的精神乌托邦去虚造一盏"光明"之灯。

　　顾城曾于1979年写过一首意味深长的诗《山影》，诗作恰到好处地透露出他的精神处境，也预示了他身后的情形："山影里/现出远古的战士/挽着骏马/路在周围消失/他变成了浮雕/变成了纷纭的故事/今天像恶魔/明天又是天使"。

　　顾城，天使，抑或恶魔？

参考文献：

[1] 张同道：《探险的风旗：论20世纪中国现代主义诗潮》，安徽教育出版社1998年，第540页。

[2] 阎月君等编选：《朦胧诗选》，春风文艺出版社2002年，第77-79页。

[3] 张炯、邓绍基、樊骏主编：《中华文学通史·当代文学编》（第八卷），华艺出版

社 1997 年，第 321 页。

〔4〕顾城：《请听听我们的声音》，载《诗探索》1980 年第 1 期。

〔5〕洪子诚：《中国当代文学史》，北京大学出版社 1999 年，第 299 页。

〔6〕阎月君等编选：《朦胧诗选》，春风文艺出版社 2002 年，第 53 页。

（本文发表于《文学教育》2007 年第 9 期）

散文真情艺术美谫论

摘　要：散文是创作主体面对接受主体抒发情怀、感叹人生、诉说忧乐的
最真实、最诚挚的艺术。在对"情"的表达中，最为自然、最为真实、最为痴
情者，莫过于散文之情。散文的"真实"之感，首先来源于散文创作主体的真
诚之心。这种真诚，不仅仅是能在散文中再现出真实的自我，而且要做到说真
话、言真情、展真性、道真趣，以达到从审美层次上收到良好的社会效果，引
起读者的共鸣，发挥散文陶冶性情的美感作用。散文创作中所强调的真情，不
能仅仅满足于一般的真实，理应把真实的情感写得情真意切，达到强烈感人的
程度，要能找到"真挚"之点，只停留在一般真实的程度上是意义不大的。另
外，散文创作主体在创作过程中应该注意"情感的陶养"，既要注意情感的深
沉、真挚，又要注意抒情的"度"，不矫情，也不滥情，同时，还要使表达出来
的情感合乎健康的审美情趣，不应媚俗、低俗。

关键词：散文真情；真诚；真挚；审美情趣

一

文学不是无情物，情感是文学艺术的精魂，没有情感的文学就没有生命的
活气和灵性。所以有人说："艺术就是感情"（罗丹），也有人讲文学就是情学，
文学的本质是始于感情而终于感情的。古人曾认为："诗者，志之所之也，在心
为志，发言为诗。情动于中而形于言。"（《毛诗序》）古人在这所强调的"情"
对于诗具有重要作用，其实，它对于所有的文学文体也具有同样的意义。

在文学创作中，情感"不但是一种推动力、组合力，而且是一种发现力和
创造力，发现生活美和创造艺术的美的力量。"[1]创作者通过驾驭情感来建构作
品中的形象体系，用饱含情感的内容来产生尽可能大的感染力量。创作者写诗
作文，无非是教人、喻人、冶人、育人。要能达到教、喻、冶、育的目的，其

作品必须饱和深沉浓郁的情感。因为，"没有感情这个品质，任何笔调都不可能打动人心。"（狄德罗语）[2]感情之于作品，犹如血液之于人身。对于"情种的艺术"——散文来说，它对情感的要求更为浓郁、更为强烈。它作为一种文学样式，"是一种充满了主观意识的文体，在描摹社会人寰和自然环境的时候，总是侧重于诉说自己对于这客观世界的印象、体验和感悟，这样就十分容易打开自己心灵的窗户，跟许多读者朋友进行诚恳与亲切的对话，因此也必然会洋溢出真挚、灼热、浓郁和深沉的感情来。"（林非语）[3]散文是创作主体面对接受主体抒发情怀、感叹人生、诉说忧乐的最真实、最诚挚的艺术。在对"情"的表达中，最为自然、最为真实、最为痴情者，莫过于散文之情。当你浏览散文佳作时，那一篇篇散文犹如创作者者打开的心灵之窗，在向你表白，在向你诉说，在向你倾吐那感人的肺腑之言，那么纯真，那么朴素自然。学界泰斗、著名作家季羡林先生在多年的创作生涯中，遍尝了个中的酸甜苦辣，对于散文写作，也形成了一套自己的独特见解，他认为散文的精髓在于"真情"二字，"真"就是真实，"情"就是要有抒情的成分。创作主体真情实感的自然流露是散文美的一个重要因素。

二

散文真情艺术美这种特质首先要求创作主体要真诚。

庄子曾经说过："真者，精诚之至也。不精不诚，不能动人。故强哭者虽悲不哀；强怒者虽严不威；强亲者虽笑不和。真悲无声而哀，真怒未发而威，真亲未笑而和。真在内者，神动于外，是所以贵真也。……真者，所以受于天也，自然不可易也。故圣人法天贵真，不拘于俗。愚者反此。"（《渔父》）[4]"情感贵在真诚"这一思想体现着中国式的精神超越路径，也使后人获得了一定程度的精神自由。真正的艺术家应该是真诚的，应该忠实于内在世界的客观性和感官感觉（包括幻觉）的真实性，以成熟的技巧精确地描绘自己构造的理想世界。

真实是艺术的生命，更是散文的生命。

在文学创作的园地里，散文以它可贵的品质——"真"而独树一帜。无论是散文名家还是散文爱好者，他们在创作或品评散文作品时，在对散文的真、善、美作艺术鉴赏时，无不把"真"放在首位。真人、真情、真心、真语，离开了"真"，散文就失去了生命。散文是"文学的测谎器"，"在一切文学的类别中，最难作假、最逃不过读者明眼的，该是散文。"[5]作假、编造、矫情、虚饰等是散文的大敌。

长期担任《散文》月刊执行主编的贾宝泉先生在谈到自己的创作体会时曾经说过："何谓好散文？或谓好散文应该是怎样的？这自然可以作出多种回答。我的看法是：好散文是写作者以典型的个人笔致表现的他本人在特定历史条件和文化背景下所能达到的最高智慧和最真纯的情感。"[6] 即是说，好散文最能真实地折射出散文创作主体的人品、性格和创作态度，能直接展示创作主体的思想情绪和人格面貌，更能凸现其创作个性。散文的"真实"之感，首先来源于散文创作主体的真诚之心。"真诚"指的是创作主体对客观现实的态度，对接受主体读者、观众、听众的态度，自然也是他对自己的态度。就是说，要敢于正视现实，直面人生，好就是好，坏就是坏，不粉饰，不美化，用自己的眼睛看世界，用自己的嘴说自己心里的话，说自己想说的话，说自己思考过的、自己相信的话。诚实的人格，要求创作者不仅仅是在散文中能淋漓尽致地写出自我的喜好或厌恶，而且要充分表现出自我的道德观念或思想情操。

卢梭曾经坦言，他的写作是率真的，既不隐瞒坏事，也不添加好事，只是率真地吐露自己的真实胸襟与言行，如果写作中出现与真实有偏差，那也只是记忆上的问题，而不是有意为之。在《忏悔录》这部自传里，卢梭以一种惊世骇俗的大胆，真实地展示了"一个资产阶级个性的'我'有时像天空一样纯净高远，有时却像阴沟一般肮脏污浊的全部内心生活。"[7] 卢梭这种直面人生、正视自我的勇气，曾给中国的文人很大的影响。被称为"中国的卢梭"的郁达夫，为了辞绝虚伪的罪恶，在《达夫日记》等作品中，坦诚地、赤裸裸地写出了自己的心境，记录了自己情感的变迁，心理的伤痛，爱情的波折，乃至行为的颓放，在当时的文坛，无疑像一声惊雷，惊得一些假道学家、假才子们狂怒。

瞿秋白在狱中写下的《多余的话》等作品，也对自己的灵魂、自身的矛盾进行了深刻的剖析，他无情地剖析自己对政治兴趣的淡薄，工作能力的不强，特别是卷入无法摆脱的最大矛盾——政治家和文人的矛盾。其在自我解剖、自我否定方面并不亚于卢梭。他们这种自我暴露、自我解剖，既可以让读者体会他们襟怀坦白的胸襟、敢于直面灵魂的勇气，也使他们的散文个性酣畅淋漓地突现出来。

巴金晚年创作的那部"说真话的大书"——《随想录》之所以蜚声海内外，也是与他那颗创作的真诚之心分不开的。他在《〈病中集〉后记》说："我不靠驾驭文字的本领，因为我没有本领，我靠的是感情。对人对事我有真诚的感情,我把它们倾注在我的文章里面,读者们看得出来我在讲真话还是撒谎。"
"我的座右铭便是:'绝不舞文弄墨、盗名欺世。'""我只想把自己的全部感情、
全部爱憎消耗干净,然后问心无愧地离开人世。这对我是莫大的幸福,我称它
为'生命的开花'。""我必须用最后的言行证明我不是一个盗名欺世的骗子。"
(《〈无题集〉后记》)从这里,我们不难看到,巴金晚年的这部大书,实在是他
不可抑制的感情催逼的结果,正如他说的:"我有一肚皮的话,也有一肚皮的
火,还有在油锅里反复煎了十年的一身骨头。"(《〈无题集〉后记》)但与以往
不同的是,这同时是一部需要"把笔当作手术刀一下一下地割自己的心"、让他
"感到剧痛"的作品。——我们可以想见,在这样的创作过程中,作家的人格力
量、艺术家的良心——也就是巴金所说的"真诚的心""真诚的感情",起了决
定性的作用。

　　散文女作家王英琦在《我能这样地生活》一文中曾深有感触地写道:"散文
太需要真诚了,真诚即是散文的灵魂。"钱谷融先生也说:"本来,一切文学作
品都是要显示作者的性情和品格的,但在诗歌、小说和戏剧作品中,作者常常
用韵律节奏、故事情节等把自己装裹起来,使读者不容易一下子看清他们本人
的庐山真面目。散文则不然,作者毫无装扮,甚至不衫不履,径自走了出来。
凡有所说,都是直抒胸臆,不假雕饰。他仿佛只是在喃喃独语,自吐心曲;或
如面对久别的故人,正在快倾积愫。读者读过他的作品,一下子就看到了作者
本人,看到了他的本色本相。所以散文是最见性情之作,既是最容易写的,也
是最难写的。一切没有真性情的人,或者不是真有话要说的人,最好不要来写
散文。"[8] "我对散文,要求的是真诚、自由、散淡。能够成为一个散淡的人,
真诚地写作,就可以达到自由的境界,写出真正令人爱读的散文来。"[9]

　　可以这么认为:没有哪一种文体像散文这样最坦诚地面对读者,与读者进
行着真诚的对话,或旧事重提回忆童年生活,或轻声慢语述说家长里短,或胸
怀挚情抒发内心感受,或思绪深沉追问人生价值。散文家总是毫不遮掩地展示
着自己的喜、怒、哀、乐、爱、恶、惧,让读者清楚地看到了他们的赤诚之心,
看到了不同性格的真实的创作者的自我再现。读巴金的《随想录》,我们看到了
一位世纪老人的自责自省与那颗"燃烧着的心";读鲁迅的《朝花夕拾》,我们
可以感受到一位文化伟人对随韶光而去的美好的童心、天性、爱和人情的吊唁
与缅怀;读《赋得永久的悔》(季羡林)、《母亲》(曾卓)、《我与地坛》(史铁
生)、《背影》(朱自清)、《多年父子成兄弟》(汪曾祺),我们体会到的是那种

不管岁月的长河如何流逝，永远也不会消失的人类最普通也最珍贵的感情——父母之情；读《藤野先生》（鲁迅）、《回忆鲁迅先生》（萧红）、《站在胡适之先生墓前》（季羡林）等散文，我们感受到的是他们对恩师的崇敬之心和感激、怀念之情；读《给亡妇》（朱自清）、《亡人逸事》（孙犁）、《怀念萧珊》（巴金），我们可以深深地感受到那种刻骨铭心、难以忘却的思念亡妻之情；读《碗花糕》（王充闾）、《我的嫂子》（李辉英），我们能体会到那股浓浓的叔嫂之情……

散文创作主体的真诚，不仅仅是能在散文中再现出真实的自我，而且要做到说真话、言真情、展真性、道真趣，以达到从审美层次上收到良好的社会效果，引起读者的共鸣，发挥散文陶冶性情的美感作用。散文创作主体只有以真实的自我与接受主体进行感情的交流，以真实的自我与他们进行心灵上的碰撞，才能使自己的作品具有撼动人心的感人效果，才能让读者永不忘记，流传久远。

三

从审美的过程来看散文，创作主体的真诚是创造美和传达美的前提，但还不是艺术美的本身。要创造美、传达美，使作品具有审美品质，还必须有一系列"中介"环节，情感就是这个中介环节中必不可少的重要因素。散文作为抒情艺术，它抒发的是创作主体对一定客观事物的主观态度和情感体验，正如黑格尔在《美学》中所说："它所特有的内容就是心灵本身，单纯的主体性格，重点不在当前的对象而在发生情感的灵魂"。因此，人们把散文当作创作主体的一种抒发"自我情怀"或"心灵独白"的文本。

散文创作主体在创作过程中非常看重情感这一文学创作的动力性因素，因为，他们知道，情之所动，才有文学，文学是情感动态的形象化表现。凡优秀的文学作品，都应看作是创作主体生命的艺术形态，是生命苦乐等复杂体验所导致的情感波动。正是有了充沛的情感作为一种动力性因素，文学作品才有了强大的生命力，如果抽掉了情感因素，那么，许多文学将不是文学。真正意义上的文学创作就是创作主体情感流程的实现。散文作为一种最直接、最具个性、最具真情的文体，它可以通过创作主体在多种多样的作品中所表现和流露出来的鲜明的爱憎、蒸腾的情绪、点滴的感受、具体的细节及有滋味的情调来传递这种真情，来传递这种来自创作者的深切体验和感受。散文正是通过"写自我的真实体验、真实经历、真实言行、真实心境"来凸现其真情艺术美的。

周作人曾于1922年写过一篇千字短文《初恋》，在文中他把情窦初开的少年隐秘心理酣畅淋漓地表现出来，他写道：

　　我不曾和她谈过一句话，也不曾仔细的看过她的面貌与姿态。大约我在那时已经很是近视，但是还有一层缘故，虽然非意识的对于她很是感到亲近，一面却似乎为她的光辉所掩，开不起眼来去端详她了。在此刻回想起来，仿佛是一个尖面庞，乌眼睛，瘦小身材，而且有尖小的脚的少女，并没有什么殊胜的地方，但是在我的性的生活里总是第一个人，使我于自己以外感到对于别人的爱着，引起我没有明了的性之概念的，对于异性的恋慕的第一个人了。

　　我在那时候当然是"丑小鸭"，自己也是知道的，但是终不以此而减灭我的热情。每逢她抱着猫来看我写字，我便不自觉的振作起来，用了平常所无的努力去映写，感着一种无所希求的迷蒙的喜乐。并不问她是否爱我，或者也还不知道自己是爱着她，总之对于她的存在感到亲近喜悦，并且愿为她有所尽力，这是当时实在的心情，也是她所给我的赐物了。在她是怎样不能知道，自己的情绪大约只是淡淡的一种恋慕，始终没有想到男女关系的问题。[10]

　　这里，"我"的朦朦胧胧的初恋的喜悦情怀，"我"的自然属性的"本我"的性意识的端倪，"我"第一次对于异性的爱慕等内容都在这些美妙动人、撩人情怀的文字中流露出来，非常真实、自然、贴切而又传神，那种初恋的陶醉，初恋的幸福，初恋的深情，初恋的自作多情都在"我"的笔端真实地流淌。作家周作人没有粉饰，没有做作，只是如实地捕捉"我"的情态、"我"的心境。

　　作为世界性的文化名人和具有崭新思想的大学教授，朱自清最初的婚姻却是百分之百的中国旧式的，即完全受"父母之命，媒妁之言"法则主宰的。这从他的早期散文《择偶记》和《给亡妇》中，可以看到事情的全部过程。另外，如果说中国旧式婚姻制度也可以产生"美满家庭"的话，朱自清也可称得上是一个典型例子。1916年寒假，19岁的朱自清奉父母之命在扬州与武钟谦女士结婚。婚后夫妻感情甚好，但武氏身体病弱，且操劳过度，终于1929年冬病逝，终年仅32岁，遗下三子三女。1932年10月，朱自清用他固有的至情妙笔，写下他的名文《给亡妇》，寄托他对前人的未忘之情。在该文中，作者追忆了亡妻武钟谦生前的种种往事，与其说作者在为死者哭泣，不如说是生者在向死者致歉。妻子的辛劳、克己、无私以及对孩子、丈夫的挚爱，在作者的笔下一一展露出来。普列汉诺夫说过："最大的美在于真和朴素，而真实性和自然性构成艺术创作的必要条件。"[11]《给亡妇》就写出了作者的亲身经历、切身体验，作者在对现实生活的叙写中，充满了对亡妻的真挚的思念之情、内疚之情。全文没有华丽的词藻，没有美丽的修饰，没有技法的炫耀，而是朴素、实在的追思，就像作者在与亡妻对话，至痛的思念，没有裹挟泪水；至痛的倾诉，没有哭泣的哀嚎。那明白如话的叙述，那通俗易懂的语言，就像一泓秋水，缓缓地流进读者心田，那实情实景，却让人刻骨铭心，实难忘怀。

海明威曾说："你别美化，坚持写出实际的状况，如果你想美化，你不但做不了好事，也写不出实际情形来。"这里，海明威强调的是写实，写生活中的实人、实事、实景、实物，进而写出作者的真实情感来。散文这种讲究真实性的文体，其所蕴含的情感理应是真实的，但真实而缺少真挚性的情感则很难打动读者。真挚，应该是一种强度和深度的要求，情感仅仅停留在一般的真实上是不够的，否则很难产生动力性效应。也就是说，散文创作中所强调的真情，不能仅仅满足于一般的真实，理应以"典型的个人笔致"把真实的情感写得情真意切，达到强烈感人的程度，要能找到"真挚"之点，只停留在一般真实的程度上是意义不大的。像巴金的《怀念萧珊》、史铁生的《我与地坛》、王充闾的《碗花糕》、宗璞的《哭小弟》等作品之所以能深深地打动读者，是因为它们都是充满了真挚情感的好散文。

四

梁启超在《中国韵文里头所表现的情感》一文中，曾这样论及情感及情感教育："情感的作用固然是神圣，但他的本质不能说他都是善的都是美的。他也有很恶的方面，他也有很丑的方面。他是盲目的，到处乱碰乱进，好起来好得可爱，坏起来也坏得可怕，所以古来大宗教家大教育家，都最注意情感的陶养。老实说，是把情感教育放在第一位。情感教育的目的，不外将情感善的美的方面尽量发挥，把那恶的丑的方面渐渐压伏淘汰下去。这种工夫做得一分，便是人类一分的进步。"[12]他认为情感教育的最大的利器，就是艺术。"音乐、美术、文学这三件法宝，把'情感秘密'的钥匙都掌住了。……所以艺术家的责任很重，为功为罪，间不容发。艺术家认清楚自己的地位，就该知道，最要紧的工夫，是要修养自己的情感，极力往高洁纯挚的方面，向上提絜，向里体验。自己腔子里那一团优美的情感养足了，再用美妙的技术把他表现出来，这才不辱没了艺术的价值。"[13]著名教育家、美学家蔡元培先生也曾说过："纯粹之美育，所以陶养吾人之感情，使有高尚纯洁之习惯，而使人我之见、利己损人之思念，以渐消沮者也。"[14]散文作为一种富于主观抒情性的融汇了作家真诚个性及深层人生意蕴的文学体裁样式，也是陶情冶性、给人以审美享受、实施美育的一种必不可少的重要方式。因此，创作主体在创作过程中就应该注意"情感的陶养"，既要注意情感的深沉、真挚，又要注意抒情的"度"，不矫情，也不滥情，同时，还要使表达出来的情感合乎健康的审美情趣，不应媚俗、低俗。这也是散文真情艺术美的题中应有之义。

在散文的写作中，不管创作主体采用"一泻无余的'奔进的表情法'"（即用"喷"的方式，直陈心曲，直接剖白内情，直接抒发自己激越、奔突、翻涌、腾跃、燃烧的情感，它常常以独白式或宣告式的形态出现，作者的情感活动呈透明状，同时也可以映照出作者率直的个性），还是采用"含蓄蕴藉的表情法"（此抒情方式常常借助外在形象的描绘或叙写，隐曲吐露作家的衷肠，或情隐话中，或情隐景物），[15] 都应该抒写出创作者真挚的张扬着个性的闪烁着人性光芒的情感来。

而反观时下的散文创作，有几个明显的不良倾向需要注意：一是一头钻进故纸堆里，专拿名著屁股说事儿，玩味词语、把玩器物的散文太多；二是跟风现象严重。刘亮程的乡土散文火了，一下子就冒出来一大群乡村散文作家；三是释放个人情绪，在花花草草、风霜雨雪、河流山脉之间转来转去，小发现小感觉的散文太多；四是打扮青春、编造浪漫、罗织感人故事的散文泛滥；五是翻检历史碎片、类似地方志写作的散文太多；六是专搞书评、时事评论和思想文化名著解读的散文太多。这些散文作品虽说也张扬着个人的性情、洋溢着感官体验，但同时也暴露出脱离生活、内容空洞、个人趣味的浅薄虚伪（如在相当多的散文中流露出浓郁的"官本位意识"和功利意识）、缺少底层的、生命的和灵魂的直接触动和真切体验，这些"伪情绪"泛滥的作品读多了，就会败坏胃口和食欲，最后引发出病症来。这种写作无论多么华丽，最终都只能为读者所摒弃。

结语

散文作为一种自由宽松的文体，它无须虚构，也无须造作，只需用自己的人生体验与生命情感真诚地与读者展开交流，只要说真话、抒真情，像巴金那样"要掏出自己燃烧的心，要讲自己心里的话"，就能感染、打动读者。

真情，不仅是散文的魅力所在，更体现着散文的品格。

参考文献：

［1］童庆炳：《文学审美特征论》，华中师范大学出版社2000年，第37页。

［2］段宝林编：《西方古典作家谈文艺创作》，春风文艺出版社1983年，第105页。

［3］林非、李晓虹、王兆胜选编：《百年中国经典散文·挚爱卷》，内蒙古文化出版社2006年，第1页。

［4］北京大学哲学系美学教研室编：《中国美学史资料选编》（上），中华书局1985年，第40页。

［5］余光中：《余光中散文·自序》，浙江文艺出版社1997年，第1页。

［6］贾宝泉：《散文镜花词》，河北人民出版社2006年，第253页。

［7］柳鸣九：《〈忏悔录〉译本序》，人民文学出版社1980年，第20页。

［8］［9］钱谷融：《真诚、自由、散淡——散文漫谈》，毛时安主编：《海上名家文丛·长夜属于你》，汉语大词典出版社1996年，第34，37页。

［10］周作人：《雨中的人生》，湖南文艺出版社1992年，第45-46页。

［11］哈尔滨师范学院中文系形象思维资料编辑组编：《形象思维资料汇编》，人民文学出版社1980年，第37页。

［12］［13］北京大学哲学系美学教研室编：《中国美学史资料选编》（下），中华书局1985年，第417-418页。

［14］北京大学哲学系美学教研室编：《中国美学史资料选编》（下），中华书局1985年，第460页。

［15］董小玉：《各体文学审美之旅》，西南师范大学出版社2002年，第271-276页。

（本文发表于《常州工学院学报·社科版》2007年第6期）

刘锡庆散文理论观论要

摘　要：作为新时期以来具有贯串性和重要贡献的散文评论家，刘锡庆秉持强烈的文体意识，密切关注着那种作为艺术的、具有与诗歌、小说相等的审美品位的纯文学散文的发展态势，他率先提出"艺术散文"概念，试图"重新规范散文内涵"，把纯散文从一个混沌而又混杂的散文球体中剥离出来，给其一个较为清晰的边界。他的散文批评理论主张非常明确而且坚定不移，那就是更新观念，净化文体；倡导具有"自我性"、"向内性"及"裸现性"的"艺术散文"；严厉批评"大散文观"。尽管他的散文理论问世后引发了相当多的争议，但他竭尽全力廓清散文文体理解上的混乱，以强烈的、清醒的文体意识给已形成自己的生长秩序的艺术性散文文苑筑上一道篱笆，结束它与别的艺术品类混种的历史，以利于它的培育、保护和繁荣的努力是令人敬佩的，也是不容忽视的。

关键词：刘锡庆；散文理论；理论建设

北京师范大学中文系的刘锡庆教授是"新时期具有贯串性和重要贡献的散文评论家"[1]。他自 1960 年毕业留校任教以来，一直从事中国现当代文学的教学与研究工作，尤以散文、报告文学研究见长（2001 年曾被中国作家协会聘为第二届"鲁迅文学奖"散文、杂文奖评选委员会委员），另外，他对基础写作学、写作文体学也深有研究，"对中国现代写作学的奠基做出了突出的贡献"[2]。

刘锡庆早在 20 世纪 70 年代末，就参加了由教育部委托编写的中国当代第一部高等院校中文系教材——《中国当代文学初稿》的编著工作，具体负责整个"十七年"散文部分，这使他对中国现当代散文的发展现状有了较为深入的了解、认知。进入 90 年代以来，他更是把散文作为自己的主要研究对象，密切关注那种作为艺术的、具有与诗歌、小说相等的审美品位的纯文学散文的发展态势。为了摆脱传统的对象过于宽泛的散文观对于纯文学散文的羁绊、缠裹，刘锡庆于 1985 年在中央电大授课时率先提出"艺术散文"概念，试图把纯散文从一个混沌而又混杂的散文球体中剥离出来。之后，他又与他人合作编选了一部体现其"艺术散文"理念的散文作品选——《当代艺术散文精选》（1988 年编讫，1989 年 8 月由北京十月文艺出版社出版，该书曾多次印刷，至 1994 年 5 月共计发行三万多册）。他在该书的序言中进一步阐述了其对艺术散文的理解：

（一）关于狭义的"艺术散文"的定义。"用第一人称的手法，以真实、自由的笔墨，主要用来表现个性、抒发情感、描绘心态的艺术短文，即谓之散文。……散文，就是以'我'的自由之笔，写'我'的自得之见，抒'我'的自然之情，显'我'的自在之趣！"[3]

（二）关于艺术散文的主要特征。他做出了简要、宏观的描述，认为这种散文具有"篇篇有'我'，个性鲜明；外物'内化'，因小见大；真实、自然，笔墨自由；纸短韵长，富于趣味"[4]等特征。这些理论阐述及体现着艺术散文内涵的作品，"有力地冲击了长期笼罩文坛的模糊的散文观，为 90 年代初艺术散文的勃兴作了寓意深远的预告"[5]。

刘锡庆之所以在 80 年代中期秉持强烈的文体意识，提出"艺术散文"这一概念，就是为了"重新规范散文内涵"[6]，缩小散文这一概念的外延，给其一个较为清晰的边界。进入 90 年代以来，刘锡庆更是撰写了一系列文章来阐述自己的理论主张，其中有这么几点特别明确：

（一）当代散文最急迫的问题是更新观念，净化文体

刘锡庆认为，散文的全部理论建设应该涵盖范畴论、特征论、创作论及批评论四个部分，其中最主要的是范畴论（这是个老大难问题，解决这个问题是整个散文建立"理论"大厦的根基，是第一位的重要工作。这个问题如不解决，继续在"大散文"的非文学"混沌"天地里厮混，散文终将被"文学"所放逐！[7]），即散文文体的分离、独立。"我的主张是，文体应该分工，传统的'四分法'早已不适应文学的发展了。'四分法'把文学笼统地分为小说、诗歌、戏剧、散文四类，这个观点等于认为除小说、诗歌、戏剧之外的其他一切文章都属于散文。这个'散文'概念太大了，是模糊的、驳杂的、混淆的。应该进一步净化、分离，使真正的散文能够脱颖而出。这个净化、分离的原则是，以文体'审美特质'为基准，该独立的应予独立，能排除的即予排除，应创造的理应创造出来。"[8]"历经近、现代百年沧桑的'散文'是应该结束它长期徘

徊于'文章'与'文学'之间的尴尬处境，结束它长期作为'非韵非骈即散文'的'母体'或'大家族'地位并由此所带来的'杂牌军'、'收容队'的'文类'庞杂性、滞后性了！"[9]刘锡庆认为现代散文是"三体并包"的，"文体净化"应从这里开始，具体来说，"记叙散文"中的报告文学及史传文学经过漫长的发展至新时期已基本成熟，应促成其自立门户；"议论散文"中的杂文及随笔是非常相近的姊妹文体，可合在一起走向文体的独立；"抒情散文"中日记、书信及花絮等样式应该从散文中剔除出去，以还其应用文体的本来面目。他还主张以"艺术散文"的称谓替代"抒情散文"的过时提法，以突出其高雅的、审美的品位。他认为可以文体的"分流"——不是贬抑、取消谁，而是促其"独立"，自立自强——的办法，来最终解决散文由"类"而"体"的老大难问题，以此来实现"文体净化"的目标。这是他提出的一种颇具理想色彩的解决方案，至于是否可行，是否具有可操作性，则难以臆测。

（二）明确阐述了"艺术散文"的内涵及其审美特征

刘锡庆自 1985 年首次提出"艺术散文"概念以来，曾在多种场合阐明自己的观点。他在《弃"类"成"体"是散文发展的当务之急》一文给"艺术散文"下的定义是："它一般采用第一人称手法，以真实、自由笔墨，主要用来袒示个性、抒发感情、裸露心灵和表现生命体验的艺术性散体之作"[10]。并且进一步归纳出艺术散文的审美特征，即自我性（用第一人称、有鲜明个性、立足"小我"并通向"大我"）；向内性（以内映射外宇宙、着重表现情感或心灵现实）；裸现性（性格"本色"的袒露、心灵隐秘的赤裸——即"把心交给读者"）[11]。他认为，好的艺术散文"应该整个地面向人的内心世界、精神世界，抒写精神的东西。真正好的散文是不回避自己，也不拘泥于自我的，而是面向读者，真正打开自己的心扉，裸露出自己的内心世界，把自己的情感世界写得非常细腻、非常动人，通过这个东西，去折射民族性、时代性、阶级性、社会性、人类性等其他方面。……要立足自我，把握自我，通过'小我'折射'大我'，由个人通向时代，由自我通向社会，通向全人类，但是，绝对不要失去自我。不写自己，去写别人，不是散文的正路"[12]。

（三）严厉批评"大散文"观

当贾平凹在 1992 年针对国内散文界浮靡甜腻之风盛行而首次提出"大散文"的口号，倡扬一种大境界、大气魄的散文时，立刻遭到刘锡庆的严厉批评。笔者发现，刘锡庆自 20 世纪 90 年代以来所发表的主要研究论文中，几乎每篇文章中都能找到他对"大散文"观的批评意见：

"笼而统之的'大散文'涵盖，并不像很多人所想像的那样可以使散文得到'多姿多彩'的健康展现；相反，不同特质的文体混杂只是造成了本体散文'自性'的长期迷失。"[13]（《当代散文：发展轨迹、分"体"考察和作家特色》，原载《文学评论》1992 年第 6 期。该文被认为"是个人潜心于研究的重大收获，也是新时期散文评论终于在诗歌与小说评论出尽了风头之后开始以主角面目登场，而在深层上则是散文崛起促使理论研究提到了议事日程上的一个醒目标志。这是当代散文评论中不可多得的一篇有分量和力度的鸿文杰构。"[14]）

"'大散文'，实在想不出它有什么'新意'。这提法本身就是很陈旧的。……现在重新鼓吹'大散文'，既无视除'诗'外作为一切文学'母体'的散文在自然'演进'中不断'分化''净化'的发展规律，又悖离不同'审美特质'的不同，'文体'不宜混同，混同'异质'文体只能增添混乱，延缓其健康发展的文体界划科学，是向后看，开倒车，是不足取，不足'法'的。……提出'大散文'这个名目，着眼点可能在于赏识这个'大'字。大格局，大气度，大笔力，大境界，这样的'大'散文该有多好！但'大散文'可不能等同于'大散文'。'大散文'是宽大无边的'散文学'（与'韵文学'相对），没有任何限制，没有任何规范。绝对的'自由'，绝对的'放纵'。而这宽大无边的'大散文'足以导致它在无拘、无束中自我消解、自我灭亡。"[15]（《当代散文：更新观念，净化文体》，原载《散文百家》1993 年第 11 期）

"无论是'美文'还是'大散文'，都容易引起理论的混乱。"[16]（《艺术散文：当代散文走向的审美规范——为〈美文〉月刊而作》，原载《美文》1994 年第 11－12 期）

"作为一种'旗帜'一种'倡导'，'大散文'无任何新意可谈。……现在重提'大散文'，让散文回到'一切文章'之上，你说有什么'新意'？散文之所以长期步履蹒跚、发展迟缓，我认为过分地宽大无'边'、过多地自由无'度'、过杂地文体失'范'是一个深层的根本原因！"[17]（《当代人的"情感史"和"心灵史"——当代散文答客问之一》，原载《湖南文学》1995 年第 7－8 期合刊）

"我认为散文至今还没有形成自己的理论。现在的'散文热'是一种无序、混乱的状态。贾平凹提出'大散文'更是乱上加乱。……'大散文'的提出恰恰是在散文文体应该净化的时候，这是一种倒退。散文如果变成一个'杂牌军'

的'收容队',那么,它在艺术上绝对只能是滞后的,它的审美特征也就无从规范,将成为包罗万象的非常庞大的甚至文学和非文学的混杂体。"[18](《当代散文的理论建设——在北京作协召开的"散文理论研讨会"上的发言》,原载《报刊之友》1995年第6期)

"贾平凹提出这个概念(指'大散文'),立意是好的,追求一种大的气度、大的气派、大的手笔,要求散文克服那种小里小气、女里女气,要求散文写得大气,这个意义我认为是积极的。但是,他的出路又找错啦。……"[19](安裴智整理:《辨误排疑看散文——刘锡庆教授访谈录》,原载《太原日报》1995年5月16日"双塔"副刊)

"随着'新时期'思想解放、改革开放及社会的'转型',创作在'物欲'的诱惑下变得'众声喧哗'、多向'分流','想怎么写就怎么写;想写成什么样就写成什么样'成了一些人拒绝'规范'、随意'涂抹'的'口头禅'(这也是'大散文'泛滥的恶性后果之一)。"(《世纪之交:对"散文"发展的回顾与思考》,载《文学评论》1997年第2期)

"散文的'范畴'为什么总说不清?很简单:让'大散文'闹的。"[20]

"90年代贾平凹又鼓吹复古倒退的'大散文论'(即回到'散文乃一切文章'之上)确已无任何积极意义可言了!但它在市场经济的利益驱动下,不少报刊竟竞相响应,其造成的负面影响一时都甚难廓清。"[21](《寻求中国现代化的心灵轨迹——20世纪汉语散文风雨历程之反顾》)

"这个概念(指'大散文')是贾平凹在《美文·发刊词》里提出来的。他说,散文要回到'乃是一切文章'的概念之上。他对当代散文种种'小'气的不满、指责都是有道理的,但解决这些问题的办法他却找错了。'大散文'——即指一切文章——实际上是范围的扩大,品位的降低:文学降低为文章。这就把五四后辛辛苦苦换来的文学定位给一笔抹杀了,使散文又倒退到传统的文章中去。这是开历史的倒车,是不可取的。所以,我说'大散文'没有任何新意可谈。但是,'大散文'一说问世后,应者甚多,以至于没有一个刊物敢于高标文学或艺术散文的旗帜。这真是艺术散文的悲哀!事实是:'大散文'提出后恰逢社会的转型,市场经济的洪流向文学的领地猛烈冲击。在这种情势下,'大散文'实际上引来的是对通俗散文的有力召唤,各种大众刊物和流行小报上刊登的形形色色的所谓散文,多是这种一次性的、快餐式的通俗散文。'大散文'走到这种境地,怕是倡导者始料所不及的吧?热闹过去,问题依旧。'大散文'并没有将当代散文的健康发展引上一条光明之路。"[22]

……

我之所以在此不厌其烦地摘引如此多的观点，就是想证明一点，那就是刘锡庆先生对贾平凹所倡导的"大散文"观几乎没有多少认同。他认为提倡"大散文"，实际上会阻碍散文艺术本身的发展，他认为"散文之病久矣！病就病在放松了'文学'的标尺，以一切'文章'自居，致使其'范畴'过'宽'、过'大'！而这种范畴上的'宽大无边'，足以导致散文的自我取消，自我消亡！"[23]今天的散文之所以"得病"，之所以发展缓慢，其根本原因就在于散文的概念（或曰"范畴"）过杂、过宽。因此，他一再强调指出散文应该向文学精神和艺术品位提升，文体应该"净化"，即把已具有独立意义的文体从散文中"清除"出去，追求那种具有自我性、向内性、裸现性的重在表现人自身内宇宙的丰富、深邃、奥秘的艺术散文。

如果说贾平凹是以一个刊物主编者的市场谋略的眼光提出了"大散文"，那么，刘锡庆则是从学院式的精英立场企图对散文进行规范。

刘锡庆"艺术散文"观（也有学者把其称为"净化文体"观，如王聚敏、梁向阳等人均持此说）的主要贡献在于它试图对散文做出一种科学的、准确的文体定位。他竭尽全力廓清散文文体理解上的混乱，以强烈的、清醒的文体意识给已形成自己的生长秩序的艺术性散文文苑筑上一道篱笆，结束它与别的艺术品类混种的历史，以利于它的培育、保护和繁荣。

就像贾平凹的"大散文"观一样，刘锡庆所倡导的"艺术散文"观问世以来也同样引起了相当大的争议。赞同者认为，在新时期散文理论建设屡弱的学术背景上，刘锡庆致力于散文文体的界划，明智、清醒地解决"范畴论"的老大难问题，的确做出了超越前贤、独一无二的贡献。尽管他所建构的理论秩序在某些方面可能会受到来自创作实践的挑战，但是，觉醒了的理论肯定会像一股新风驱去作家们东奔西突的盲目，凸现一个明确的目标，以提高创作的效益[24]。但也有不少散文研究者表示无论如何不能认同刘锡庆的"文体净化"观点，更无法接受他所开出的"艺术散文"的药方。认为"净化论"在理论建设上并没有多少独创的东西。"搞'文体净化'充其量也不过是在技巧修辞层面做些调整而已"[25]"文体的净化"并不是散文发展的灵丹妙药，而是散文建设上的一种倒退。华南师大的陈剑晖就曾撰文指出："如果只有一种抒情性的艺术'美文'，则散文的天地将变得十分单一狭隘，甚至有可能回到60年代前后'抒情散文'的老路上去。"[26] "无视 90 年代散文的繁荣主要是思想随笔的繁荣这一基本的文学事实，而偏执于'艺术散文'一隅，一味追求散文的净化，这无论如何是难以令人苟同的，也无益于当代散文的健康发展。也许正是这个缘故，刘锡庆的'净化'理论发表后边一直遭到世人的诟病"[27]。

关于"大散文"与"散文净化"的论争，到今天为止依然是个难有定论的话题，它直接引发的一个争论就是究竟应该把什么类型的散文视作散文正宗。对此，不同的人持有不同的观点，可谓仁者见仁智者见智。

结语

我认为，不管是刘锡庆的"散文净化"论，还是贾平凹的"大散文"观,,不管它们存有什么样的缺憾与不足，它们的出现都具有非常重要的价值和意义，是不容忽视、不容抹煞的！它们作为"九十年代散文理论主张的两翼，表面看似是针锋相对的。但实质上他们是从不同的角度、不同的侧面、不同的层面上对散文进行了界说。'大散文'理论属于文艺社会学范畴，它强调的是作品与社会的关系。而'艺术散文'理论属于文艺心理学的范畴，它们强调的是作者与作品的关系。因此，'大散文'和'艺术散文'的理论主张并不矛盾，而是散文理论发展中的两翼，它们同时并存，共同发展，才有力于散文艺术的繁荣。"[28]我认为这样的论断还是非常中肯的。它们将启发和引领人们深入思考散文艺术的内在魅力。

注释：

[1]〔5〕〔14〕毕光明：《文体家：修筑"散文"的藩篱——刘锡庆的散文研究》，载《海南师院学报》1996 年第 3 期，第 41 页。

〔2〕万奇：《参古定法　望今制奇——评刘锡庆的写作理论》，原载《广播电视大学学报》（哲社版）2001 年第 3 期，第 62 页。见王志彬主编《20 世纪中国写作理论史》，南京大学出版社 2002 年，第 328 页。

〔3〕〔4〕〔6〕刘锡庆：《当代艺术散文精选·序》，北京十月文艺出版社 1989 年，第 2－3 页，第 4－6 页，第 2 页。

〔7〕〔9〕〔10〕刘锡庆：《弃"类"成"体"是散文发展的当务之急》，原载《文学世界》1996 年第 4 期，见刘锡庆著《散文新思维》，河北教育出版社 1998 年 7 月，第 76 页，第 73 页，第 76 页。

〔8〕〔12〕安装智整理：《辨误排疑看散文——刘锡庆教授访谈录》，原载《太原日

报》1995 年 5 月 16 日 "双塔" 副刊, 见刘锡庆著《散文新思维》, 河北教育出版社 1998 年 7 月, 第 295 页, 第 297 页。

[11] 刘锡庆:《90 年代散文的走向》, 原载《中华散文》1995 年第 6 期, 见刘锡庆著《散文新思维》, 河北教育出版社 1998 年, 第 183 页。

[13][15][16][17][18][19] 刘锡庆著《散文新思维》, 河北教育出版社 1998 年 7 月第 1 版, 第 86 页, 第 3-4 页, 第 17 页, 第 23-24 页, 第 56-59 页, 第 299 页。

[20][23] 刘锡庆:《当代散文创作发展的几个问题》, 载《北京师范大学学报》(人文社会科学版) 2001 年第 1 期, 第 77 页, 第 78 页。

[21] 见张炯主编:《中国当代文学研究: 2004 年秋冬卷》, 民族出版社 2004 年, 第 25-26 页。

[22] 刘锡庆:《散文: 五十年的沉浮与成就》, 见《刘锡庆自选集》, 山东文艺出版社 2007 年, 第 106-107 页。

[24] 毕光明:《文体家: 修筑 "散文" 的藩篱——刘锡庆的散文研究》, 载《海南师院学报》1996 年第 3 期, 第 43 页。

[25] 王聚敏:《散文 "文体净化说" 置疑》, 载《海南师范学院学报》(人文社会科学版) 2001 年第 3 期, 第 23 页。

[26] 陈剑晖:《论 20 世纪 90 年代中国散文的文体变革》, 原载《中国社会科学》2001 年第 5 期, 见陈剑晖著《中国现当代散文的诗学建构》, 江西高校出版社 2004 年, 第 292 页。

[27] 陈剑晖:《断裂中的痛苦与困惑——20 世纪散文理论批评评述》, 载《华南师范大学学报》(社会科学版) 2004 年第 1 期, 第 52 页。

[28] 钟明诚:《多元共存, 两翼发展——九十年代散文理论批评扫描》, 载《海南师院学报》1997 年第 4 期, 第 62 页。

(本文发表于《广西民族大学学报·哲学社会科学版》2009 年 "人文社会科学专辑", 曾获 "江苏省青年文史学者高层论坛" 优秀论文奖)

贾平凹"大散文"理论观谫论

摘　要："大散文"如果是一面旗帜，应该说是贾平凹首先举起来的，这种"大散文"观的提出，是有其现实针对性的。"大散文观"有一个逐步发展完善的过程。"大散文观"包含有三个认知向度：其一是要求散文的题材、内容要大，即散文的内容要从狭小的个人情怀中走出来，要关乎时代、社会；其二是主张散文的审美境界要"大"，美学风格上要追求"大境界"、"大气象"；其三是主张散文的文体形式可以"泛化"。尽管贾平凹对"大散文"的具体内涵并没有进行具体的规范，显得有点笼而统之，但它无疑是当代散文写作突破原有模式、求新求变的催化剂。

关键词：贾平凹；"大散文"观；理论贡献

"大散文"如果是一面旗子，应该说是著名作家贾平凹首先举起来的，1992年9月"大散文月刊"——《美文》创刊时，贾平凹作为主编曾旗帜鲜明、笼而统之地喊出了一句口号：大散文！20世纪90年代以来，贾平凹的"大散文"观可以说是呼应声最高的散文理论与实践的倡导口号，尽管这种理念问世以来遭到不少的批驳与质疑[1]，但它还是得到了创作界和评论界的普遍认同和肯定，国内许多杂志相继开办"大散文专栏"，对散文创作产生了重大影响。

1992年10月，在《美文》的创刊辞之中，贾平凹率先提出了"大散文"理念，这种"大散文"观的提出，是有其现实针对性的。贾平凹在具体、深入地考察了当时散文创作的发展状况后，指出散文无论是在数量上，还是内容与形式的多样化上都逊色太多，仅限于花花草草，借景寓情、喻理，或一人一事的个人抒怀，很狭窄，有种打不开的感觉。他之所以提出"大散文"概念，事实上是在倡导一种风气，一种关注现实社会的大境界，也在于拓宽散文创作的路子，将散文还原到生活中。如果"不了解这个大背景，如果仅从'大散文'三个字字面上来看，就难以理解我们的用心；"[2]"提出这个观点它是有背景的，1992年我们办这份杂志（指《美文》杂志）时，散文界是沉寂的，充斥在文坛上的散文一部分是老人们的回忆文章，一部分是那些很琐碎很甜腻很矫揉造作的文章，我们的想法是一方面要鼓呼散文的内涵要有时代性，要有生活实感，境界要大，另一方面鼓呼开拓散文题材的路子"[3]；他还进一步指出"现代汉语散文在建构它的规范的时候，出现了最大的危机是散文不接触现实，制造技巧，而粉墨登场的就以真善美作了脸谱，以致使散文长时期沦为平庸和浮华。我们在反对琐碎、甜腻、精巧、俗气、虚假、无聊的散文倾向时，应该寻着这一切现象的根源"[4]。可以说，"大散文"就是贾平凹及其同仁们为补偏救弊所开出的独特处方。他们力图"还原到散文的本来面目""复归生活实感和人之性灵""鼓呼扫除浮艳之风；鼓呼弃除陈言旧套；鼓呼散文的现实感，史诗感，真情感；鼓呼更多的散文大家；鼓呼真正属于我们身处的这个时代的散文"[5]。

此后，贾平凹一直高调宣扬这一观点，他曾在多种场合屡屡谈及创办《美文》杂志的动念及对"大散文"的理解：

"我们的目的就是倡导散文的真情实感的恢复，呼唤一种大的气象，使散文生动起来，为真正繁荣我国散文创作做出我们的一份努力。"[6]

"'大散文'概念提出的时候，我们的粗略想法是：①张扬散文的清正之气。写大的境界，追求雄沉，追求博大感情；②拓宽写作范围，让社会生活进来，让历史进来。继承古典散文大而化之的传统，吸收域外散文的哲理和思辩；③发动和扩大写作队伍，视散文是一切文章，以不专写散文的人和不从事写作的人来写，以野莽生动力，来冲击散文的篱笆，影响其日渐靡弱之风"。[7]

"'大散文'这个词，是我们的共识，也是办刊的宗旨。……'大散文'一词的提出，不是一时心血来潮或要标新立异，它是有背景的。……'大散文'是一种思维，一个观念，不能简单说成这样写就是大散文，那样写了就是小散文，或别的不大不小的散文。"[8]

"纯以字面上看，'大散文'这个词似乎不通，但矫枉过正，主要是强烈地表现我们的追求和倡导。具体来讲，一是强调散文的真情，有其生活实感，有史感，有美感。二是强调扩大，或许也是恢复题材面，不能把散文理解为那些咏物抒情式的，要大而化之。"[9]

"'大散文'讲究的是散文的境界和题材的拓宽，它并不是提倡散文要写大题材，要大篇幅"[10]。

综观贾平凹在不同场合、不同时期对"大散文"的阐述，我们可以大体上看出其"大散文观"有一个逐步发展完善的过程。简而言之，他的"大散文观"包含有三个认知向度：其一是要求散文的题材、内容要大，即散文的内容要从狭小的个人情怀中走出来，要关乎时代、社会；其二是主张散文的审美境界要"大"，美学风格上要追求"大境界"、"大气象"；其三是主张散文的文体形式可以"泛化"，也就是贾平凹所说的"散文是大而化之的，散文是大可随便的，散文就是一切的文章"[11]。

这种观念曾在散文界引起不小的轰动，也引发了当代散文观的第三次大争论。有赞同者认为，要繁荣散文创作，首先需要的是包容，需要兼容和宽容。散文不能搞成吟花弄月和小摆设之类的东西，而要张扬民族精神，要有黄钟大吕的气概，要关照人情世态，要表现人格精神，而"'大散文'观念的提出，有助于开拓散文的疆域，有助于开拓作家的眼界"[12]（王愚）；也有学者认为"'大散文'的提出，是贾平凹对散文对文学以及整个文坛的一种感受。作家提口号，向来不考虑理论上是否规范，他只是对散文创作的萎靡之气感到不满，因而提倡大境界、大气象、大格局、大气魄的散文。从这个意义上讲，'大散文'的提法是成立的"[13]（李星）。还有人认为"大散文"这一观念在两个方面有着积极意义，即一是让作家有大视野、大气度、大胸襟。不是作品本身，而是作家本人，只要大起来，作品自然就大；二是在散文领域中不过细切割，有弹性，才有利于散文写作[14]（畅广元）。更有批评家认为"大散文"的提出"是顺应了时代潮流和人们渴望改革散文的美学要求"，"是当代散文创作的一个目标，是呼唤散文大家的一种现代性的诉求"，它"对于推动中国的散文创作和理论建设，具有不可抹煞的积极意义"。并且认为这种"大散文"在本质上、在内在精神上，"主要是指一种观念形态，一种思维方式，一种由博大的人文情怀和人格智慧孕育出来的大气魄、大格局和大境界。正由于具备了这样的'内质'，所以'大散文'拒绝内容上的琐碎平庸，它在思想指向上呈现出文化反思性、现实批判性和思考深刻性的特征；在艺术形式上追求自由优美而不唯美，扬雄沉厚实之声而抑甜腻靡弱之风"，正因"大散文"的倡扬和创作实践，所以20世纪90年代的散文才如此红火，才如此扬眉吐气地成为超越小说诗歌和戏剧的"时代文体"[15]。作家刘成章、叶广岑等人也认为"大散文"这一观念是顺应社会生活发展的，如果坚持下去会对散文的变革产生极大影响。

而对"大散文"观的批评往往只抓住其"散文就是一切的文章"这一点，认为贾平凹的"大散文"观其实并无多少新意，我国自古以来就是这样认识散文的。比如，多年来致力于散文文体问题研究，力主规范、辨析和净化散文文体，令散文真正"弃类成体"的著名散文理论家刘锡庆教授就认为，"散文就是'一切文章'，其实这是一个非常古老的命题，这样的散文观念实际上又回到了古代。古典散文就是这样。这等于主张题材、范围的'大'，而不是精神气度的'大'、深度的'大'。所以，'大散文'成了什么人、什么题材都可以写，题材面大了，写作的人的面也非常广了。他希望各行各业的人都来写散文，甚至连个体户、企业家的就职演说等各种形式，均可称为散文，一时间，散文领域变得海阔天空。这是不合适的。"[16]这种观点也代表了为数不少的评论家及读者的意见。

但通过对贾平凹的《美文·发刊辞》、《〈美文〉三年》、《读稿人语》等文章的解读，我们可以清晰地看出，"大散文"观念的提出，主要是针对当时流行于市面上的那些仅限于花花草草、借景抒情的抒情散文的。也就是说，尽管贾平凹对"大散文"的具体内涵并没有进行具体的规范，显得有点笼而统之（对此，贾平凹也有着清醒的认识，他在北京大学演讲时就曾明确地指出"口号的提出主要得看它提出的原因和内核，而不在口号本身的严密性。"[17]）但他以一个主编的胆识和智慧，在特定的历史时期对于那种具有大境界、拥有丰富思想、具有使命感和责任感的"大散文"的鼓与呼，无疑是当代散文写作突破原有模式、求新求变的催化剂。客观地说，"大散文"观确实鼓励了更多的人拿起笔来书写"美文"，这无疑有利于增加散文作品的数量，也有利于散文表现多层面的生活空间，使散文不再拘泥于狭小的天地和陈旧的格套里，从而失去更旺盛的生命力。这无疑是贾平凹及其同仁们所倡导的"大散文"观的价值和意义所在。

注释：

[1] 其中较有反响的理论文章主要有刘锡庆的《当代散文：发展轨迹、分"体"考察和作家特色——兼评"当代文学史"有关散文的表述》（载《文学评论》1992年第6期）、《当代散文：更新观念，净化文体》（载《散文百家》1993年第11期）、《艺术散文：当代散文走向的审美规范》（载《美文》1994年第11-12期）、《当代人的"情感史"和

"心灵史"——当代散文答客问之一》（载《湖南文学》1995 年 7 - 8 期合刊）、《当代散文的理论建设——在北京作协召开的"散文理论研讨会"上的发言》（载《报刊之友》1995 年第 6 期）、《弃"类"成"体"是散文发展的当务之急》（载《文学世界》1996 年第 4 期）、《世纪之交：对"散文"发展的回顾与思考》（载《文学评论》1997 年第 2 期）、《寻求中国现代化的心灵轨迹——20 世纪汉语散文风雨历程之回顾》（见张炯主编《中国当代文学研究：秋冬卷》，民族出版社 2004 年 10 月版）、《当代散文创作发展的几个问题》（载《北京师范大学学报》2001 年第 1 期）及《散文：五十年的沉浮与成就》（见《刘锡庆自选集》，山东文艺出版社 2007 年 1 月版）等一系列论文，另外，于祎的《贾平凹"大散文"观的理论误区与现实意义——再看 20 世纪 90 年代的一场散文论争》（载《山东社会科学》2008 年第 6 期）一文也很有见地。

［2］贾平凹：《〈美文〉三年——在编辑部会上的讲话》，贾平凹主编《散文研究》，河北大学出版社 2001 年，第 8 页。

［3］贾平凹：《中国散文的九个问题》，载《新闻周刊》2002 年第 14 期，第 26 页。

［4］贾平凹：《〈美文〉四年编辑部午餐桌上的谈话》，见贾平凹主编《散文研究》，河北大学出版社 2001 年，第 12 - 13 页。

［5］贾平凹：《〈美文〉发刊辞》，载《美文》1992 年创刊号，见贾平凹主编《散文研究》，河北大学出版社 2001 年，第 4 - 5 页。

［6］贾平凹：《雪窗答问——与海外人士谈大散文》，见贾平凹主编《散文研究》，河北大学出版社 2001 年，第 14 页。

［7］贾平凹：《走向大散文》，载《中华读书报》1994 年 8 月 10 日，第 5 版。

［8］贾平凹：《〈美文〉三年——在编辑部会上的讲话》，见贾平凹主编《散文研究》，河北大学出版社 2001 年，第 7 - 8 页。

［9］贾平凹：《雪窗答问——与海外人士谈大散文》，见贾平凹主编《散文研究》，河北大学出版社 2001 年，第 14 - 15 页。

［10］贾平凹：《对当今散文的一些看法——在北京大学的演讲》，载《美文》2002 年第 7 期，第 8 页。

［11］贾平凹：《〈美文〉发刊次辞》，载《美文》1992 年创刊号，贾平凹主编《散文研究》，河北大学出版社 2001 年，第 4 - 页。

［12］见贾平凹主编《散文研究》，河北大学出版社 2001 年，第 373 页。

［13］见贾平凹主编《散文研究》，河北大学出版社 2001 年，第 374 页。

［14］贾平凹主编《散文研究》，河北大学出版社 2001 年，第 375 页。

［15］陈剑晖：《中国现当代散文的诗学建构》，江西高校出版社 2004 年，第 26 - 28 页。

［16］安裝智整理：《辨误排疑看散文——刘锡庆教授访谈录》，原载《太原日报》

1995 年 5 月 16 日"双塔"副刊，见刘锡庆著《散文新思维》，河北教育出版社 1998 年，第 299 页。

[17] 贾平四:《对当今散文的一些看法——在北京大学的演讲》，载《美文》2002 年第 7 期，第 7 页。

（本文发表于《文学教育》2013 年第 6 期）

20 世纪 90 年代散文批评研究略论

摘　要：二十世纪九十年代以来，面对散文创作的繁荣态势，散文理论的研究也出现了前所未有的喜人势头。其主要表现是散文理论研究队伍的不断发展、壮大和散文观念、理论主张的丰富多样性的出现。九十年代以来的散文理论研究，既有其可喜的一面，但也有明显的缺憾与不足。

关键词：九十年代散文批评；散文理论研究队伍；散文理论观念

二十世纪九十年代以来，当代中国大陆散文承接八十年代中后期散文创作涌动的地平线，一扫往昔相对的孤独和冷清，在经济改革开放、社会转型加速的大的文化语境中，迅速从"边缘文体"一跃成为门庭若市的"公众空间"，成为市场的"宠儿"，形成了一股"散文热"（至今余温尚存），这股"散文热"作为九十年代文学实践中一个醒目而主要的现象已是不争的事实[1]。也有散文家欣喜地向人们宣告：散文这颗"被冷落在文学深宫里的明珠，如今被大众捧在蓝天白云之下。""太阳在对着散文微笑。"[2]甚至有不少文艺批评家及文学史家认为九十年代是一个"散文的时代"[3]。散文之所以能在九十年代走红，之所以能给人留下如此深刻而强烈的印象，有很多内在及外在的原因，许多批评者曾就此进行过较为深入、系统的研究、探讨[4]。面对散文创作的繁荣态势，散文理论的研究也出现了前所未有的喜人势头。其主要表现是散文理论研究队伍的不断发展、壮大和散文观念、理论主张的丰富多样性的出现。

其一，散文理论研究队伍的不断发展、壮大。理论的繁荣和发展，离不开一支理论素养高、研究能力强的研究队伍。而以往的散文研究力量非常薄弱，专门研究散文理论的人员不仅少，而且多处于业余研究状态，理论层次基本上停留在创作谈或读后感等较浅的层面上，这就致使散文理论一直处于一种贫弱状态。其实，散文理论界的一些有识之士（像林非、楼肇明、佘树森、孙绍振、吴周文、刘锡庆、傅德岷、范培松等人）早在八十年代中后期，就已经开始意识到中国散文理论研究的这种贫弱态势，也就是说，散文无理论、无体系、无自己的批评话语等现象已深深地触痛了这些理论家们，已经引起了他们的高度重视。强烈的社会责任感促使他们不顾自身条件的限制，不顾自己已在其他研究领域所取得的成就（如林非在鲁迅研究方面已取得较大成就，著有《鲁迅前期思想发展史略》《鲁迅小说论稿》《鲁迅和中国文化》《中国现代小说史上的鲁迅》等著作，在学术界引起较大的反响，并被选为中国鲁迅研究学会会长），毅然决然地把自己的研究目光对准这片尚待开垦的处女地。由于以林非、俞元桂、佘树森等人为代表的这一大批散文理论研究者本身素养比较高、学术积累比较厚，所以散文理论研究在一开始就有一个高起点，因而，进入九十年代之后，很快就出现了散文理论研究的繁荣局面。正是在这样一批散文理论研究者的影响、带领和指引下，为数不少的年轻的散文研究者正在这一领域迅速崛起，有的正在成为或已经成为散文理论研究领域的生力军，其中有不少人已成为著名高校的博士研究生导师、特聘教授，他们的研究成果已经引起文学理论界的高度重视，产生了良好而又积极的影响。这一支专业素质较高、时代责任感较强的年轻、充满活力、富有创新意识和探求精神的散文理论研究队伍，使九十年代以来的散文理论研究带有更强的现代性和世界性的特点，给九十年代以来的散文理论研究带来一股清新之气。

其二，散文观念、理论主张的丰富多样性。随着散文理论研究队伍的不断发展壮大，对散文理论研究及散文批评本身也带来了许多新的突破，从而形成了九十年代及新世纪以来散文理论主张的"多元并举"的发展格局。这种可喜格局的出现是与中国大陆的文学理论批评界在经历了 70－80 年代的震荡，转向自我反思，继续探索发展的趋势分不开的。"这个阶段（指 1990 年之后）理论批评的反思具有两个指向：一是对 80 年代的理论批评回顾检讨，一是对近百年的理论批评历程进行历史性的反思，借以重新确立和认识文学理论批评的位置和课题。""这个阶段理论批评总的发展态势和走向是'主导多元、综合创新'。"[5]文学理论批评家陈骏涛在分析这种理论批评体系必然呈现为主导多元的形态时，认为"这一方面是由于中国的国情，主导意识形态的马克思主义，决定了理论批评的主导倾向应该是以马克思主义为指导的、有中国特色的社会主义的文学理论批评体系，另一方面则是 80 年代以来西方各种理论批评学派的传入，引起了固有的文学理论批评的裂变，从而形成了多元的局面。主导多元的形态，不是一种并行不悖、相互隔绝的静止形态，而是一种开放的、相互吸收、相互融合、百家争鸣、推陈出新的发展形态。以文学批评来说，90年代形成的三种批评形态（指导型的批评、学科型的批评、鉴赏型的批评），即三'元'，就代表了三种不同的功能观、不同的批评指向：第一种强调为主流意识形态服务，有较强的功利色彩；第二种强调批评的独立自主品格，注重于批评的科学性；第三种强调批评的审美过程，注重批评的艺术。这三种批评形态都为当今的中国所需要，实际上形成了多元互补的格局。"[6]著名文艺理论家杜书瀛先生在回顾、检视百年来（1898－1998）的文艺学发展历程时也曾指出，"最末这二十年，由于当今时代性质所决定，未来的文艺学发展将不是由多元走向一统，而是走向对话；而且在可以预计的历史范围内将长时间地维持这种多元对话的局面。"[7]在这样一个"多元对话"的时代，自然不应该再重演阶级斗争年代的那种排斥异端、你死我活的悲剧，而应该是"容纳异端、共存共荣、平等竞争、优胜劣汰"。

在这一大趋势的影响下，九十年代以来的散文理论界在众多有识之士的鼓呼、耕耘下，出现了散文理论主张百花争艳的喜人景观，逐渐形成了"多元共生、综合创新"的格局。这些研究者往往从大处建构，细处落墨，旁征博引，通达古今，充分吸取了古今中外的文学批评和美学理论，特别是中国传统的文学理论和现代美学、现代审美心理学、现代艺术理论的营养，以一种兼纳并蓄的宽阔胸襟和开放化的理论视野，提出自己独到的见解，对散文创作艺术的规律做出比较全面的透视和系统的探索。他们把研究的触角伸展到散文的各个领域，他们有的致力于建构系统的散文理论体系（如傅德岷的《散文艺术论》等），有的致力于散文本体论研究（如陈剑晖的《散文本体论》、《中国现当代散文的诗学建构》等著作），有的致力于梳理散文思潮的发展演变（如庄汉新的《中国二十世纪散文思潮史》等著作），有的致力于散文类型的甄别，有的致力于散文美学的探索（如徐治平的《散文美学论》、吴周文的《散文艺术美》，张智辉的《散文美学论稿》等著作），有的致力于散文创作论的开展与拓进（如王景科的《中国散文创作艺术论》、张国俊的《艺术散文创作论》等著作），有的侧重于从文体论的角度对散文进行宏观的描述和微观的分析，有的则侧重于散文的批评论研究（如范培松教授的《中国散文批评史》）等等，不一而足。可以这样认为，九十年代以来的散文研究已逐渐形成一个多方面开展与拓进的局面，尤其在研究的范围上，具有全景观的视野，初步形成了系统化与宏观性的研究倾向。在这一"多元共生、综合创新"的喜人格局中，有不少散文研究者的理论主张或批评见解均值得关注，像林非、吴周文、贾平凹、刘锡庆、范培松、陈剑晖、王兆胜、傅德岷、谢有顺、喻大翔、祝勇等人都以自己的研究成果赢得了文学批评界的关注。

九十年代以来的散文理论研究，既有其可喜的一面，但也有明显的缺憾与不足，这主要体现在以下几个方面：其一，这一时期的散文理论研究"多主张，少体系"。大多数散文理论研究者仅仅提出自己的理论主张或理念，但往往缺乏进一步的理论体系建设，像贾平凹的"大散文"观、祝勇等人的"新散文"论、楼肇明的"复调散文"观等，均是如此。有些散文研究者虽然构想了散文的理论研究体系，但也仅仅是构想，并没有把它们很好地展现出来。其二，这一时期的散文理论研究视野虽说比八十年代的散文研究视野明显开阔，但仍处于一种自我封闭状态，未能摆脱从散文自身寻找理论的原有状态。所以有研究者大声呼吁：散文理论建设"应该突破自我封闭状态，突破微观判断，从宏观的高度来探讨散文理论建设，这样才有利于新世纪的散文创作和理论建设"[8]。

尽管九十年代以来的散文理论建设尚有许许多多的缺陷和不完美之处，但它作为二十世纪中国散文理论研究的一个高潮期，所形成的"多元共生、综合创新"这一散文理论新格局，将"在中国散文理论史上及对下世纪的散文理论建设具有举足轻重的历史地位"[9]。

注释:

[1] 包括北京大学教授洪子诚主编的《中国当代文学史》（北京大学出版社，2007年6月修订版）、朱栋霖、朱晓进及龙泉明等主编的《中国现代文学史1917—2000》（北京大学出版社，2007年1月版）等在内的较有影响的文学史教材均对这一文学现象给予充分肯定和密切关注。

[2] 韩小蕙：《太阳对着散文微笑——当前散文走俏的台前幕后》，载《文学报》1991年12月28日。

[3] 朱栋霖、朱晓进及龙泉明等主编：《中国现代文学史1917—2000》，北京大学出版社，2007年，第324页。

[4] 这类研究文章主要有：陈剑晖的《论九十年代的中国散文现象》（载《文艺评论》1995年第2期）、姜志军的《中国当代新近散文勃兴的原因》（载《北京师范大学学报》社会科学版，1995年第2期）、韦平的《梅开二度应有时——我看九十年代散文》（载《理论与创作》1997年第1期）、谭桂林的《九十年代散文热的文化透视》（载《理

论与创作》1997年第1期)、朱寿桐的《假性的散文热》（载《广州文艺》1998年第4期)、沈义贞的《90年代的散文批评与散文史构架》（载《雨花》1998年第9期)、刘雨的《冷眼回望散文热——90年代散文创作研讨会综述》（载《文艺争鸣》2000年第1期)、刘薇的《20世纪90年代初"散文热"原因浅探》（载《理论与创作》2000年第4期)、王虹艳的《九十年代散文理论的争议和局限》（载《广播电视大学学报》哲学社会科学版，2004年第4期）等。

[5]《满怀信心迈向新世纪——〈文学评论〉创刊40周年学术座谈会纪要》，载《文学评论》1998年第1期，第7页。

[6]陈骏涛：《文学理论批评：世纪末的反思——五十年文学理论批评一瞥》，见张炯主编《新中国文学五十年》，山东教育出版社1999年，第735－736页。

[7]杜书瀛：《新时期文艺学反思录》，载《文学评论》1998年第5期，第77页。

[8][9]钟明诚：《多元共存，两翼发展——九十年代散文理论批评扫描》，载《海南师院学报》1997年第4期，第63页。

（本文发表于《文学教育》2013年第2期）

中国当代散文批评艺术研究谫论

摘　要：中国当代文艺批评在打破过去那种过于政治化的批评模式，从种种僵化的文艺观念与批评方法的桎梏中解放出来，不断走向开放性、多样化的发展之路的同时，也带来了某些新的不容忽视的问题。在20世纪的中国文学中，散文创作所取得的巨大成就已是有目共睹的事实，但与之相比，20世纪的散文理论批评却一直处于边缘的位置，或者说，它一直处于断裂中的痛苦与困惑之中。要对以往的散文研究进行实事求是、恰如其分的评价和总结，要强化学科研究的规范，建立以当代意识为基点的散文理论批评视野；同时要敢于破除各种既定的散文观念和模式，大胆引进现代的批评概念和方法，寻找散文研究中新的立足点和生长点，这是散文研究、散文批评能否在新的世纪有所作为、有所突破和有所跨越的关键。

关键词：当代散文批评；现状；困境；当代意识；散文理论批评视野

一、当代文艺批评的变革发展历程及现实处境

西哲伏尔泰曾经说过，长期以来我们有九位缪斯，健康的批评是第十位缪斯。"批评"这第十位缪斯可以将议论和评判的箭矢射向九位缪斯中的任意一位，甚至还可以射向自己，可见作为现代社会中非常重要的人类精神活动之一、作为一种艺术创造和学术研究的结合体，批评是何等重要，又是何等威风。文艺批评起到其效能的标志就是上述重要作用的实现，换句话说就是它既要影响到作家、读者及批评家本人，又要影响到文艺的生产与消费。"文艺批评和文艺创作犹如鸟之双翼、车之两轮，是社会主义文艺事业的重要组成部分"[1]，它们不存在高低贵贱之分，也不存在谁依靠谁的问题，但它们互补生辉，共同生产意义，共同创造了灿烂华章，共同构筑着一个时代的文艺景观。好的批评不仅对文艺创作发挥解析、评价和引领作用，它本身亦是一个时代的精神财富和思

想资源，"它不仅是文学生产、传播和阅读过程中不可或缺的重要环节，而且是传播思想文化和人类文明、促进社会相互理解和心灵深入交流的重要方式"[2]。这在中国当代文学，尤其是在我国改革开放以来当代文学 30 年的发展历程中，文学创作的探求与拓进、文学事业的蓬勃与繁荣，都与文学批评的鸣锣开道和热情鼓呼密切相关。

我们党历来重视文艺评论工作，对文艺评论的重要作用始终都给予了充分评价和肯定，对文艺评论的原则立场、评判标准问题乃至方式方法等都有过深刻阐述。毛泽东曾明确指出："文艺批评是一个复杂的问题，需要许多专门的研究。"[3] 在批评标准上，他提出要坚持政治标准与艺术标准的统一，坚持文艺家的主观愿望与其作品的社会效果的统一。邓小平也曾提出："文艺工作者要努力学习马列主义、毛泽东思想，提高自己认识生活、分析生活、透过现象抓住事物本质的能力。"[4] 要解放思想，实事求是，要根据我国历史新时期的特点，研究新情况，解决新问题。文艺不从属于政治，但不可能脱离政治。江泽民强调："文艺评论是文艺发展的重要推动力，要在探索文艺规律和促进文艺繁荣、推荐优秀作品、批评错误的文艺倾向方面，在帮助人们区分真、善、美和假、恶、丑方面，发挥积极的作用。优秀的文艺创作和科学的文艺评论，杰出的作家、艺术家和杰出的文艺评论家，仿佛孪生兄弟。"[5] 胡锦涛则明确指出："要全面贯彻党的文艺方针政策，充分发扬艺术民主和学术民主，坚持社会责任和创作自由的统一、弘扬主旋律和提倡多样化的统一，加强调查研究，不断认识和掌握文艺规律"，"要积极推进马克思主义文艺理论研究，充分发挥文艺评论的作用，为繁荣社会主义文艺营造良好氛围。"[6]

开展正确的文艺批评是党领导文艺的重要手段。过去，在相当长的一段时期内，"双百方针"执行得很不稳定，所谓"一放就乱，一收就死"忽左忽右的政策倾斜，严重影响了文艺的正常发展。进入新时期以来，特别是进入新世纪以来，文艺理论和批评在与文艺创作相互促进、共同发展的历程中获得了蓬勃的生机与活力，真正呈现出了百花齐放、百家争鸣的良好态势，取得了累累硕果。

回顾新时期以来我国文艺批评的变革发展历程，应当说最显著的变化是，当代文艺批评打破了过去那种过于政治化的批评模式，从种种僵化的文艺观念与批评方法的桎梏中解放出来，不断走向开放性多样化的发展之路。

当今的文艺批评界，可谓新潮迭起、新锐辈出、众声喧哗、热闹非凡，从文艺批评观念到批评方法、范式和话语，都显得异彩纷呈，显示出前所未有的生机活力。然而，事物往往具有两面性，当代文艺批评在这种开放性、多样化、充满活力的发展过程中，可能又带来了某些新的不容忽视的问题，比如文艺批评与文艺创作繁荣发展的总体态势不相适应、不够协调，对文艺创作的新动态、新特点、新问题缺乏及时的关注和有效的引导；文艺批评的针对性、实效性和说服力、感染力不够强；"为主流的庸俗趣味呐喊助威，为权力化的文化机构与传媒组织做应声虫，为书商做叫卖的广告，为红包唱谄媚的赞歌，为哥们义气和小圈子利益两肋插刀，甚至张牙舞爪地当文化打手。"[7]这些在市场经济的新的历史条件下受拜金主义等不良价值观所浸染的渗进了过多媚俗味的"有偿批评""庸俗化批评""酷评"等不良现象时有发生，影响了批评的公正性、权威性；报刊文艺批评阵地有所萎缩[8]，电视、网络等文艺批评阵地迫切需要拓展，批评队伍后继不足、人才匮乏；文艺批评的价值立场与价值观念有些模糊，乃至于陷入某种程度的价值迷乱。因此，不时可以听到人们对当代文艺批评表达的质疑、不满，感叹"批评工作丧失道德感，批评文章缺乏质量意识，批评行为失去正义感，批评家已变成有气无力的使用批评话语的无话语权者，要么就是充当商业炒作和媒体操作的帮手，要么就是'酷评'式捧杀和骂杀的合谋者"[9]，甚至讥讽文艺批评的"缺席"与"失语"，这当然不是指当代文艺批评缺少言说，而实质上是指文艺批评的功能性缺失，即缺少应有的价值评判，没有担当起它所理应担当的责任。如果说新时期初的文艺批评在思想启蒙与思想解放中扮演了相当重要的角色，那么90年代后的文艺批评的确有价值评判功能逐渐弱化，价值立场与价值观念逐渐模糊乃至迷乱的趋向，值得认真加以反思。

　　当文艺批评的自我价值遭到质疑、自我价值无法实现时，文艺批评出现病象、发生危机也就在所难免，有人曾从四个方面来概括、归纳文艺批评的危机根源，即：一、旧有的理论被我们认为是过时的、不科学的，因此是应当摒弃的。但是我们依然没有找到甚至无望找到可以依凭的、稳固的新理论，对于理论前景的绝望情绪使批评家们陷入深深的悲观之中。这样我们就不仅丧失了批评的根基——批评的理论基础，而且也无法预言自己的命运，四顾茫然。二、在引进西方理论时，更是陷入无法选择、不能选择的境地，陷入穷于应付、疲于跟班、"跟着翻译走"的境地。除了将自己变成是西方理论新说的传译者之外，似乎无法从西方理论中汲取营养从而丰富自我，独创新说，强大自我。至于堆砌概念，追求时尚，耍弄文句，炫耀时髦的批评概念，其实是没有现实根基、没有文本对象的文化殖民主义倾向。脱离批评对象之后对西方叙述文句的蹩脚模仿，不仅招致国人的冷眼——被讥为挟洋人以自重，而且还被西方人视为这不过是一种文化殖民，是缺乏原创性与独立价值的。三、既对中国传统批评智慧心仪不已，又无法在现实批评中将它转化为批评资源和批评武器。在对待中国传统文化遗产时陷入无法创造性转化的问题，凸现了综合创新能力的匮乏。对于复古的恐惧时时刻刻在困扰着广大学人，尽管创造性转化的任务已经提了出来，但是，这个艰难的行程似乎还处在起步阶段，与二十年前提出这个问题时的情况相比并没有多少改观。四是批评在现代转型社会中的严重异化。批评家的良知与职责应是好处说好，坏处说坏，秉持科学的态度对作品的优长和短处做出艺术的总结和概括。不能因为彼此之间是朋友，低头不见抬头见，抹不开面子，就不敢批评。批评的要义就是要敢于批评和善于批评。如果面对作品严重的问题，而不能发现，或发现了不敢说真话，这是很不正常的现象。但是，受利益驱动，不仅只是好处说好，甚至还要坏处说好。这种根本颠倒了美丑、价值的批评充斥于各种媒体，批评的形象在受众中严重扭曲，批评的价值受到怀疑。[10]文艺批评的这种"贵族化"、"西化"、"人情化"乃至"玄化"风气有愈演愈烈之势，因此，文艺批评失去读者、失去效用、自动边缘化、孤独化尴尬场面的出现也就毋庸置疑了。脱下贵族的燕尾服，走出"圈子景观"，已成为文艺批评的当务之急。

文艺批评要实现自己的社会价值和学术意义，达到文艺批评的理想境界，"关键是批评家要有自己的生活信念、社会理想和文艺理想。没有社会理想，就不可能对现实作出深刻的理解。没有文艺理想，就不会有对艺术的追求，从而能对文艺作品作出深刻的评判。没有独特文艺信念的人，一味依附别人的人，不是批评家。批评家在信念的支持下，要有自己的独特的思想和批评空间，要有坚定的立场。不应该看着人家（例如作家）的脸色行事。同时，他也要有自己的批评路径和专业技巧，能说人所不能说，道人所不能道。"[11]必须化贵族批评为平民批评，化艰涩批评为通俗批评，化复杂批评为简单批评，在关注大众和大众文化心态文化需求的同时，以明白晓畅的文字，浅显易懂的语言表达深刻的思想。只有这样，批评才能脱离自我放逐的边缘地带，融入社会公众的文化生活。当然，文艺批评与文艺创作不同，不能要求整齐划一，也不可能整齐划一，要允许个人化和小圈子化的倾向存在，但批评的主体或主导则必须是面向社会和普通大众的，批评作为对文艺现象的阐释和判断活动，它的主要任务是帮助普通读者解读文艺，为他们把握和判断文艺现象，建立阅读支点，不能人为地为他们设置阅读障碍，增加批评文字的阅读和理解难度。

为了让文艺批评更好地被读者接受，更好地发生社会效用，文艺批评还要注意文本的美感，一篇有才情，显灵气，富于美感的文艺批评，显然比那些佶屈聱牙枯燥乏味的"掉书袋批评"，学究气批评更能吸引读者，中华民族传统的体悟式思维使读者对那些感悟精微、文字优雅的批评美文天然地亲近，如果文学批评在学理中剔除枯燥，在体悟中融入理性，那么就既避免了古典批评分析的笼统和理论的苍白，又脱离了现代批评的沉闷与玄奥。

文艺批评发展的前提是多种声音的并存，文艺批评者可以从不同的路径走向文艺现象和文本，也可以从文艺现象和文本走向不同的结论，但批评必须在批评家道义良知的支配下，"敢于直言，敢于真实地面对自己的内心，敢于说出自己所看见的事实"[12]，担负起自己的文学责任和社会责任来。批评家谢有顺曾有这样的感慨："这是一个做真正的批评家需要付出巨大代价的时代。在这个时代，更多的时候，批评成了一种内在的斗争——不仅是与作品斗争，也是与自己的批评良心斗争。说还是不说？怎么说？说到什么程度？等等，这些问题像专业和美学问题一样折磨着批评家。随着时间的推移，我想，这种斗争在批评界会更加强烈，因为有很多批评死结正源于此"。[13]

二、中国当代散文批评的历史观照

文艺批评界所面临的进退维谷的窘境在中国当代散文批评界又有什么样的具体表现呢？

在 20 世纪的中国文学中，散文创作所取得的巨大成就已是有目共睹的事实，但与之相比，20 世纪的散文理论批评却一直处于边缘的位置，或者说，它一直处于断裂中的痛苦与困惑之中。也就是说，尽管早在"五四"时期，散文便与小说、诗歌及戏剧并举，获得了独立的地位，但散文的理论却从未获得过独立的品格，更没有形成过完备的散文理论体系。散文的观念和批评尺度为什么会长期处于混乱的断裂之中，又是哪些因素制约了 20 世纪散文批评理论的发展？这都是值得深思和探究的重大课题。

一个世纪以来，尽管中国现当代散文研究不能与诗歌、小说等文体相提并论，但其成就不可低估，研究者所付出的努力和辛苦更是不应忽视。这是因为，散文文体的被忽略甚至被否定由来已久，散文研究缺乏成形和成熟的理论支撑，拓荒者面临荆棘遍地的困境。可以说，中国现当代散文研究者从事的是一项冒险、探索而又神圣的伟业。当今的散文研究在众多散文理论家和批评家的共同努力下，已经取得了较多的可喜的突破与成果。他们的研究往往从大处建构，细处落墨，旁征博引，通达古今，充分吸取了古今中外的文学批评和美学理论，特别是中国传统的文学理论和现代美学、现代审美心理学、现代艺术理论的营养，以一种兼纳并蓄的宽阔胸襟和开放化的理论视野，提出自己独到的见解，对散文创作艺术的规律做出比较全面的透视和系统的探索。

深受中国古代文化陶冶和现代革命思想与文化精华滋养的当代著名文学理论家、作家林非教授曾长期担任中国散文学会会长及名誉会长，在其 20 余年漫长的散文理论研究中，就逐步形成了富有个性特征的虽说不够完美但大抵堪称完整、系统的散文理论观和创作艺术观，他集中在散文的本质特征论、创作艺术论、审美鉴赏论、作家使命论等领域做出了自己开拓创新性的理论贡献。自 20 世纪 80 年代以来，他先后出版了《现代散文六十家札记》《中国现代散文史稿》（这部著作不仅被国内学者誉为散文史研究的"拓荒之作""散文转型初期的代表作"，又被译成韩文，被不少韩国大学汉语专业列为必读参考教材）《散文论》《散文的使命》《林非论散文》等专著，还主编了《散文大辞典》《散文大系》《散文精选》等多部散文权威选本，为近五十部他人散文作品、散文论著撰写《序言》，另外，还通过国内国外大学的讲学、国内国际散文研讨会讲演等多种方式阐述了他对散文创作的见解。林非可以称得上是中国现代散文理论发展过程中的承前启后者。有研究者曾断言"林非先生以其特有的'林非精神'，为中国散文研究的突破性发展树立了旗帜、开辟了新路，从而在中国散文史上立下了一块令人瞩目的界碑。"[14]

广西民族大学文学院的徐治平教授（著有《散文美学论》《散文诗美学论》《当代散文艺术论》《中国当代散文史》等学术专著），他的研究善于从文体特性的角度来进行研究，比较系统地给我们提供了一些借鉴与启示，为我们提供了一条新的研究思路。

重庆工商大学的散文理论家、作家傅德岷教授（著有《散文艺术论》《中外散文纵横论》《新时期散文思潮概观》等专著），多年来一直潜心于散文艺术的教学与研究，《散文艺术论》是他在 20 世纪 80 年代中期历尽心血撰写的一本散文理论著作，该书出版后受到海内外专家学者的好评，被认为"是大陆最富理论色彩的优秀的散文理论著作"，并被韩国的高丽大学等高校作为研究生必读书。该书在前人和同代人研究的基础上对散文创作中一些重要的理论问题，或以现代观念烛照提出自己新的见解，或予以充实和深化，在一定程度上拓展和丰富了散文理论。在该书中，作者鲜明地提出了"情感是散文的生命"，并进一步指出情感贵真、贵实、贵深，而且作者还明确阐明了反对"伪散文"的主张，这对于在散文创作领域树立现代观念，使散文能更真实地表现社会生活和人的内心世界，有着重要的意义。

长期从事中国现当代散文研究的四川大学中文系教授曾绍义（著有《散文论谭》、《走向崇高——中国当代散文发展论》等学术著作，并且编著了《中国散文百家谭》、《中国散文评论》等散文理论集），曾发表多篇散文研究论文，其中既有对散文现状的评论，也有对散文作家、作品的评论，并开始由单篇的赏析逐步向总体研究的宏观俯视的具有审美规律的切实把握推进。

中国社会科学院的王兆胜博士（著有《文学的命脉》《真诚与自由——20世纪中国散文精神》等著作），他的散文理论触及的领域非常广阔，给人一种理论研究的纵深感，他的散文理论既具有客观性，渗透着他自己的反思与智慧，又侧重于散文理论对散文创作的指导性。

中国散文学会副会长、扬州大学中文系教授吴周文先生（著有《散文十二家》、《散文艺术美》等著作），他对散文的研究，既有从史的角度对各类散文所作的溯源，又有从理论角度对散文创作的阐述，更有从鉴赏和修养的角度对提高读者和作者散文艺术造诣所作的分析。

苏州大学的范培松教授也长期从事散文教学及理论研究工作，著有《散文天地》（1984年）、《中国现代散文史》（1993年）、《中国散文通典》（1999年）《中国散文批评史（20世纪中国散文研究系列）》（2000年）、《重塑"自我"灵魂的狂欢——范培松散文论集》（2005年）、《中国散文史（20世纪中国散文研究系列）》（2008年）等著作，其中《中国散文批评史》一书将100年来有关散文的理论批评史料作了系统整理，纵观20世纪中国散文批评的历史走向，该书富有创见性地梳理出了一条由"三足鼎立"向"政治同化"再向"多元蜕变"的发展轨迹，对于散文这种文学文体有其贴近的把握。

华南师范大学中文系的陈剑晖教授既进行富有创造性的文学理论研究，又敏锐地参与当下的文学批评活动，在双重突进中不断取得富有影响的成果（主要专著有《散文本体论》《中国现当代散文的诗学建构》等），不断地展示他作为优秀批评家的风格和魅力。他是从评论秦牧的散文开始其散文评论和散文理论研究的，他在进入九十年代以后发表了多篇关于散文研究的有影响的学术论文，如《论 90 年代的中国散文现象》、《论 20 世纪 90 年代中国散文的文体变革》（该论文获第四届中国高校人文社会科学研究优秀成果奖）、《中国散文理论存在的问题及其跨越》等均在学术界引起强烈反响，林非、孙绍振教授都对陈剑晖的散文理论研究给予高度评价[15]。

其他的还有刘锡庆的《散文新思维》、孙绍振的《文学创作论》、佘树森的《散文创作艺术》、方遒的《散文学综论》、李晓虹的《中国当代散文审美建构》、张振金的《中国当代散文史》、谢有顺的《中国散文二十讲》、王尧的《乡关何处——20 世纪中国散文的文化精神》、刘思谦等人的《女性生命潮汐——二十世纪九十年代女性散文研究》、程国君的《从乡愁言说到性别抗争——台湾当代女性散文创作论》、王景科的《中国散文创作艺术论》、张国俊的《中国艺术散文论稿》及《艺术散文创作论》、喻大翔的《用生命拥抱文化——中华 20 世纪学者散文的文化精神》及《现代中文散文十五讲》、沈义贞的《中国当代散文艺术演变史》、袁勇麟的《当代汉语散文流变论》、李林荣的《嬗变的文体——社会历史景深中的中国现当代散文》、梁向阳的《当代散文流变研究》、张智辉的《散文美学论稿》、蔡江珍的《中国散文理论的现代性想象》等等，都对散文理论和散文批评的发展做出了自己的贡献。另外，韩小蕙、王剑冰、古耜、谢大光、王聚敏、贾平凹、祝勇、林贤治等人也在对散文进行集创作、编辑、理论争鸣于一身的文体探索。

这些理论家、批评家研究的视线既有对单篇作品单个人的研究，也有对于某种文学现象或某种趋势潮流的追寻，不仅涵盖了散文理论、散文批评和散文史这三大基本领域，而且还涉及到了与散文相关的随笔、杂文、游记、散文诗等，不仅对整体的散文研究理论的构架进行了探讨、整理与规划，而且还在这个构架之内提出了一系列重要的观点和看法，所有这些，形成了一个大抵堪称完整的散文研究体系，而且具备了形而上色彩的研究体系，它有利于促进现当代散文理论向着个性化、系统化和立体化的方向发展。

台港学者也在密切关注着汉语散文的流变及发展，不过，他们不像内地学者那样侧重于宏观把握，从社会政治文化发展的角度切入，而一般从艺术的角度着眼，其中影响较大的有台湾文学批评家、散文家郑明娳的《现代散文纵横谈》（1986）、《现代散文类型论》（1987）、《现代散文构成论》（1989）、《现代散文现象论》等著作，香港中文大学的卢玮銮教授也在从事散文创作的同时进行散文理论研究，出版了《中国现代散文编目》等著作。

三、当代散文批评发展的现实困境

当今的散文理论研究虽说取得了较为令人瞩目的成绩，产生了一定的影响，但也应看到，长期以来，散文研究步履维艰，尚存在着不少难以突破和逾越的"瓶颈"。它正像一架被人力拖拉的飞机，因为没有装上强大的发动机，所以它的翅膀就失去了灵性和活力，也就很难离开地面飞上天空。

散文研究的首要困境是研究力量的薄弱。

就总体而言，散文研究队伍远没有诗歌和小说研究队伍整齐、壮大，其理论修养和学术功底也不可同日而语。除了少数研究者（比如俞元桂、林非、佘树森、刘锡庆、楼肇明、吴周文、傅德岷、汪文顶、姚春树、范培松、王兆胜、李晓虹、陈剑晖、喻大翔、梁向阳、蔡江珍、李林荣、袁勇麟、王剑冰等人）专心于散文基地，更多的则是来"客串"一把，至多也是作为其文学研究的一个方面。还有的研究者在取得了巨大成就后有所转向（比如林道立等人）。如果从文体角度来说，散文的研究队伍中"散兵游勇"最多。试想，当更多的研究者不是全力以赴而是心有旁骛时，散文这一最复杂多变的文体如何能够获得研究的根本性突破？让一支装备不良、素质低弱的"军队"去攻破散文这个坚固的"堡垒"，那是非常困难的。因此，要使散文研究有真正意义上的突破，研究队伍的壮大和稳定是个基本前提。

其次，研究者多是将散文当专业而不是当成事业来做，更谈不上成为生活和生命的一部分，这就难免使研究者与研究对象之间存在着巨大的隔膜。

可以说，当下的散文研究"不入角色"者占多数。林语堂曾将美好的读书说成是：读者选择作家是在寻找与自己相似的灵魂[16]。散文批评也应当如此，它"不应是作品的附庸，也不仅仅只有冷漠的技术分析，它应该是一种与批评家的主体有关的语言活动；在任何批评实践中，批评家都必须是一个在场者，一个有心灵体温的人，一个深邃地理解了作家和作品的对话者，一个有价值观念的人。"[17]没有心灵血脉的息息相通，一个研究者是很难有所建树的。

散文研究的第三个困境是搬弄概念、削足适履，简单地搬用西方的理论来套用中国的散文创作，于是给人牵强附会和消化不良的感觉，这在中青年博士和硕士中尤其突出。

因为过于相信西方的理论体系，有人还将之奉若神明，所以他们往往很难理解中国传统文化的精髓和智慧。也许用西方的理论来解释中国现代的诗歌、小说和戏剧等文体更合适一些，而中国现代以来的散文却基本是传统文化的延续，如果研究者仍不顾实际地照本宣科，唯西方观念是从，那么会出现什么样荒唐可笑的情形也就可想而知了。

第四，现在，有不少散文研究者往往忽略作品阅读，更不用说细读，有的还缺乏最基本的鉴赏品位和价值判断能力，所以其研究极易给人不得要领和云山雾罩的感觉。这种批评并不是切中肯綮的"文本批评"，而往往是一种"外围战"式的"思想批评"或"文化考察"，这种"外围"论述几乎头头是道，妙笔生花，然而一旦涉及具体文本，便语焉不详，支吾其词，庶无定见。对于散文创作中的成败得失，他们也许能够发现某些外部原因，却很少也不可能从文本机制上分析其产生的内部规律。因此，这只是一种颇似盲人摸象，顾此失彼的"片面批评"，这种批评虽然有时候貌似深刻，但它同那些"鉴赏印象"式或"读后感"式的感性批评一样，并没有或并不完全能够抓住散文的"心"。这种脱离文本的凌空蹈虚式的批评、研究有徒劳无功之叹！这是非常明显的，当研究者一直在做"无米之炊"，对于鉴赏和常识浑然无觉，其散文研究也就无异于南辕北辙。

第五，当下散文研究者涵养心性的不足也是不言而喻的。与其他文体不同的是，散文这种文体与人的境界、品位、心态、灵性、趣味最为接近，很难想象一个感情虚假、心情浮躁、功名心重、目中无人的人能成为优秀的散文家和好的散文研究者。

最后，也是最重要的，是缺乏散文理论建构的自觉性、雄心和能力。

散文创作与研究的发展和提升与散文理论的建构直接相关，也可以说，后者是前者的内动力和引擎机，什么时候散文理论有了突破，散文创作和理论研究就会面目一新，进入佳境。

如周作人提出的"美文"概念，林语堂倡导幽默、闲适和性灵的小品文，杨朔主张将散文"当诗一样写"，林非强调真情实感和自由自在的散文观，贾平凹的"大散文"概念，刘锡庆的"艺术散文"观，以及余光中、刘烨园倾向于"剪掉散文的辫子"和创出新散文的思路等，都曾改变了散文的时代与命运。不过，总的说来，更多的研究者注重的是单个散文家的研究，甚至只盯着那些名声很大，或者已经有定评的散文家的作品，在他人认识的基础上，再进行自己的思想观和理论批评。他们注重散文现象的梳理，散文概念的辨析，散文发展规律的探讨及散文史的编撰，而忽略了关于散文理论的思考和建设。这既是散文研究薄弱的一个直接结果，又是散文研究（包括散文创作）难以起飞的一个根本原因。

尤其在新的世纪，仍然没有形成散文理论研究和建构的整体语境与趋势，也没有出现改变当下散文观念的话语系统[18]，整体说来，散文仍在尘封、模糊甚至昏暗的地道中前行。既往的已经习以为常，而新的还没有定格，更没有成为人们的共识。

结语

没有理论阳光的普照，散文创作和散文研究就很难健康快速地成长，也难以获得真正的品质与生命飞扬，这是当前散文研究和创作的关键点。这犹如百炼钢化为绕指柔，更像地蛹的化蝶而飞，它需要的是巨变甚至脱胎换骨。这就要求散文的文化选择、精神气质、心灵体悟、梦想方式、时空观念和体式风姿都别有一番面貌。

正如著名散文批评家范培松教授所说，中国散文批评理论经历了相当曲折、坎坷的发展道路，尤其是当代散文批评（建国以后的散文批评）更是经受了太多的风风雨雨，留下了太多的恩恩怨怨是是非非[19]。

按照美国学者海登·怀特的观点，"学术领域反思自身的一个方法是回顾自己的历史。"[20]回顾是为了变革，为了突破与跨越。在回顾中国 20 世纪尤其是建国以来的散文理论和批评的发展历程时，我深切地感到：在新的世纪，我们不仅要对以往的散文研究进行实事求是、恰如其分的评价和总结，更主要的是，要强化学科研究的规范，建立以当代意识为基点的散文理论批评视野；同时要敢于破除各种既定的散文观念和模式，大胆引进现代的批评概念和方法，寻找散文研究中新的立足点和生长点，这是散文研究、散文批评能否在新的世纪有所作为、有所突破和有所跨越的关键。

参考文献：

[1] 转引自《中国文联中国作协联合发出〈关于加强和改进文艺评论推动文艺大发展大繁荣的倡议书〉》，载《光明日报》2008 年 5 月 24 日，第 4 版。

[2] 李冰：《切实加强文艺批评》，载《文艺报》2014 年 3 月 17 日第 1 版。

[3] 毛泽东：《在延安文艺座谈会上的讲话》，转引自王运熙主编《中国文论选·现

代卷》（下），江苏文艺出版社 1996 年，第 311 页。

［4］邓小平：《在中国文学艺术工作者第四次代表大会上的祝辞》，见《邓小平论文艺》，人民文学出版社 1990 年，第 7 页。

［5］江泽民：《在中国文联第六次全国代表大会、中国作协第五次全国代表大会上的讲话》，载《文艺报》1996 年 12 月 17 日，第 1 版。

［6］胡锦涛：《在中国文联第八次全国代表大会、中国作协第七次全国代表大会上的讲话》，载《文艺报》2006 年 11 月 11 日，第 1 版。

［7］黄发有：《影子批评》，载《文艺争鸣》2005 年第 5 期，第 20 页。

［8］新时期以来已有为数不少的有影响的文艺理论期刊、报纸由于种种原因相继停刊，如《当代文艺探索》（福建省文联主办，1987 年停刊）、《当代文艺思潮》（甘肃省文联主办，1987 年停刊）、《批评家》（山西省作协主办，1989 年停刊）、《文学评论家》（山东省文联主办）、《文艺理论家》（江西省文艺研究所主办，1988 年停刊）、《作家报》（山东省作协主办，1998 年停刊）、《文论报》（河北省作协主办，2002 年停刊）等。

［9］胡良桂：《批评家的责任与使命》，载《光明日报》2008 年 8 月 29 日，第 11 版。

［10］唐应龙：《走出文艺批评的困境》，载《文艺报》2005 年 11 月 10 日，第 5 版。

［11］童庆炳：《文艺批评要坚持社会主义核心价值观》，载《文艺报》2008 年 1 月 5 日，第 3 版。

［12］［13］［17］谢有顺：《文学批评应"挟着风暴和闪电"》，载《南方都市报》2005 年 9 月 13 日，B15 版。

［14］曾绍义：《从"林非现象"到"林非理论"——20 世纪后 20 年中国现代散文理论批评研究之一》，载《广播电视大学学报》（哲学社会科学版）2002 年第 3 期。

［15］林非的《对于中国现当代散文本体的深入探索——读陈剑晖〈中国现当代散文的诗学建构〉》（载《文艺争鸣》2006 年第 6 期）和孙绍振的《评陈剑晖〈中国现当代散文的诗学建构〉》（载《文学评论》2006 年第 5 期）等文章均对陈剑晖的散文理论研究所取得的突破给予很高的评价。

［16］林语堂：《生活的艺术》，《林语堂全集》第 21 卷，东北师范大学出版社 1994 年，第 353 页。

［18］直到 2008 年 3 月，以周闻道为首的散文作家发表了《散文：在场主义宣言》，旗帜鲜明地宣言"在场主义"，锋芒指向几千年汉语散文写作。他们有完整的理论建构（主要由周伦佑负责理论建构）、清晰的探索路线、明确的写作方向以及一大批较为成熟的散文文本，标志着"中国当代第一个自觉的汉语散文写作流派"诞生。在场主义散文，可以看作是汉语散文在经历世纪之交一系列前赴后继的先锋实验之后，又一次否定之否定的革命性事件。此举对汉语散文，尤其是 21 世纪汉语散文的走向，无疑具有深远的流变意义。在场主义散文已蔚然成为当下汉语散文写作活跃的流派和有影响的事件。到目前为

止，以"精神性、介入性、当下性、发现性、自由性"为重要维度的在场主义散文奖（被誉为"华语散文民间第一大奖"）已经举办了五届，著名散文家林贤治、刘亮程、高尔泰等先后获得该奖项。北京师范大学、四川大学等10余所高校，把在场主义作为当代文学的一个新课题加以研究，花城出版社、百花文艺出版社也相继推出在场主义散文选集及作家丛书。同时，也有不少作家、评论家对该理论提出质疑并展开争论。

[19] 范培松：《20世纪中国散文批评概观》，载《厦门大学学报》（哲学社会科学版）2003年第1期，第76页。

[20] ［美国］海登·怀特著，张京媛译：《作为文学虚构的历史本文》，张京媛主编《新历史主义与文学批评》，北京大学出版社1993年1月版，第160页。

（本文系作者博士学位论文《中国当代散文批评研究》的"前言"部分，后经修订、补充而成）

20世纪80年代关于杨朔、刘白羽、秦牧散文的反思性批评略论

对杨朔、刘白羽和秦牧三位当代散文大家的研究，总体来看，可分为两个阶段：二十世纪五、六十年代是一个阶段，批评界高度肯定这三位散文家的创作成就；而进入新时期以来，对整个当代散文发展的总体成就的观照与把握，使得研究者重新估价五六十年代的当代散文，对这三位散文大家的反思性批评也进一步展开。

对于杨朔散文模式的反思与批评

20世纪60年代初朝对当代著名散文家杨朔的研究主要集中在肯定其散文中"诗的意境"（或"诗意"）的创造上。文学评论家洁泯（即许觉民）在《谈杨朔的几篇散文》（载《文学评论》1962年第2期）中，较早论及杨朔散文的诗的意境，认为这种诗的意境，不是别的，是生活与想象的结合，也是生活与诗的结合。黄政枢在《杨朔的散文艺术》（载《上海文学》1963年第1期）一文中，细致地分析、解读了杨朔散文着力于诗的意境创造这一显著特征。他以诗与散文创作相类比，从杨朔散文创造的"眼"入手，分析其散文的"形散神不散"的特征；从"托物言志"、"借景抒情"的表现手法，挖掘杨朔散文的思想意境和艺术效果；又从开头、结尾的设计，来分析杨朔散文的结构工巧。评论者紧密结合杨朔的散文作品，进行了较为详尽的赏析、解读，并充分肯定了杨朔散文在意境营构上的特点。吴调公则在《散文的范围和风格》（载《雨花》1962年第10期）一文中，强调指出杨朔散文诗意与哲理的结合与统一。因为哲理的最深处是感情的最强音，也是诗意的饱和点。

如果说，20世纪60年代对杨朔散文的研究还基本集中在对部分优秀作品（如《雪浪花》《荔枝蜜》《樱花雨》《海市》《茶花赋》等）的批评和对杨朔散

文艺术特征的审美把握上，那么，新时期以来对杨朔散文的总体性研究才得以逐步深入。80年代出版的有关杨朔散文研究的专著主要有吴周文的《杨朔散文的艺术》和邓星雨的《蓬莱诗魂：论杨朔的散文》。

《蓬莱诗魂》（陕西人民出版社1985年1月版）一书是邓星雨研究艺术散文的论文集，该书分为两辑，第一辑是对杨朔散文艺术的总体研究，第二辑则是具体的文本鉴赏与解读，包括对《海市》的手稿研究。书后还附有杨玉玮所编的"杨朔年表"。

吴周文的《杨朔散文的艺术》（上海文艺出版社1984年3月版）一书，是较早出版的研究杨朔散文的专著。该书共七章，外加引论和结语。引论部分简要介绍了杨朔的创作经历，并通过评介杨朔的散文理论主张，指出在中国当代文学史上，是杨朔继朱自清等作家之后十分明确地提出"诗化散文"这一重视散文艺术创造的美学主张，这在理论上是对散文美学的一个重要贡献，对提升散文的艺术品格方面具有积极的美学意义。吴周文认为，杨朔在"诗化散文"的艺术理论指导下所进行的创作实践，使其作品在意境创造、艺术构思、人物描写、结构艺术、文学语言和个性风格等方面，形成了与众不同的艺术个性，比较完整地构成了他的散文美学。吴周文把杨朔独树一帜的抒情散文称为"杨朔体散文"。在论及杨朔散文的缺陷时，吴周文认为，在50年代后期和60年代初期，杨朔仍然沉浸于光明的歌唱，没能很清醒地去观察、体验、研究、分析现实社会中所存有的诸多矛盾，更深一步地去发现和研究当时的方针、政策及路线所存在的"左"的问题，这就使他所创作的散文作品在思想方面有偏离现实主义的倾向。而在艺术方面，由于刻意追求"巧"的构思，也使杨朔的不少散文存在结构雷同的明显弊端。

在国内，率先对杨朔散文模式提出批评的是记者、作家梁衡，他注重理论和实践的结合，通过自己的作品来探索散文改革的新路。他在1981年发表《关于山水散文的两点意见》（载《汾水》1981年第5期）一文，率先对杨朔散文的这种模式提出质疑，以后他又连续发表文章（分别是《关于散文创作的几个问题》[1]《真实，散文的生命》[2]《文章自然相似论》[3]《散文形式的哲学思考》[4]及《铺张的艺术与杂交的优势》[5]等），直到1987年发表《论"杨朔模式"对散文创作的消极影响》[6]，前后七年，他用自己的勤奋探索和不懈努力，完成了一个理论批判的课题。尤其是他在当时学界很有影响的《批评家》杂志（由中国作家协会山西分会主办，1985年4月创刊，主编董大中，1990年因故停刊）所发表的论文《论"杨朔模式"对散文创作的消极影响》，更是对在散文界长期通行的"杨朔模式"提出了尖锐的批评，这在散文批评界引起强烈的反响。梁衡在这篇论文中，对"杨朔模式"的含义及形式、"杨朔模式"的两大特点和"杨朔模式"的本质、流弊等进行批判性反思。

他在文章中指出，杨朔模式的含义大致包括两个方面：一是内容模式，涉及到题材；二是形式模式，涉及到体裁和创作方法。杨朔散文绝大多数是政治抒情，在他的代表作里，无论写景、叙事都服务于一个明确的目的——突出政治。在他的笔下看不到或者很难看到与政治无关的人物，甚至景物。这是他的散文的内容模式。与内容相适应，其形式模式就是"物—人—理"的三段式结构。先推出景物和人，最后再归到一个政治道理上去。人、物、事都成了政治道理的道具或注脚。一句话，用"物—人—理"的三段式手法来表现政治内容，这就是杨朔散文的模式。

梁衡认为模式是某种特定时代背景和环境的产物。杨朔模式的产生有其特定的背景和深层原因，一是我们建国初期社会的繁荣，作家在由衷地歌颂党和政府；二是极左政治影响下的作家习惯于说假话。历史上一个新政权建立之初都会有这种文学现象，汉赋的繁荣就是这样形成的。一个作家有自己的创作模式并不显怪，但是全社会有一个模式就很可悲了。

梁衡在该文中还进一步概括归纳出杨朔模式的两个特点，即内容上的虚幻性、象征性和结构上的超稳定性。梁衡认为，杨朔的作品总是选取生活中最光明向上的片断，推出最符合政治宣传口径的结论。就本质来说，他的作品专写好的片断，好的表象，诱导人们寻求一个简单的政治答案，沉醉于美妙的理想。这样，作品就呈现出一种虚幻的折光，有一种象征性的美好。这虽是虚幻、象征的（本质是假），但如中国传统戏中的大团圆结局一样，它适应了人们的一种心理趋向和审美要求，所以它能长期存在，长期被散文界套用而得不到突破。这种"投机模式"能长期通行的另一个原因是它在结构上的超稳定性。为了更好地突出政治内容，杨朔散文找到一种三段式结构，即：物（景）—人（事）—理。大致是先布置一种景物，再在这个场景中展开人物、故事，最后归结为一个政治道理。这种三段式模型有两个方面的实用价值和审美价值。一是它不直不露，有一种曲折的美。这个模式将景物、人事、政治道理紧密地纽结在一起。它既符合了要突出政治的要求，又符合了散文的特点，含蓄、短小、精巧，有意境，也符合读者的审美心理。二是这种模型有一种稳固、严密的美。

正因为从内容表达上，形式结构上，人们的审美习惯上，都可以得到一种假象的合理和低层次的满足，所以"杨朔模式"能长期被人欣赏、效法。

梁衡最后指出，这种模式的本质在于它是一个假模式，一个叫人忘记自我而为空头政治服务的假模式，是一个水中的月亮，它并不能全面地、真实地反映生活。作者为了表达自己的政治思想和所谓的哲理，在自觉不自觉地编假话，设计假故事。这种模式会诱导初学写作者去犯一个大错误，那就是掩藏起自己的真思想，真感受，去和政策，和报刊对口径。这种模式的流弊和危害，就是从内容上、形式上限制了作者的创造，使创作之路越走越窄。因此，散文创作要想取得大的突破，就必须从打破这个曾起过积极作用但现今却成为散文发展障碍的杨朔模式入手。

梁衡这一系列敢于解放思想、敢于反思批判，能于平静中发现问题的论文可以说切中肯綮，有振聋发聩之效，引发诸多研究者对"杨朔体散文"及"杨朔模式"的反思和批判，这股反思之风一直延续至今[7]。对杨朔散文模式的批判，实际上是对于"小我"与"大我"、个人记忆与公共记忆的重新界定，它所宣扬的是"小我""自我"以及"个人记忆"的合法性，这与八十年代思想解放的思潮紧密相关，也是散文界的一次自我解放，其意义非同寻常。

关于刘白羽散文研究

20 世纪 50 年代中期以后，刘白羽开始致力于散文创作。到 20 世纪 60 年代初期，刘白羽散文中的一些优秀篇章和散文集《长江三日》及《红玛瑙集》等受到好评，研究者已经注意到刘白羽散文所表现出来的"颂歌"特征和热情豪迈的浪漫主义风格。如中国社科院文研所副研究员井岩盾在《评〈冬日草〉和〈平明小札〉》（载《文学评论》1963 年第 3 期）一文中就明确指出，刘白羽散文作品的最大长处，在于包含的感情比较丰富，在于他能以热烈的感情、生动的形象赋予战斗的思想以感人的力量，同时，他的散文还兼有意境的清新和文词的优美。当然，刘白羽散文也存有某些缺点和某些不够完美之处，在井岩盾看来，主要是存在着一种概念化的毛病，另外，在文字上所下的功夫还嫌不够。这可以说是比较早地意识到刘白羽散文缺点的论文。

"文革"之后，对刘白羽散文创作的研究逐步深入，先后出版了胡树琨、谭举宜合著的《刘白羽作品欣赏》（广西教育出版社 1981 年版）、孟广来、牛运清编选的《中国当代文学研究资料·刘白羽研究专集》（解放军文艺出版社 1982

年4月版）等研究著作。

进入新时期以来，批评者常常通过刘白羽与另两位五六十年代散文大家（即杨朔、秦牧）的对比性研究，来评述他们各不相同的散文风格。

曾文渊在《政治方向的一致性和文学风格的多样性——读刘白羽、杨朔和秦牧的散文》（载《文汇报》1979年3月29日）一文中曾分别概括了刘白羽、杨朔和秦牧的散文风格。在谈到刘白羽时，该文认为，刘白羽是个感情奔放的人，在创作方法上是倾向于浪漫主义的。刘白羽的散文热情洋溢，气势豪迈，他喜欢用浓重的笔墨把英雄人物的革命精神写得淋漓尽致，有时候还情不自禁地跳出来直接抒发自己的感情。另外，刘白羽在观察和反映生活时站的角度较高，视野比较开阔，结构上挥洒自如，文字非常华美。

李杰波在《杏花春雨与铁马金戈——谈杨朔和刘白羽散文的艺术风格》（载《河北师范大学学报》1980年第1期）一文中也运用比较的方式来审视、考察杨朔和刘白羽的散文创作。他认为，在散文创作上，同样是具有强烈的感染力，杨朔惯于以新奇的故事取胜，而刘白羽则常常以精粹的引文传神；同样是写人物，杨朔作品中的人物多是美得如诗，刘白羽作品中的人物，则大多是热得如火；在写景方面，两人都继承了中国古代散文写景的艺术传统，但风格却各不相同。该文最后归纳总结出两者的艺术风格，即杨朔散文的艺术风格是：婉约、绮丽、含蓄，情思绵绵如深溪蓄翠；刘白羽散文的艺术风格则是：刚健、雄浑、鲜明、飘逸，气势磅礴如万马奔腾。作者用"杏花春雨"和"铁马金戈"这两个词语来分别形容杨朔和刘白羽的散文风格，这样的概括、分析可以说非常形象和到位。

郑锹也曾撰文盛赞刘白羽的散文"如飞瀑，如奔马，感情豪放，境界壮阔，气势沉雄，给人以昂然向上的力量和一种奇伟、刚健的美的享受"（载《福建师大学报》1980年第1期，第46页）。不过，他在文章中也批评了刘白羽的散文议论过多等缺陷。该文认为，30年来，刘白羽力求在几千年散文传统和五四以来散文传统的基础上创作"我们时代的新散文"，主要表现在，他要把先进的革命思想引进到作品中来。这是造成刘白羽散文过于强调思想性与政治标准，而忽视散文艺术美的原因所在。

影响巨大、出版发行达几十万册（至1998年已出版发行254，800册）、由华中师范大学《中国当代文学》编写组编写（王庆生主编）的《中国当代文学》一书，也曾辟出专门的章节对刘白羽的散文创作进行赏析、解读。该书认为，歌颂光明，歌颂英雄的人民，闪耀着时代的光彩，是建国后刘白羽散文的主调和特色。该书还结合具体作品对刘白羽散文的艺术特色展开论述，指出其散文艺术特色主要有三点，即刘白羽善于把现实和历史的特写镜头，剪接交织为艺术画面；善于借景抒怀，使作品洋溢着激情，给人以鼓舞和力量；作品的语言绚烂峭拔，富于鼓动性和感染力。当然，该书也象征性地指出刘白羽散文所存有的美中不足之处，如豪情有余，蕴藉不足，显得过于直露。有些篇章政治语言过多，有说教之感；有些篇章行文冗赘，减弱了作品的艺术感染力[8]。

这些批评文章，大多以探讨刘白羽散文的艺术风格为主，尚未深入到作家创作内部，以考察、分析形成其散文个性风格的内在原因。

关于秦牧散文研究

秦牧的散文题材广阔，写法多样，作品富有知识性，饶有趣味。这可以说是 20 世纪 60 年代初和 70 年代末，散文批评界对秦牧散文的定评。高等学校文科教材《中国当代文学》就认为"题材广阔，知识丰富，旁征博引，涉古论今，这是秦牧散文有别于其他作家散文的最为突出的特色"[9]。

易征、张绰、关振东在《十里花街——读秦牧的散文》（载《上海文学》1962 年第 4 期）一文中，从作家观察生活与选取题材以及艺术手法、语言运用等方面，概括了秦牧散文的独特性。该文认为，秦牧善于从平凡的事物中发掘某些深意；往往能够于陈凤中见新妍，于纷纭中见博洽。从艺术手法来看，秦牧在两个方面显示出其成功之处：一是撒得开，收得拢，形散神不散；二是旁征博引，画龙点睛。自然、率真、亲切是秦牧散文的语言特征。

杜埃在《论秦牧的散文——〈花城〉读后》（载《文艺报》1962 年第 12 期）一文中指出秦牧散文的特点和优点：一是对事物的观察、分析相当独到，他往往着眼于平常之物，从中发现事物的内在之美，寓伟大于平凡之中；二是秦牧的散文知识性较强；三是其写作技巧也十分出色，处理题材和突出主题，在说法运用上颇为自然而熟练，语言运用也很见功夫，善用譬喻，文风诚挚可信。

"文革"之后，散文评论界对秦牧散文的风格研究基本上没有突破 60 年代的总体认识[10]，但在对秦牧散文创作总体得失的反思上，则有所深入。如十院校编写组编写的《中国当代文学史初稿》就指出：缺乏抒情性是秦牧散文最大的问题，也是其创作未能取得更大的突破的关键原因。此外，他的笔墨也还缺乏深层的个性色彩，明白晓畅有余而婉转、涩味不足，不太能经得起玩味和咀嚼。[11]这些观点对后来的研究者颇有启迪作用[12]。

注释：

[1] 梁衡：《关于散文创作的几个问题》，载《光明日报》1982年12月23日。

[2] 梁衡：《真实，散文的生命》，载《山西文学》1984年第3期。

[3] 梁衡：《文章自然相似论》，载《山西师大学报》1985年第1期。

[4] 梁衡：《散文形式的哲学思考》，载《山西文学》1985年第2期。

[5] 梁衡：《铺张的艺术与杂交的优势》，载《山西师大学报》1986年第2期。

[6] 梁衡：《论"杨朔模式"对散文创作的消极影响》，载《批评家》第3卷（1987年）第2期。

[7] 进入90年代及新世纪以来，反思杨朔散文及其模式局限性的论文主要有林炳铨的《对"杨朔模式"论的几点质疑》（载《福建师范大学学报》哲学社会科学版，1990年第1期）、吴周文的《"杨朔模式"观念及其悖失态势》（载《海南师范学院学报》人文社会科学版，1991年第3期）、王桂荣的《杨朔散文的追求与失落》（载《哈尔滨学院学报》1997年第1期）、《杨朔：一个消亡在神话和时文中的作家——当代文学遗产清算之一》（载《海南师院学报》人文社会科学版，1997年第3期）、马俊山的《论杨朔散文的神话和时文性质》（载《文艺理论研究》1998年第1期）、杨永清的《论杨朔散文审美境界的创造与失落》（载《泰安师专学报》2000年第2期）、段崇轩的《重读杨朔〈荔枝蜜〉——美的发现与幻觉》（载《语文教学通讯》2000年第7期）、李永建的《"杨朔模式"漫议》（载《中国现代文学研究丛刊》2001年第2期）、刘宽文的《源于自身的茧——浅论杨朔散文体式的得失》（载《咸阳师范学院学报》2002年第1期）、叶迭生的《对杨朔散文观的再认识》（载《南京工业大学学报》社会科学版，2002年第4期）、毕光明的《被修改的仁爱精神：杨朔散文中的悯农意识——以〈荔枝蜜〉为例》（载《海南师范学院学报》社会科学版，2004年第1期）、汪莉的《试论杨朔散文的诗美特征及困顿》（载《宜宾学院学报》2005年第1期）、陈军的《杨朔散文的评价史及其文学史地位》（载《文艺报》2015年4月27日第5版）、李婷的《杨朔散文重提》（载《文艺报》2015年4月27日第7版）等。

[8] 华中师范大学《中国当代文学》编写组编写：《中国当代文学》（2），上海文艺出版社1984年，第346－352页。

[9] 华中师范大学《中国当代文学》编写组编写：《中国当代文学》（2），上海文艺出版社1984年，第354页。

[10] 20世纪80年代，像黄汉忠、戈凡的《论秦牧散文的艺术风格》（载《文学评

论》1981 年第 1 期）、叶公觉的《秦牧紫风散文风格比较》（载《当代文坛》1986 年第 3
期）等文章均持类似的观点。

　　［11］十院校编写组编写：《中国当代文学史初稿》，人民文学出版社 1980 年，第
410 页。

　　［12］进入九十年代之后，不少研究者撰文进一步反思秦牧散文创作所存在的不足之
处，其中较有影响的是刘锡庆的观点（见张炯等主编的《中华文学通史》第 10 卷“当代
文学编”）及林贤治在论文《对个性的遗弃：秦牧的教师和保姆角色》（载《文艺争鸣》
1995 年第 3 期）所持有的观点等。

20 世纪 90 年代余秋雨文化散文批评述略

    谈到 20 世纪 90 年代的散文批评，是不能忽视散文批评界对文化散文（或曰"文化大散文"）的集中且持续的论争这一非常瞩目的文化现象的。文化散文作为 90 年代最为畅销的散文类型得到了散文批评界的广泛关注。文学评论家王尧教授曾经撰文指出："'文化大散文'在很长时期里具有广泛的读者，而且影响着不同的阅读群体。散文能够如此与读者保持广泛、密切的联系，也是近三十年中不多见的现象。""倘若以文学是否具有'轰动效应'这一标准来打量，那么，20 世纪 90 年代初期兴起、持续十多年才由盛而衰的'文化大散文'，无疑是近三十文学历程中的一个重要话题。如果考虑到'文化大散文'所涉及的问题、渗透的领域，以及此类散文的阅读范围等，我们又可以说'文化大散文'不是一个纯粹的散文问题，而是 20 世纪 90 年代以来的一个文化事件或者潮流。"[1]

    对于文化散文，散文批评界有着各不相同的观点，可谓见仁见智。有的批评者认为它开启了散文创作的新纪元，使散文承纳了更大气、更深刻的话语意义，但是也有人认为文化散文并不能代表散文发展的应有的趋势，而且文化散文中多是对一些历史典故的廉价贩卖，并没有真正建立起人关于历史、关于文化的有价值的思索，并没有提供出一个新的切入历史文化的视角，可以说文化散文中匮乏的恰恰是有价值的文化反思。众所周知，文学批评大多具有强烈的论辩色彩和主观倾向，受制于批评者各不相同的个性教养、知识背景、阅读层次和年龄特征等因素，因而在进行具体批评的时候，有的表现为不切实际的吹捧和奉承，有的表现为针锋相对的驳斥和诘难，有的表现为肆无忌惮的谩骂和攻击，有的则表现为实事求是的评价和研讨。所有这些，都在批评余秋雨散文的过程中得到了最充分的体现。笔者之所以列出专门的章节来考察、梳理对余秋雨文化散文的争议与非议，就是想把它作为一个典型个案，以便管中窥豹，集中审视 90 年代的散文批评所体现出来的那种变化和喧嚣的特点。

（一）关于余秋雨

余秋雨在九十年代之前是以学者的身份在学术界立足的，其艺术理论研究也小有名气，这奠定了他在学术界的地位[2]。"在'文化苦旅'系列散文发表之前，余秋雨的影响基本上限于学术界。"[3]但谁也没有料到，八十年代末期，他应约在知名文艺期刊《收获》开设散文专栏——"文化苦旅"，发表了《阳关雪》等三篇散文之后，从此便一发不可收拾。尤其是当他的散文集《文化苦旅》在 1992 年出版之后，余秋雨的"声名也就撑破了学术界的口袋，向文学界和社会上扩散，并且越洋过海，在港台和海外华人中间都激起了罕见的反响。一时间，在整个所谓的'中华文化圈'内，都掀起了一股'余秋雨热'。"[4]就连时任该散文集的责任编辑、上海知识出版社的常务副总编辑王国伟都深有感慨地说："我没料到，1992 年 3 月，由我策划编辑的《文化苦旅》，会成为一本顶级畅销书，不但使余秋雨成为大众文化名人，而且围绕着书和人还闹出那么大的动静。""《文化苦旅》除了可观的直接经济收益外（至今已畅销二十多年），还产生了巨大的无形资产和品牌收益，可以说，《文化苦旅》给作者带来强大后劲的蝴蝶效应，这个收益远远超过一本书的直接收益。《文化苦旅》不但是上海知识出版社和东方出版中心历史上最畅销、社会影响最大的图书之一，还先后获得了'上海市文学艺术成果奖''全国金钥匙图书二等奖''上海出版一等奖''台湾金石堂书奖'等重要奖项。正是由于《文化苦旅》的影响力，拉动了余秋雨其他图书的全线畅销。"[5]这也是 90 年代及新世纪以来余秋雨散文持续畅销[6]的一个非常关键的因素。

随着余秋雨及其散文声名鹊起，围绕着他及其散文的批评和争议也如影随形，持续不断。可以说，围绕余秋雨的论争历时之长，在中国当代文艺史上也是不多见的。单篇的评论文章数不胜数，仅就九十年代来说，就先后出版了多本关于余秋雨及其散文评论的论文集[7]（有的甚至还曾引发官司，遭到余秋雨的起诉）。可以这么说，余秋雨是"是二十世纪九十年代受到评说最多的当代作家""是在二十世纪九十年代既受到极高度的称颂同时，又受到最严格的审视、挑剔和受到最苛酷的评价以及最尖刻的嘲骂的作家。"[8]"余秋雨因其文学创作而引起广泛争议，但争议已越出了文学的范畴。时至今日，余秋雨已不再只是作为一个散文家而引起争议；而是作为一个广义上的文化人，一个文化明星，被人品头论足。人们已不再只是在考究余秋雨的散文成就，更在追问余秋雨的文化人格。"[9]这的的确确成了一种文化现象——"余秋雨现象"。

当然，我们在本节的主要目的不是探讨"余秋雨现象"的复杂本质，也不是追问余秋雨的文化人格，而是侧重结合九十年代的评论界对余秋雨创作的《文化苦旅》等散文集所作的各不相同的评价，以从中管窥当时散文评论界的喧嚣与躁动。

（二）关于余秋雨散文批评

余秋雨的散文集《文化苦旅》出版后，在文艺界和广大读者中产生了巨大的反响，《文艺报》《文学报》《解放日报》《文汇读书周报》《上海文化》《长城》《当代作家评论》等各大报刊纷纷发表评论，给予高度关注。通过纵览近十年的批评文章，我们会发现，对余秋雨及其散文的评价，有一个发展过程（即从好评如潮、颂歌合唱到骂声如潮、棍棒交加的过程），形成了一个众声喧哗、多元并存的批评格局。在这其中，既有不切实际的吹捧和奉承型评论，也针锋相对的驳斥和诘难型文章；既有肆无忌惮的谩骂和攻击性、酷评性文章，也有实事求是的评价和研讨性评论。

在《文化苦旅》出版后的最初几年，评论界可以说是以颂扬为主调，从著名的学者、作家到普通读者，"都曾说过一些在今天读来多少有些令人肉麻的话。对余秋雨的偏爱，在有些人那里，近乎到了不可理喻的程度。"[10]

在称颂余秋雨散文的文章中，当代著名诗人、作家公刘撰写的《散文不可缺少文化感》一文可以说是在与其他散文的对比中来肯定余秋雨的散文的。他在对当时的散文创作潮流进行整体批评之后，指出它们的病症所在，即"比较缺乏文化感"。进一步认为余秋雨的散文则反其道而行，具备那种浓郁的文化感。文中指出："其品位之所以居高，不从众，有魅力，端赖于作者充沛、厚重、成熟的文化感。""我个人的阅读感受是，它融文学、美学、哲学、史学及其他学科为一体，因而顶饥、解渴，且养人。这当然不是一朝一夕得以致之的。余氏带着属于自己，却又想着众生的脑袋行万里路，读万卷书，出得去，回得来；进得去，出得来。体会这一点，即足以令人肃然起敬了。"[11]

邢小群在《学者的散文》一文中是从学者散文的角度来分析、解读《文化苦旅》的："《文化苦旅》应算作学者的散文……他的大多数篇什，都围绕着一个完整的理性框架而展开。散文的诉说过程，暗含着一条清晰的逻辑思维过程，作家对生活的独特发现，往往表现为思辨的智慧闪光，触动读者心弦的动情细节，最终仍是为着印证作家的思考。……学者的散文，乃有其特殊的魅力。如果说，诗人和小说家的散文足以让你觉得说不清楚才回味无穷，那么学者的散文就要使你感受到说清楚了仍回味无穷。这其实是一道更难完成的艺术课题。"[12]文章接下来分别结合《道士塔》《风雨天一阁》《上海人》等散文作品来具体扼要地分析余秋雨学者散文的独特魅力，来分析它是如何让人回味无穷的，是如何完成这道"更难完成的艺术课题"的。文章简短，分析并不算透彻、深入，但她是从学者散文的角度来解读余秋雨的《文化苦旅》，应该说有一定的启示意义。

女散文家梅洁在读罢《文化苦旅》之后以特有的抒情笔调激动地赞曰："仰望中国散文的天空，应该说，还是星光灿烂！而先生的《文化苦旅》则是其中一条河系！这条河系里的每一颗星星都在散发着一种魅力非凡的、深不可测的光晕！""在博大精深的中国文化和古老神秘的中国历史中，您竟以轻扬的散文作着最深刻最潇洒的穿越。读您的散文，总仿佛看见一个历史的哲人，沉思着跋涉在大自然的山水、江河、废墟、小镇、古殿、庙宇……之间，在哲人飘然走过的路上，无不留下对文化灵魂和人生秘谛的沉重思考。"[13]很明显，文中充溢着对余秋雨散文的溢美之词。

作者在这种被余秋雨的散文弄得晕晕乎乎的沉醉的精神状态中做出过高的评价也就不奇怪了。这种评价在知名作家、学者那里也不少见，《新民晚报》曾在1993年4月15日发表过一篇题为《余秋雨散文》的文章，很是引人注目。在这个题目下，作家王安忆、美学家蒋孔阳和剧作家沙叶新分别发表了对《文化苦旅》的看法。王安忆赞扬《文化苦旅》的"勇敢"，蒋孔阳赞扬《文化苦旅》是他"近年来难得读到的一本好书"，沙叶新则称赞"秋雨是散文大家，《文化苦旅》是神品。"[14]三个人（可谓重量级人物）联袂发表这样的热情肯定之词，其威力、影响力可想而知。

1994年尚在当时的徐州师范学院中文系读书的田崇雪于《徐州师范学院学报》上发表一篇题为《大中华的散文气派——从〈文化苦旅〉到〈山居笔记〉印象》[15]的论文，该论文从"历史的泼墨""生命的写意"及"沧桑之美"三个方面来具体阐述自己被余秋雨散文所"折服"的原因。文章中也处处可见其对余氏散文的激赏之情："一遍一遍地读着余秋雨的散文，我完全被他的大手笔大气势所折服，被余氏散文所显现的中国当代散文的大灵魂、大气派、大内蕴、大境界所折服了"。"余氏散文在整个当代散文史上的价值也就可大胆一估了。可以这么说，余氏散文早就跨越了文学的、文艺的而走向文化的了。……你可以不学余氏风格但你却不可不读余氏散文，因为这可是中国现当代散文史上的又一座高峰。无疑，余秋雨堪称大家，因为他创造了新的文学审美形态，使散文河流改变了流向。"

就连主要从事中国古典文学和传统文化研究的学者冷成金也在1995年撰写发表了一篇题为《论余秋雨散文的文化取向》的学术论文，他在论文中指出，余秋雨散文对当代散文的超越，不仅表现在思想文化境界上，还表现在强烈的主体意识方面。余秋雨的散文之所以有很强的感召力，其根本原因就在于作家把自己鲜活的文化生命融入了笔端，而这个具体的文化生命又是由深厚而沉重的现实历史积淀而成的。现实历史的重压，使作家的文化生命如"万斛泉源，不择地而出"，于是，一处处人文景观便成了历史的浓缩，再由历史显现出文化，最终由文化而透显出民族的存在状态。就这样，余秋雨的散文终于摆脱了以往40年散文的樊篱，从"小体会""小摆设""小哲理"等小家子气的审美规范中走出来，树立起了一座真正高大独立的主体形象。……余秋雨散文中鲜明的主体意识固然来自作家渊博的文史知识和良好的文学天赋，但如果只靠这些，也只能写出掉书袋式的怀古悼亡之作，决不会将一座"精神道场"弥漫于天地之间。因此，真正纯净的主体意识，需要对历史的洞察，对现实的忧患，对未来的执着，对人生的定力以及对整个人类文化的感悟，借用先贤的话说，就是要摆脱"小人儒"而达到"君子儒"的境界。余秋雨的散文对俗常生活乃至社会政治层面上的东西已无所关注，而是从更高的层次上对现实历史进行着极其深切的眷顾，其中的欢愉、忧思、欣慰、苦恼都与历史、现实和未来紧密契合，与当前处境中的高尚与卑微、深刻与虚浮息息相关，由此而构成了散文的多维结构立体化的主体意识，这种主体意识以其丰富、高大和纯净的特质把当代散文推向了一个新的里程[16]。应该说这篇论文有着较强的学理性，而不像许多作家们所写的那些随想式的零碎感想。他主要分析了余秋雨散文的主体意识及其对当代散文的超越，应该说有一定的价值和启迪。

另外，散文评论家楼肇明也曾撰文指出："在当代散文发展的第二个梯级上，能够算得上散文新潮的第一个成果并且作为里程碑出现的散文作品集是文化科学史家和艺术史家余秋雨教授的《文化苦旅》。……《文化苦旅》的出现，是我国当代散文创作中一次货真价实的理性精神的回归，是我们民族文化诗学多姿多彩的一次集萃。""余秋雨可能是本世纪最后一位大师级的散文作家，同时也是开一代散文新风的第一位诗人"。[17]作为散文研究专家，楼肇明的这种定论，影响还是颇大的，至于准确与否，另当别论。

从语言、学问、见识等方面，从情与理交融的角度，对余秋雨散文进行深入细致的分析和解读的文章还有很多[18]，资不赘述。

从这些称颂式文章的作者来看，真正以文学批评（尤其是散文批评）为职业，具有一定影响和知名度而被称为"批评家"的人（如楼肇明等），并不占多数，其中多为创作家（如公刘、王安忆、梅洁等）和并不知名的或初出茅庐的批评者（甚至还有在校大学生），这也就意味着他们并不是从专业或学理的角度来看待余秋雨的散文创作，因而带有很明显的主观色彩，常常会出现过度评价的现象。

"如果余秋雨的'文化生涯'一直有中国文化界的颂歌合唱相伴随，如果余秋雨的言行一直从文化界得到的鼓励多于打击，那不但意味着中国文化界的浅薄，也意味着中国文化界丧失了起码的良知与道义。值得庆幸的是，颂歌合唱并没有持续太久。"[19]王彬彬先生的判断没错！1995年前后对余秋雨散文的评价开始出现争议，并且有愈演愈烈之势。

这种争议最初起自对余秋雨散文中所存在的学术"硬伤"的指责。如高恒文撰写的《学者的架子》[20]《突兀之语何其多——评〈文化苦旅〉》[21]（注：这两篇文章的内容重复率相当高），李书磊撰写的《余秋雨评点》[22]、吴海发的《致余秋雨教授的一封信》[23]、东方生的《严肃与荒诞的巨大成功——余秋雨"文化散文"质疑》[24]等文章均举例指出余秋雨散文所存在的常识性错误等"硬伤"（如典籍引证出现疏漏、史实错误等）。

但要想证明余秋雨散文并没有那么高的价值，仅仅靠指出其作品中所存在的一些表层"硬伤"是远远不够的。所以，一些评论者在指责余秋雨散文存在诸多硬伤的同时，也撰文指出其散文还存有解读历史的随意性问题。李书磊的《余秋雨评点》、古耜的《过于随意的历史读解——我看余秋雨的两篇散文》[25]、胡晓明的《知识、学养与文化意识》[26]等文章也都分别结合《文化苦旅》中的具体篇什来深入细致地评析余秋雨到底是如何过于随意地解读历史的。有的文章写得严谨扎实，能显示出作者的良好功底及中国古代文史知识的精深程度。当然，这种评判总是让人有种错位的感觉，也就是说，批评者们是把余秋雨的散文当成了严谨的学术著作来严格审视和解读了。

除了从余秋雨的散文中搜罗、整理学术"硬伤"进行指责的批评文章之外，更有许多批评者是从整体上来批评与否定其人其文的。

朱国华在《别一种媚俗》[27]一文中，结合其对《文化苦旅》的文本结构特色（即以诗歌性语言为其皮，以小说性叙事形态为其肉，以哲学性文化感叹为其骨的模式框架）的深入分析，指出"《文化苦旅》的精神实质就是一种毫无新意的感伤情调。作者写来写去的，无非是中国传统文化与现代文化对峙时的尴尬，以及作者对此生起的某种不可名状的执著和迷惘。……尽管这种情调作者已经倾诉得太过深情，以至于达到了滥情和矫情的程度。""《文化苦旅》非但没有为'当代散文领域提供崭新的范例'，正相反，它僵化的三位一体话语模式与散文本身固有的自由精神是格格不入的，因此，它在实质上也是与'五四'文学革命以来的散文创作的大趋势背道而驰的。"作者在文章末尾做出大胆的预测：假如余秋雨仍然在原地兜圈子而无法突破自我设定的结构模式和情感模式，那么，即使他的文笔再精彩，故事再好看，文化感叹再深沉，其有生命力的创作历程也不会走得太远。

如果说朱国华的批评文章是就余秋雨的散文创作弊病来进行批评和否定的，那么王强的《文化的悲哀：余秋雨的学问及文章》[28]（该文被收入周冰心及余杰编著的《文化口红：解读余秋雨文化散文》时改为《文化的堕落：余秋雨的为人为文》，见该书第258－266页。题目虽变，可正文内容却完全一致），则把审视的领域放宽至余秋雨的学术理论研究，主要指责余秋雨在为文及为人方面所存在的问题，如指责他在《文化苦旅》中"放弃了最起码的学术理性，把自己变成了一个情绪化生物"；指责他的文化散文"从内容到形式，都是对现代学术的一种嘲弄，是学术文化的一次倒退"；指责他的散文是"感伤主义和伪浪漫主义的混合物"，是"一种文化返祖现象"；指责他"常常把一些小事无限上纲上线，拔高到匪夷所思的地步"；指责他"装腔作势简直到了自恋狂的程度"；指责他的散文结构"也很简单，不脱山水加资料的模式……千篇一律，缺少变化"，最后，这篇文章得出结论：余秋雨这类散文的风行，正是中国文化沉沦的象征，值得反思！他这篇言辞激烈的文章发表之后，也有人站出来与之进行辩驳、商榷，为余秋雨申辩[29]。

汤溢泽的《〈文化苦旅〉：文化散文衰败的标本》[30]一文在结合余秋雨登上"散文神坛"的喧嚣氛围、《文化苦旅》的商业性包装等因素的具体分析之后，也对余秋雨的《文化苦旅》极力贬斥，认为《文化苦旅》一书"是古代文化与现代美文的组装品，而且在许多方面还十分蹩脚"；指责"其功底值得怀疑，充其量也只是一位业余散文爱好者摆弄现代汉语的辞藻而步入一条媚俗之路"；认为其"只停留在开垦中国古代文化或曰只对古代文明沉重吟唱的基点上，是一种单调的散文集子"，是"陈年白酒（如古代文化）与当今矿泉水、自来水（如优美的语句、感叹）掺和的产物"，是可以"定格为当今散文界典型衰败的标本"。

类似的批评文章还有裴文的《〈山居笔记〉剥皮》[31]、王永飚的《好日子一去不复返了》[32]、黄敏的《〈文化苦旅〉"七气"》[33]等，均从总体上对余秋雨的散文做出否定性的评价。

在众多批判文章的作者中，也有为数不少的专业评论家，如韩石山、程光炜、朱大可、李林荣、王尧等人，他们也纷纷撰写文章来发表自己的见解。

如韩石山在《余秋雨散文的缺憾》[34]及《散文的热与冷——兼及余秋雨散文的缺失》[35]等文章中，从散文创作的角度并结合具体篇什分析了余秋雨散文的缺失，指出余秋雨的散文原本不是什么创造，不过是"一个也还有些才气的读书人的精心编撰，时间一长，就陷入自己制造的模式之中，难以摆脱，也就难以为继。"主要从事当代文学与文化研究的程光炜也在《疲惫的阅读》（载《中华读书报》1996年3月27日）一文中认为，读余秋雨的散文让人感到精神很累，究其原因，一是余秋雨讲述历史时的"教师姿态"，二是他"太爱铺排历史知识"，引证史料、传播史识时缺乏节制与收敛。

王尧在《知识分子话语转换与余秋雨散文》[36]一文中也指出，"从《文化苦旅》到《霜冷长河》，书里书外的余秋雨成了80年代末以来影响超越文学界的重要作家之一。余秋雨的散文以及关于余秋雨的种种议论，无疑成为一种需要解读的文学现象"。认为"我们只有从文学史出发并充分顾及八九十年代的文化语境来论析余秋雨，才能寻找到一个从大处着眼的支点。"他结合当代散文发展的历程及当时的文化语境进一步指出，余秋雨散文之所以能"引起广泛的反响，就在于他以散文的方式完成了知识分子话语的转换，他重新确立了散文理解世界的方式，散文与读者的关系也就发生了比较大的调整。"同时，他也在文章的末尾，委婉地指出余秋雨散文的缺憾与不足，"在苦旅式的路径中，余秋雨拓展了散文的审美空间，但他过于流连忘返。我们都知道，在一个不变的模式中，任何激情与理性都会疲倦。余秋雨有些疲倦了，我们也有些疲倦了。"这样的论断就比较含蓄。

从这几篇评论文章的行文来看，其措辞并不算激烈，并不像王强、汤溢泽等批评者的评论文章那么锋芒毕露，这也能从中看出这些批评家还是有所节制的，也能做到尽可能客观公正地审视批评对象，尽可能地超越个人的好恶与偏见。

但也有例外，文化批评家朱大可的轰动一时的名文《抹着文化口红游荡文坛——余秋雨批判》[37] 即是明证。论文从文化批评的理论视角来深入解读余秋雨散文畅销的原因：其一，余秋雨的文化大散文是"历史利用文学获得'美丽外观'，而文学利用历史获得了'精神深度'"。他讲述了在海内外文化圈流传很广的一件趣事：在上海的一次"扫黄行动"中，警方从某妓女的手袋里查出了三件物品——口红、避孕套和《文化苦旅》。朱大可认为这具有重要的象征意义：《文化苦旅》与口红、避孕套一样是"日用消费品"，余秋雨的作品就是点缀生活的"文化口红"，并且还是规避道德病毒的"文化避孕套"。其二，煽情主义的话语策略以及一方面慰抚大众灵魂，一方面慰抚传统知识分子的"人格"和"良知"的双重话语功能具有极大的取悦性。从这篇洋洋洒洒的长文中，我们可以深深体会到作者那种锐利而又洋溢着智慧的文风。而这种犀利、准确、言之有物的评论文章在当时的余秋雨散文批评中似乎并不多见。就连著名评论家孙绍振先生也认为这篇文章"虽有故作惊人之语的风格，但是，在这种惊人之语的背后却有着相当严肃的学术和艺术观念的分歧。"[38]

从九十年代围绕着余秋雨的散文创作而引发的各种争议来看，可以说既有"捧杀"，也有"骂杀"，有些批评文章完全可以称得上是至今仍在流行的且颇有争议的"酷评"[39]，因为这些文章都具备"酷评"的特点（即：一是骂名人；二是态度偏激，全盘否定；三是结果搅得沸沸扬扬，闹得越大越好，最好是使全国都知道[40]）。在九十年代，余秋雨及其散文成为酷评的靶心，也是有着很复杂的原因的。一些出版社之所以整理出版《余秋雨现象批判》《十作家批判书》之类的书籍，既有为了经济效益而操作上市的动因，但里面也确实不乏真知灼见，不乏对余秋雨的真诚而善意的提醒。关键是看余秋雨能否有接受批评的气度，如果他总是想方设法找借口为自己辩解，那他可能会在读书界引发更大的公愤（以后的事实也证明了这一点）。客观地讲，酷评虽然有些言辞激烈，但毕竟与以前那种使知识分子闻之丧胆的批判运动无关，它完全是文化界人士自发的学术辩论，这无疑是一种历史的进步。毕竟，能有力地介入现实和文化生活的理性的、善意的、建设性的批评能使人清醒。批评者应纯粹地对学术立论，而不是对被批评者的人身攻击；被批评者也应认识到，严厉的批评是在帮助他发现真理、避免错误，并应认识到对方的批评是对自己的最大帮助。当然，

"文学批评只有站在文学创作之上，评判价值，洞见趋势，指出存在的问题，才是杰出的、有效的和富有启示性的，才是这个年代最为需要的批评。"[41]

在对余秋雨的散文作品进行品评的众多文章之中，我们也能发现一些既不是"捧杀"也不是"骂杀"的理论批评文章，这些批评文章既有一定的问题意识，敢于指出余秋雨散文的缺陷，同时也提出了一些建设性的意见。

著名文学评论家、散文理论家刘锡庆在《隐秘文化　理性精神——就余秋雨创作答客问》[42]中就对余秋雨的散文进行了全面审视和客观评价，认为余秋雨的作品"观念新，气魄大，品位高，对重塑现代人的'文化人格'有十分积极的意义"，认为他的这些创作是"五四"散文内在精神的直接承续和创造发展。同时，也指出余秋雨散文的几个明显缺点：其一，不少篇章"文化"的负载过于沉重，史料或知识太密集，影响了文气的畅达，读来略嫌沉闷和滞涩；其二，部分作品中潜含着作者"双重"文化人格的矛盾与痛苦；其三，有些篇什写得粗糙、平淡，开掘欠深。

散文理论家古耜在《平心静气话秋雨》[43]《走出肯定或否定一切的批评误区——再谈余秋雨散文的瑜与瑕》[44]等文章中，强调指出"应实事求是，一分为二地看待和评价余秋雨先生的散文创作，特别是要清醒地看到和认识余秋雨散文中掺杂的某些观念上的偏颇和尺度上的悖谬，而切不可不加分析地一味推崇褒扬，以致捧杀作家，同时误导读者。"。这两篇论文先后被中国人民大学复印报刊资料《中国现代、当代文学研究》全文转载，影响颇大。在《平》文中，作者带着明确的问题意识（即：余秋雨的散文能否说是"五四"以来开一代风气的全新创造？能否断言余秋雨的散文代表了散文拓展前行的一个方向？），并紧密结合《文化苦旅》中的相关作品来具体、深入地阐述自己的观点，文章既客观地承认余秋雨散文的明显的个性和突出的过人之处，如"熔学者之渊赡和作家之才情于一炉，纳论文之厚重与美文之灵动为一体的叙事风度。这种风度是极为重要的，它不仅把余秋雨从诸多当代散文名家中凸显出来，而且使余秋雨散文最终赢得理论界和创作界的共同认可。"同时，也认为：过分强调与余秋雨散文的创新意义，甚至将这一意义推向极致，不仅不符合客观实际，而且也无益于散文一体在广泛继承中的稳步发展，扎实前进。另外，《文化苦旅》及《山居笔记》中的一些作品尽管思辨色彩和理性因素较浓，但其观点和说法却经不起认真的考究，这无疑从根本上妨碍了其作品应有价值的最终实现。作者在论文的结尾部分还谦虚地提出自己的揣测性看法（或曰建设性意见），认为如果余秋雨能把自己那种极看重精神创造和观念鼎新的主体追求伴之以深入的发掘、谨慎的思考和缜密的论证，那么其笔下所写定能别辟蹊幽，推陈出新。而一旦浮躁立论，蹈空玄想，就很可能陷入为创新而创新、为突破而突破、故作惊人之语的误区，这时，标新立异、语出惊人的愿望，常常会使作家置常识和通规于不顾，一味酣畅淋漓下去，这样，文章就在不应疏漏处留下了疏漏。

应该说，这样的论断可谓中肯、剀切。古耜对余秋雨及其散文同样也持批评态度，并且还写过《过于随意的历史读解——我看余秋雨的两篇散文》这样的批评文章，指责余秋雨对历史的随意解读。但他的批评不同于那些"酷评"文章，公正性、学理性和独立性是其鲜明的特点。

尤其是《走出肯定或否定一切的批评误区——再谈余秋雨散文的瑜与瑕》这篇反批评文章，更能显示出这个特点。他这篇文章主要是针对那些对余秋雨散文所做的完全否定性的评价来阐述自己的独立性意见的。在这篇论文中，他分别针对王强的《文化的悲哀：余秋雨的学问及文章》、韩石山的《余秋雨散文的缺憾》、程光炜的《疲惫的阅读》及汤溢泽的《〈文化苦旅〉：文化散文衰败的标本》等"酷评"文章进行反驳，表示"无论如何不能接受这几篇文章的观点和说法"，这是因为，"当初我撰文指出秋雨散文的某些观念偏颇和尺度悖谬，是在充分肯定其成绩和贡献的基础上的，是一种一分为二的、旨在准确认识评价秋雨散文现象的审美考察"，而这些文章所持的观点，是单说余秋雨散文的缺憾与弊端的，更确切一点说，是从整体和根本上否定余秋雨散文的。并且认为这些说法"从学理的角度看，明显存在着较大的主观随意性与片面性，因此，其论述本身连同相应的结论，便缺乏应有的科学性和足够的说服力。"

古耜在这篇文章中指出，当代文坛对余秋雨散文的评价"开始时是毫无保留的赞扬，继而是七嘴八舌的批评，而无论是赞扬或批评，都缺乏一种客观的、公允的、辩证的精神，都流露出好便好得无懈可击，差便差得一无是处的绝对化倾向，都显示了我们批评的尚不成熟。"他认为，我们应当"实事求是，有好说好，有坏说坏地打量、评价余秋雨的散文创作。"

在论文的第三部分，古耜主要结合余秋雨的散文作品从四个方面来简要地探讨其散文的根本弊端，即精神的返祖、思想的陈旧和情感的落伍。分析扼要，观点明确。

专门研究中国现当代散文史和散文理论的学者李林荣也在《作为主体的散文：灵魂的彰显与照亮——兼论史铁生、余秋雨的散文》[45]这篇学理性相当浓厚的学术论文中，结合对散文文体特质的阐释，对余秋雨的散文力作——《文化苦旅》何以受到广大读者的欢迎和引发大量争议做出了深刻的评析，认为"在一度杂语喧哗的人文境遇因突发性打击而骤然寂灭的八、九十年代之交，余秋雨的《文化苦旅》以鲜明的属魂特征在很大程度上愈合了社会公众因主体意识受挫而造成个体人格低迷的精神创伤，因此，获得了迅速广泛的认同。"但"在当时以至今天，《文化苦旅》的独特价值被一种肤浅普遍的目光认定为对长期隐蔽的文化历史进行了前所未有的探险和昭示。这种肤浅的指认使余秋雨散文自面世初起即被动地陷入与文化历史钩沉考证相关的类学术论文评价网络。……如果反文学体裁评价因素趁着偶然契机介入了文学范围，那么，对作家作品的评论或捧之上天或按之入地，都将成为与文学无干系的事件。余秋雨散文面世之初即被类学术论文评价网络所笼罩，这注定了它终必被这种评价网络先扬后弃的命运"。论文结合对余秋雨散文"元叙述策略"的归纳、分析，指出其散文引发争议的原因，认为其散文"虽然确立了属魂层次的言说，但没有克服散文写作的深层困难——想象力和真实性之间的冲突"，在其散文中，"真实性被自觉不自觉地挪移到反文学文体的言说对象上。虽然在这一真实性上的确飞升起了近五十年散文发展图景里少有的想象力，但归根到底，对想象力如此的运用，并非散文艺术的本性所求"。由于没有处理好想象力与真实性之间的关系，所以才引发许多指责余秋雨散文史料运用和知性判断疏误错谬的苛责性评论。

这种从深层次的学理的角度来解读、评析余秋雨及其散文创作的理论文章，其客观性、建设性的特点非常明显。这对作家来说，也是很有借鉴意义的。一个好的作家实际上是非常愿意听到对自己作品比较真挚的评鉴的。

著名文学评论家孙绍振在世纪之交的 2000 年也发表了一篇洋洋洒洒、长达两万多字的题为《余秋雨：从审美到审智的"断桥"——论余秋雨在中国当代散文史上的地位》[46]的论文来阐述自己对余秋雨散文的深入思考。

他首先对围绕着余秋雨所展开的"空前激烈而混乱的争论"进行深入剖析，认为"针对同一个作家居然在四五年内，出了五本评论集子，在当代中国作家中可能是绝无仅有的，这本身就是一个值得注意的现象，在这文学评论陷入商业化和庸俗化吹捧的时期，余秋雨现象中，必然有某种从美学和文学理论上来说相当深刻的东西"。他认为余秋雨现象，"从根本上来说，毕竟是一个文学现象，其主要方面，并不完全是一种道德现象，仅仅从道德视角去评述，是片面的"。他结合众多批评者对余秋雨散文中所存在的学理"硬伤"的指责,实事求是地指出,在余秋雨散文中,学理上不是没有瑕疵的,只是这个问题在报刊炒作的过程中往往是被夸大了。认为,不能因为几条局部的"硬伤",就全盘否定余秋雨散文的艺术成就,如果过分吹毛求疵,不及其余,只能导致理性的丧失,水平的降低。

接下来,孙绍振在这篇文章中针对众多批评文章对余秋雨散文风格的反感,尤其是对于其散文中抒情成分的厌恶,斥之为"滥情""矫情"或"煽情",他从创作论的角度做出了自己的辩证分析,认为"抒情与矫情和滥情在根本上是不同的。文学作品的根本价值是与人的情感分不开的","文学艺术区别于科学理性的根本特点就是以情感为核心的包括感觉和深层的智性的心灵奇观"。文学创作中的"情感逻辑不同于理性逻辑的关键,就是它不像理性逻辑那样追求全面性,它常常绝对化,不讲一分为二,它的生命恰恰在于片面性,绝对化。"因此,"确定性很强的文献和历史资料和作家假定性很强的想象发生冲突是正常的现象。散文艺术作为作家的不可重复的精神人格的艺术创造不能完全用学术理性来衡量,它有它自身的一套价值体系,那就是个人的生存状态、全部生命的感觉、情感和自由。"孙绍振就此断定,余秋雨就是为了超越学术研究,才选择了文化散文,恢复自己的全部生命感觉,也就是借助散文,找回超越理性的、感性的、内在的、丰富的自我。"只要抛开理论的偏见,稍稍认真读读余秋雨的散文文本,并不需要太强的艺术感受力,就可以感觉到余秋雨对中国当代散文的贡献。"

随后,这篇论文又从余秋雨散文中的人文意象和具有文化诗性、哲理诗性的独特话语的重构来解读余秋雨散文的独有魅力,认为"余秋雨的杰出之处就在于他用人格建构的话语重新阐释了自然山水。他抛开了传统丰厚的经典话语,超越了对于有形的自然景观的欣赏和把玩;选择了与自己灵魂相通的无形的历史文化景观,在相互阐释的过程中,'相互生成'了一套他个人的话语,以这样的话语来展示对于文化人格的追求、分析乃至批判。"

最后,这篇文章从富有激情和充满冷峻的张力这一角度来分析余秋雨散文的特点。认为余秋雨"在当代散文史上的功绩,就是从审美的此岸架设了一座通向审智的桥梁,但是这座桥是座断桥,他不可能放弃审美,……他不可能撇开情趣,更无法把无情的理性变为艺术的可感性。"

这种源自对艺术创造力的深刻同情的批评文章不仅能抓住问题的本质,在具体问题上勇敢地发表自己批评的卓见，就是在宏观思考中国当代散文的总体面貌时也有着自己的深刻洞见，让人耳目一新。这种有理有据的、敢于言说的充满个性化色彩的批评文章正是当今散文批评界所急需的。

另外，还有些批评文章虽然从总体上来看并没有像古耜等学者所写的评论文章那么富有学理性，但它们也在某个方面或从某个角度提出了一些较为中肯的观点，这样的文章应该说也是有一定的价值和意义的。

如杨早在《余兮余兮奈若何——重读〈山居笔记〉》[47]一文中就比较鲜明地传达了自己对余秋雨散文的看法："我要批评的，不是余秋雨史料的错误，不是《山居笔记》煽情的写法，甚至不是余秋雨喜欢标举的文化高调，而是它们背后的思考进路。史料到了余秋雨手中，往往成了随意拿捏的泥团；抒情议论对于文化散文，通通是朱红青紫的颜料，一篇文字旁征博引，花团锦簇，还有'文化'的光环，可是作者的结论靠这些东西是推不出的。一次两次不觉得，读多了就能感觉到。""我颇疑心余秋雨的走红，是因为他的文化姿态而不是散文成就。"这篇文章就比较理性地指出了余秋雨散文广受欢迎的两种原因："他给了读者一个可以轻易感知、简单把握的'文化'。本世纪谈中国文化者，往往陷入非褒即贬的怪圈，但余秋雨不。余秋雨颂扬文化，是以反思的姿态颂扬；余秋雨批评传统，是以继承者的身份批评。所以余秋雨的文化散文是那么的容易为国人接受，在海外流行。"也就是说，余秋雨的散文之所以畅销、流行，是因为他在自己的散文中能把人们眼里那种深奥、神秘的中国传统文化具象化、实体化，使得人们能够感知、能够把握，以至于使得为数众多的人，以为阅读余秋雨散文就是在拥抱文化；另外，余秋雨在叙说中国传统文化时所表现出的那种既不非此即彼地单纯又不复杂得令人无从捉摸的心态，这种既像是批判又像是赏玩的态度特别能讨大众读者喜欢。这种分析很有道理，可以说"确实搔到痒处"。

另外，朱国华的"酷评"文章《另一种媚俗》，在分析余秋雨散文的内在结构时所做的理论总结，也是很有道理的，对研究和阅读余秋雨散文具有一定的启示意义。许多批评者指责余秋雨散文存在程式化、模式化的套路，但这种套路的具体内涵及结构要素是什么，很少有人能做出具体、深入的探讨和归纳，而朱国华的这篇文章，却对此做出了很有说服力的阐释，而且这些观点经得起时间的考验，应该说，这篇文章也是学理性较强的、颇有价值的批评文章。

除了单篇的批评文章之外，在九十年代所出版的中国当代文学史、散文史（或散文研究专著）中，研究者也对余秋雨的散文创作做出了各不相同的解读和评判，其中影响较大的几部著作主要有邓星雨的《中国当代散文史》（山东文艺出版社 1995 年 1 月版）、佘树森和陈旭光合著的《中国当代散文报告文学发展史》（北京大学出版社 1996 年 8 月版）、金汉等主编的《新编中国当代文学发展史》（杭州大学出版社 1997 年 5 月版）、李晓虹的《中国当代散文审美建构》（海天出版社 1997 年 10 月版）、王景科的《中国散文创作艺术论》（山东教育出版社 1999 年 8 月版）、洪子诚的《中国当代文学史》（北京大学出版社 1999 年 8 月第 1 版）、特·赛音巴雅尔主编的《中国当代文学史》（民族出版社 1999 年 8 月版）、张炯主编的《新中国文学五十年》（山东教育出版社 1999 年 12 月版）、沈义贞的《中国当代散文艺术演变史》（浙江大学出版社 2000 年 4 月版）等。在这些著作中，绝大多数研究者主要是从正面来肯定、褒扬余秋雨散文的独特魅力（当然，篇幅长短不一，有的较为详细，而有的则非常简略），或是称赞余秋雨散文的独特的"文化感受"，或是赞许其理性思考的深厚凝重与艺术想象的诗性激情的有机交融而表现出来的那种"大散文"风范；或是从艺术上来考察余秋雨对传统散文观念的突破与对当代散文美学的贡献，或是认为余秋雨的散文在对历史的解读和文化的洞察上最见功夫；或是认为余秋雨散文大胆突破了一切传统的散文观念，成功地运用了一系列饱含着作家的个性、独创性的艺术表达程式；或是强调余秋雨散文的强烈的理想主义色彩，或是强调余秋雨散文有"很强的文化反省意识"，等等，不一而足。而从反思、审视余秋雨散文创作弊病这一角度来看，这些著作很少涉及（或少有涉及），只有洪子诚的《中国当代文学史》和张炯主编的《新中国文学五十年》两本著作提及关于余秋雨散文的不足之处[48]，但也非常简略（仅仅一两句话），远不及那些单篇的批评文章写得深入、深刻、锐利。

注释：

[1] 王尧：《文化大散文一种文体的潮起潮落》，载《南方都市报》2009 年 1 月 9 日第 AT02 版。

[2] 余秋雨在 1983 年出版的《戏剧理论史稿》，此书是中国大陆首部完整阐释世界各国自远古到现代的文化发展和戏剧思想的史论著作，在出版后次年，即获得全国首届戏剧理论著作奖，十年后又获得文化部全国优秀教材一等奖；而另一本于 1985 年出版的中国大陆首部戏剧美学著作——《戏剧审美心理学》，也于 1986 年荣获上海市哲学社会科学著作奖。1987 年出版的《艺术创造工程》被上海文艺出版社列入"文艺探索书系"（该书系

包括刘再复、赵园、劳承万等众多知名学者的学术著作)。其学术成就可见一斑。

　　[3]［4］王彬彬：《文坛三户——金庸·王朔·余秋雨：当代三大文学论争辨析》，大象出版社 2001 年 12 月版，第 207、208 页。

　　[5] 王国伟：《我和余秋雨的交往与误解》，载《南方周末》2013 年 11 月 22 日。

　　[6] 余秋雨在 20 世纪 90 年代还先后出版了《文明的碎片》(春风文艺出版社 1994 年 5 月版)、《秋雨散文》(浙江文艺出版社 1994 年 9 月版)、《山居笔记》(文汇出版社 1998 年)、《霜冷长河》(作家出版社 1999 年 3 月出版) 等。进入新世纪之后，又先后出版了《千年一叹》(作家出版社 2000 年)、《行者无疆》(华艺出版社 2001 年)、《笛声何处》(古吴轩出版社 2004 年) 等散文集。

　　[7] 如萧朴编的《感觉余秋雨》(文汇出版社 1996 年)、愚士选编的《余秋雨现象批判》(湖南人民出版社 1999 年)、萧夏林及梁建华主编的《秋风秋雨愁煞人——关于余秋雨》(中国文联出版社 2000 年)、聂作平著的《"审判"余秋雨》(四川文艺出版社 2000 年)、愚士选编的《余秋雨现象再批判》(湖南人民出版社 2000 年)、周冰心及余杰编著的《文化口红：解读余秋雨文化散文》(台海出版社 2000 年) 等。

　　[8]［9]［10］王彬彬：《文坛三户——金庸·王朔·余秋雨：当代三大文学论争辨析》，大象出版社 2001 年，第 208、208、209 页。

　　[11] 原载于《解放日报》1992 年 9 月 17 日。

　　[12] 原载于《文艺报》1993 年 3 月 6 日。

　　[13] 梅洁：《我读〈文化苦旅〉》，载《长城》1993 年第 4 期。

　　[14] 萧朴编：《感觉余秋雨》，文汇出版社 1996 年，第 1－3 页。

　　[15] 原载于《徐州师范学院学报》1994 年第 3 期。

　　[16] 冷成金：《论余秋雨散文的文化取向》，载《中国人民大学学报》1995 年第 3 期。

　　[17] 楼肇明：《文化接轨的航程》，见萧朴编《感觉余秋雨》，文汇出版社 1996 年 2 月版，第 10－14 页。

　　[18] 这类文章主要有李咏吟的《学者散文的命脉》、生民的《读余秋雨散文》、周政保的《阅读余秋雨》、刘绪源的《以见识取胜》、欧阳子的《道士塔的剧场效果、反讽效果及其他》等。均见萧朴编《感觉余秋雨》，文汇出版社 1996 年。

　　[19] 王彬彬：《文坛三户——金庸·王朔·余秋雨：当代三大文学论争辨析》，大象出版社 2001 年，第 210 页。

　　[20] 萧朴编《感觉余秋雨》，文汇出版社 1996 年，第 139－145 页。

　　[21] 愚士选编的《余秋雨现象批判》，湖南人民出版社 1999 年，第 1－6 页。

　　[22] 原载《三联生活周刊》1995 年第 2 期。

　　[23] 愚士选编的《余秋雨现象批判》，湖南人民出版社 1999 年 8 月版，第 31－

34 页。

［24］载《佛山大学学报》1996 年第 5 期。

［25］原载于《理论与创作》1995 年第 4 期。

［26］原载于《文艺理论研究》1996 年第 1 期。

［27］原载于《当代作家评论》1995 年第 2 期。

［28］原载于《文学自由谈》1996 年第 1 期。

［29］如林连德的《文化的悲哀：沉沦与武断》、林长勋的《捏造与谩骂不是学术批评》、安波舜的《谁维护公众的阅读利益——我愿为散文家余秋雨先生辩护》等文章皆为余秋雨辩护。

［30］原载于《文学自由谈》1996 年第 2 期。

［31］愚士选编的《余秋雨现象批判》，湖南人民出版社 1999 年，第 79 - 84 页。

［32］愚士选编的《余秋雨现象批判》，湖南人民出版社 1999 年，第 243 - 249 页。

［33］原载《贵州教育学院学报》1998 年第 3 期。

［34］原载于《北京青年报》1996 年 3 月 12 日。

［35］原载于《当代作家评论》1996 年第 1 期。

［36］载《当代作家评论》2000 年第 1 期。

［37］周冰心及余杰编著：《文化口红：解读余秋雨文化散文》，台海出版社 2000 年 11 月版，第 116 - 141 页。朱大可、吴炫、徐江、秦巴子等著：《十作家批判书》，陕西师范大学出版社 1999 年 11 月版，第 27 - 59 页。

［38］孙绍振：《余秋雨：从审美到审智的“断桥”——论余秋雨在中国当代散文史上的地位》，载《当代作家评论》2000 年第 6 期，第 22 页。

［39］在当下的《文学报》（开设“新批评”专栏）、《文学自由谈》等报刊中，经常会看到“酷评”的身影。进入新世纪以来，关于文艺评论界的“酷评”现象，许多学者曾撰文进行过探讨，如谢石城的《酷评现在流行不是骂人，是批评》（载《齐鲁晚报》2000 年 8 月 27 日）、钱钢的《酷评的幽灵何以猖狂》（载《文汇报》2004 年 1 月 2 日）、刘士林的《酷评：后现代版文坛登龙术》（载《文汇报》2005 年 5 月 13 日第 5 版）、刘士林的《反对“酷评”》（载《文艺报》2005 年 8 月 11 日第 2 版）、黄桂元的《“酷评”的功过是非》（载《文艺报》2005 年 9 月 15 日第 2 版）、刘旭光的《酷评之“酷”》（载《文艺报》2005 年 10 月 13 日第 2 版）、董苹的《“酷评”现象的透视》（载《文艺报》2006 年 4 月 22 日第 3 版）等。

［40］代迅：《关于酷评：以余秋雨现象为例》，载《文艺评论》2001 年第 2 期，第 85 页。

［41］张江、程光炜等：《批评为什么备受批评》载《人民日报》2014 年 7 月 15 日第 14 版。

[42] 原载于《解放军报》1995年4月27日第7版。

[43] 原载于《当代文坛》1995年第6期。

[44] 原载于《徐州师范大学学报》（哲学社会科学版）1998年第1期，第109-112页。

[45] 原载于《文艺争鸣》1998年第4期，第32-41页。

[46] 原载于《当代作家评论》2000年第6期，第19-33页。该文被中国人民大学复印报刊资料《中国现代、当代文学研究》全文转载于2001年第2期。

[47] 原载于《中国图书商报·书评周刊》试刊，1998年11月27日第九期。

[48] 如洪子诚指出余秋雨散文"行文常常直抒胸臆，但情感的表达有时过于夸张。在篇章结构上，也有雷同的现象"（见该书第379页）；张炯主编的《新中国文学五十年》则指出余秋雨散文的"最大的遗憾就在于他这个'人'还没有幻化成一个'闪光的亮点'——他在为'群体人格'摄像的同时，忘记了给自己这个独特'生灵'的'个体人格'做一番'心灵定位'"（见该书第184页）。

略谈散文写作教学中的情感因素

摘　要：情感是人存在的重要标志，并且对于人的各种活动具有重要影响和作用，甚至起决定性作用。在以"真情实感"打动读者的散文创作中，尤其不应忽视情感因素的影响，本文拟从情感因素入手，分析影响散文创作者的情感因素，探讨写作教师应有的情感素质，并结合具体实践，提出几种行之有效的教学方法，进而推动写作教学的发展。

关键词：散文写作教学；情感因素；情感素质

中国儒、道、佛都清楚地意识到讲人的存在问题，就不能没有情感，因为情感，且只有情感，才是人的最首要最基本的存在方式。他们都把情感问题作为最基本的存在问题纳入到自己的哲学之中，尽管具体的解决方式各不相同。儒、道两家都讲"真情"，而且讲原始的自然的本真之情，但是道家更侧重于个体的生命情调（包括审美情感），儒家更侧重于个体的生命关怀（包括道德情感）。至于佛教，则讲"大悲愿""大悲情"，是一种"普度众生"的宗教情感。[1]孔子和后来的儒家都很重视人的生命的意义和价值，并由此建立他们的仁学；但这种重视和肯定是建立在情感之上的，是从情感出发的（他们把情感作为真正的哲学问题来对待，作为人的存在问题来对待，提出和讨论情感的各个方面，比如好恶之情、喜怒哀乐之情、"四端"之情、喜怒哀惧爱恶欲"七情"、乐的体验、敬畏之情等等，并将其作为心灵的重要内容，成为解决人与世界关系问题的主要话题），而不是从科学认识如生物学或生理学出发的。孔子特别看重人的"真情实感"（所谓"真情"，就是发自内心的最原始最真实的自然情感；所谓"实感"，就是来自生命存在本身的真实而无任何虚幻的自我感知和感受），认为这是人的最本质的存在状态，一个人如果有"真情实感"，他就能成为"仁人"，仁就是人的最高价值；一个人如果没有"真情实感"，他就可能成为"佞人"、"乡愿",而"佞人"是"便口利舌之人","乡愿"则是"德之贼",都不能实现人的价值。

既然情感是人存在的重要标志(这当然不是说,情感是惟一的,人除了情感,再也没有别的;但对于人而言,情感具有直接性、内在性和首要性,也就是最初的原始性),并且对于人的各种活动具有重要影响和作用,甚至起决定性作用,那么在侧重于"表达内心体验和抒发内心情感"的文学样式——散文中,如何把它"对于客观的社会生活或自然图像的再现,也往往反射或融合于对主观感情的表现中间",[2]不浮光掠影、笼而统之地泛泛抒情,通过调动各种散文手段,通过优美的表达,最大限度地将隐藏于生活表象底下的最为感人最具普遍性的情愫发掘出来,以达到一种情感震撼的效果,这是散文创作者必须要考虑的一个重要问题。

然而,在以往的写作教育领域,存在着浅尝辄止、以偏概全、浮躁不实的不良风气,另外还有以讲为主、效率低下、忽视情感因素对写作教学的影响等弊端,这势必会造成写作效果不甚理想,也将大大损害写作教育的声誉。本文试从影响散文创作者的情感因素入手,分析写作教师应具备的情感素质,并结合具体实践,提出几种颇为有效的教学方式。

一、关于影响散文创作者的情感因素

情感是指人因事物是否符合自己的需要而产生的心理体验。[3]人具有自己的主观世界,当外界事物作用于人时,人对事物便会产生一定的情感态度。当事物能够满足或符合人的需要时,就会引起人的积极的态度,产生肯定的情感,如喜爱、自信、愉悦、满意等能够创造有利于学习的心理状态,这有利于发挥学习者的潜能,提高学习的效果;反之,当事物不能满足人的需要甚至与人的需要相抵触时,就会引起人否定的态度,从而产生否定的情感,如讨厌、焦虑、消沉、悲伤、愤怒等。而这些消极情感会严重阻碍学生学习潜力的发挥,进而影响教学效果的提高。笔者在长期的写作教学实践过程中发现,影响学生学习散文创作的情感因素有以下几种:

1. 成就动机

一个人去做某件毫无兴趣的事情,他是很难作出持久努力的。一个毫无知识需求的学生对长期的有意义学习是不会做出努力的。如何激发学生的学习动机,是广大教育工作者所关心的问题,解决这个问题首先应了解学生的需要和

动机，即在学校情景中，有哪些需要和动机可以促使学生把自己的行为指向学习。美国著名的认知教育心理学家奥苏伯尔（D. P. Ausubel）指出："一般称之为学校情境中的成就动机，至少应包括三方面的内驱力决定成分，即认知内驱力（cognitive drive）、自我提高的内驱力（ego‐enhancement drive）以及附属内驱力（affiliative drive）。"[4]他认为，学生所有的指向学业的行为都可以从这三方面的内驱力加以解释。认知内驱力这种动机指向学习任务本身（为了获得知识），满足这种动机的奖励（知识的实际获得）是由学习本身提供的，这是一种最重要最稳定的动机，因而也越来越受到教育心理学家们的重视，他们指出，教育的主要职责之一是，要让学生对获得有用的知识本身发生兴趣，而不是让他们为各种外来的奖励（如奖学金、荣誉等）所左右。自我提高的内驱力与认知内驱力不一样，它并非指向学习任务本身，而是把成就看作赢得地位与自尊心的根源，很显然是一种外部动机，对于学生，除了要激励内部动机外，为了学业上的成就，适当地激发他们自我提高的动机也是必要的，但从长远来看，真正持久有效的还是认知内驱力这种内部动机的作用。最大限度地促进这种动机的形成和发展是写作教学的任务之一，要变"要我写"为"我要写"。成就动机中表现出来的认知内驱力、自我提高的内驱力与附属内驱力这三个组成部分的不同比重，通常因年龄、性别、社会地位、种族起源以及人格结构等因素的不同而有异。

2. 焦虑

这种情感因素最能妨碍学生学习的过程，因为它严重地伤害学生的自尊心，从而破坏学习情绪。心理学家 Rod Ellis 把焦虑分为三种：气质型、一次型和情景型。气质型焦虑是一种持久的焦虑倾向；一次型（或状态型）焦虑是某一刻产生的忧虑心绪，是气质型和情景型焦虑结合的产物；情景型焦虑是由具体情景或事情（如公开发言、考试等）激发出来的焦虑心情。[5]就学习散文创作的学生而言，他们常见的焦虑原因是：担心自己的作文不能按时完成、担心作文成绩过低、害怕考试等（我们学校中文系开设的《读写练》课程要求学生一学期要写18篇作文，每周一篇，作业不全者不得参加考试，当然也就不可能拿到该课程的学分）。

3. 态度

态度既有认知的成分又有情感的（即可以引起动机的）成分。当学生态度结构中情感成分对学习材料持赞同观点时，便会激起他们要学习的高度动机，他们会尽心尽力地学，而对与自己已有的信念相对或相反的新观点（或不感兴趣的陈旧观念）是不会很好地去钻研的，因为他们不愿去听一听或读一读，也不愿把这些新材料或新观点与已有的信念一致起来，甚至抱有偏见，进而对这些材料或观点持怀疑、歪曲、颠倒和否定的态度。而这种态度对最初的学习肯定会产生消极的影响。

二、关于写作教师应具备的情感素质

作为学校中最基本的教育者群体，教师的素质、能力、威信及心理健康水平对教师自身和学生、对教育教学都有十分重要的意义。尽管目前尚无法更多地确知教师各种不同的人格特征对学生到底有什么不同的影响，以及影响的心理机制是什么等问题，但是教师的人格特征不仅关系到教师的行为以及在学生心目中的威信，而且对学生的学习情绪、学习效果、智力发展和品德形成都会产生广泛而深刻的影响。学生是否喜欢学某门课程，往往与他和这门课程的授课教师关系的亲疏有很大的关系，学生为博取他所喜爱和尊敬的教师的好感和关注，为获取与教师交往需要的满足而努力学习，所谓"亲其师，信其道"便是这个道理。师爱（即教师对学生的爱）既是一种强大的教育力量和手段，同时也是建立良好师生关系的感情基础，它将在未来的教育发展中，愈来愈发挥它独有的社会功能、教育功能，对学生心理和行为的发展都将起着非常重要的作用。作为写作教师，应该具备良好的情感素质，把这种师爱由自发性变为自觉性。为此，应做到：

1. 树立广博的师爱观

一般来说，师爱比母爱更博大无私，对学生来说，师爱是一种真正的"博爱"。它表现为对学生一视同仁、公正不偏，不仅热爱那些学习成绩好、遵守纪律的学生，而且也爱那些学习成绩差、纪律性不强的学生。没有这种广博的爱，就会有私心和偏心，就会把正常的师生关系变成私人之间的感情。那种师爱就不再是高尚的，而是庸俗的、畸形的，是会危害师生关系，影响正常的教育教学活动的。作为教师，应该用这种广博的爱心滋润学生的心田，培养他们善良的美德和高尚的情操。

2. 具备良好的人格品质

作为一个好教师，应该学会理解别人，而理解别人，首先要心胸豁达（open - mindedness），能够容纳与自己不同的看法与见解、思想与情感、以及价

值观念，能够对身体、智力、感知、运动、社会及情绪上各自有异的学生表示关切，并同他们和睦相处。心胸豁达的品质，还含有无偏见之意。当然，无偏见并非无个人的见解。相反，优秀的教师应当具备深思熟虑的、有意义的，并且自认为是合适的价值观念。无偏见的品质意指，教师能够容纳学生与自己明显有异的各种价值观念、信息与看法。学会理解别人，还要具备一定的敏感性（Sensitivity），即能在学生产生某种需要、情感、冲突以及困难时，做出更深入、自发的反应。另外，学会理解别人，还应注意师生间的移情作用（empathy）。具有移情作用的教师，应当使自己在情绪或理智上都处于别人的地位，一定要能够体验到学生当时体会到的情感，同时，教师要能够保持自己的身份，在感觉上意识到自己并非就是别人。移情作用是一座暂时的桥梁，它将教师与学生的目的、看法和情感连接起来，并且使他们在教育情境中相遇时建成一个统一体。这样便于加强师生间的沟通和理解。作为一个好教师，还应该学会与别人和谐相处。教师要用真诚与真挚的感情来对待学生，行事不伪饰，不以个人的权威或职业地位来掩饰自己的弱点，不持居高临下、盛气凌人的态度，用积极相待的态度来对待学生，使他们感到更安全，更有价值，更向往发展与成功。

3. 要了解自己，学会自我调控

教师本人对自己执教时产生的心理状态应有所了解和控制，这是教师本身的心理健康和有效施教的一个重要方面。有位教育家曾认为：当老师一跨进校门，他就应该把自己的所有不快和烦恼留在门外，因为在学校里他整个人是属于教育的，教师若带着烦恼情绪走进课堂，课堂气氛则会压抑、沉闷，而教师饱满的教学热情则会感染学生。现代教学论认为，教学过程不仅是传授知识的过程，更是师生在理性、情感方面的互动过程。学生是否乐于接受教师所传授的信息，关键在于这信息能否满足学生的情感需要。课堂教学中要使师生双方的意图、观点和情感连结起来，使教师传授的知识、提供的信息能引起学生强烈的求知欲望、积极的思维活动和强烈的内心体验，教师就必须增加情感投入，给知识、信息附加情感色彩，实施情感性教学，以教师自身的情感体验营造良好和谐的课堂心理气氛。教师本身的情感状态，可以产生共鸣作用，使学生受到潜移默化的影响，使课堂中出现某种心理气氛。这就要求教师在教学过程中倾注积极的情感和真诚的爱心，用情感和爱心去感染和打动学生，让他们伴随着丰富而快乐的情感体验参与教学过程。教师的师爱是调控课堂心理气氛的长久动力源泉。

三、关于在散文写作教学中实施情感教育的实践思考

笔者认为在散文写作教学中，把认知与情感结合得比较好的教学方法有：文本示例法和融情批语法。

1. 文本示例法

文本示例法是指在散文写作过程运用生动典型的作品，引导学生细细体味作家的主体情感。鉴赏文学作品，一定要投入情感。以木然、漠然的态度对待文学作品，那就根本谈不上鉴赏文学作品。费尔巴哈说："情感只能为情感所了解"。[6]刘勰在《文心雕龙·知音》中也说："缀文者情动而辞发，观文者披文以入情。"费尔巴哈指出了感情的特点，刘勰道出了文学的本质。综观他二人的话，你就不难理解，为什么文学鉴赏决计不能没有感情活动。散文这一种主体性很强的文体，它重在作家主体意识的坦诚流泻，抒写作家对人生、对生活、对自然、对社会的感悟，言我之志，抒我之情，弹拨"自己的声音"（屠格涅夫语），从而去表现自己，也表现、批判世界的各面，揭示创作主体的个性和人格，传达对人生自然社会的真知灼见。凡是优秀的散文作品，在情理擅扬的艺术画幅中，无不潜涌着作家对社会与自然世界人事景物的关怀和拳拳热切的情愫，融注着作家对生活和人生的深层感悟——对生命现象、生活态度、人生真谛的诠释，因此，散文和现实性表现距离最近，创作主体和作品客体的情感投入距离最近，作家直接面对读者，面对人生，真实地坦诚地表现自我的思想、感情，是典型的"本色演员"，是沟通作者和读者之间最捷近的认识和体验的桥梁。因而在散文里比在其他文体里更容易显示出作者的性格和人格，他的爱与憎、忧与喜，无不从他的笔锋中自然流露出来，读者极易走进作品中去认识作者眼中的世界、心理的世界，洞见作者的人品、性格和爱好等等，并从中领悟到自身可感却难以言传的情感共鸣，从中找到了自己，这样鉴赏散文既有理解作者的愉快，也有发现自我的喜悦。因而，我们鉴赏散文并不热衷于情节曲折，冲突迭起，而在于情感的陶冶和思想的启迪以及美的享受，在情感体会中认识世界。所以，在平时的散文写作教学过程中，笔者经常引导学生阅读朱自清、鲁迅、张承志、韩少功、史铁生、贾平凹、余秋雨、周国平、王充闾等作家的优秀散文作品，同时，也引导他们体察和掂量作者的情感。具体来说，我们格外留意以下几点：第一，看作者注入的情感是否具有深刻性。一切庸俗浮躁、无病呻吟的东西均不足挂齿，只有抒写了人的至情至感才有艺术感染力；第二，

看作者的情感是否丰富复杂、统一和谐。第三，看作者倾注的情感是否起伏跌宕，能在读者的审美心理上产生一种"紧迫感"。第四，看作者的情感能否形成一个"焦点"，使深沉、丰富、跳荡的情感流水汇聚到一起，形成一内涵深广、传神的"泉眼"，从而"勾摄"住鉴赏者的魂魄。

2. 融情批语法

融情批语法是指写作教师在给学生的作文写批语时用语形象、精练、含蓄有味，有感情、不直白枯索。清代诗论家沈德潜在《说诗晬语》中说过"议论须带情韵以行，勿近伧父面目。"写作文批语也应如此。写作教师在写作文批语时应力避写那些抽象的你、我、他的作文都可用的套语、废话，如"观点正确，结构严谨，层次清楚，语言流畅"等等。针对学生在作文中流露出来的情感、意向、兴趣、爱好等等，教师不应回避，可以用批语的形式参与到对其问题的平等交流、探讨之中。不应把学生作文中的这些内容仅仅看作是为文造情，而应视为学生通过作文的形式寻求理解、抚慰、交流、引导。笔者认为运用"投入情感"的作文批语不仅对学生通过作文抒写自己的真情实感是一种肯定与提倡，而且它还能给作文教学造成一种温暖的人文情怀，使作文真正回到它本真的存在中去，从而成为学生的一种真实的写作，成为正处于觉醒之中的自我意识与世界沟通的一种重要的方式，成为人性的证明。这种"投入情感"的作文批语不仅要有情韵，讲究语言美，同时还应有多种多样的形式，如可以尝试采用引用古人诗词、名人格言、民谣、顺口溜、寓言故事等形式来品评学生作文，也可以尝试运用修辞法、疑问法、假设法、俯瞰全篇法等方式，以增强作文批语的活泼性。作文批语的体式不应墨守成规，而应有所探索，有所创新，这种潜移默化的"为文师表"，也会给学生带来一定的影响。

结语

情感是影响散文写作教学的一个重要因素。作为写作教师除了自身要具备良好的情感素质以外，还应及时关注学生在进行散文写作过程中各种情感需求，把写作教学与情感因素有机地结合起来，这样才有可能促进学生的全面发展，提高教学效果。

参考文献：

[1] 蒙培元：《情感与理性》，中国社会科学出版社2002年，第4页。

［2］林非：《散文创作的昨日和明日》，载《文学评论》1987年第3期。

［3］鲁枢元、童庆炳等主编：《文艺心理学大辞典》，湖北人民出版社2001年。

［4］邵瑞珍、皮连生等主编：《教育心理学》，上海教育出版社1998年，第297页。

［5］杨晓莉：《情感因素与外语教学》，载《中国大学教学》2006年第6期。

［6］王元骧：《文学原理》，浙江教育出版社1989年。

（本文发表于《文学教育》2006年第10期）

用小说的形式表现神话

——评苏童的长篇新作《碧奴》

摘　要：《碧奴》是苏童根据"孟姜女哭长城"的传说改编创作的一部长篇小说。当作者从一个当代作家的立场来叙述这个故事的时候，传说也就不只是传说了，孟姜女摇身一变成了碧奴。本文所要探讨的就是苏童是如何塑造碧奴这个"哭神"形象，又是把她放在一个怎样的环境中去塑造的；作者想通过这部小说传达什么新的含义，他又是如何描写传说最传神的地方——孟姜女的眼泪的。

关键词：人性；眼泪；乐观；信念

"孟姜女哭长城"是一个家喻户晓的故事，是一个传说，它"在中国流传了两千多年，已经成为每一个中国人在孩童时代必然聆听的'儿童神话'。"[1]我们暂且不论这是否是一个神话，传说和神话到底是否同一个概念，因为这里要谈论的是苏童新创作的长篇小说《碧奴》，我们姑且就把它当成一部小说来看。

苏童创作这部小说的目的在于把中国神话推向世界（"重述神话"是由英国坎农格特出版公司发起的全球首个跨国出版合作项目，要求各国作家以本国神话故事为原型，融合个性风格，重塑影响世界文明中沉淀了数千年的神话经典。苏童以重述"孟姜女哭长城"的传说成为入选该项目的首位中国作家），同时通过这部小说，他也再一次提醒我们：中国曾有过这样悲壮的一个王朝，以及如此悲痛的一段历史。万千人的生命堆砌成了现在的中国人引以为傲的世界奇观——长城。苏童在这里要做的不仅是要告诉我们一段历史，更是要向我们呈现一个女子的传奇。

孟姜女的故事已在中国大地上流传了数千年，"作为民间传说，它凄美苍凉的悲剧因子成为植入中国人悲剧审美心理的重要元素。同时，它的悲剧性也已经成为一种民间反抗统治阶级的重要宣泄，成为阶级论的民间集体无意识。"[2]
如何改变这一审美格局，如何把孟姜女这一家喻户晓、高度符号化的人物形象
变成一个有血有肉的、个性丰满的孟姜女，这是要冒很大的风险的。正如苏童
自己所说："如何说一个家喻户晓的故事，永远是横在写作者面前的一道
难题。"[3]

我想，苏童在创作这部小说时面临的最大问题，就是在多大程度上尊重传
说。既然是"重述神话"，就必然要有所突破，要用一个全新的角度来诠释这个
故事。然而，神话作为我们中国传统文化的一部分，苏童要把这项传统文化推
向世界必然不能颠覆神话，否则就失去了重述神话的意义了。

综观这部小说，我们可以发现它在一定程度上还是尊重传说本身的，小说
的整个故事原型和悲剧性结局都没有越出民间传说。不过苏童也是有所侧重的，
他把主要笔墨放在碧奴在为丈夫送冬衣的途中遭受的种种近乎残忍的磨难，借
此呈现给我们一个饱满的碧奴形象。

对徭役的控诉，这是隐藏在故事背后的一条主线。苏童并没有字字血泪地
去描述徭役给百姓所带来的深重灾难。从车夫无掌轻描淡写甚至略带夸耀的描
述中，我们却分明感受到徭役的残酷。断手、驼背的车夫，成年的马人，未成
年的鹿人，他们残害了自己的身体，放弃了做人的尊严，也仅仅只是为了生存
下去。随着碧奴的一路北上，苏童把这种残酷一层层地撕破了，展现在读者面
前。当她到达大燕岭，得知万岂梁的死讯时，这层皮已经完全撕破，只剩下血
肉模糊的一片。

一

苏童在接受记者采访时谈道："人性中的善与恶不宜分离，说到人性，它其
实是有褶皱的，无所谓善与恶，我是一直对人性的褶皱处怀有探索的热情。"[4]
其实，从他以前的作品中，我们不难发现，他在小说中总是把人性恶的一面刻
画得淋漓尽致，对人性善的一面则表现得相对较少。

同样，在《碧奴》这部小说中，苏童也在表现人性的残忍、冷酷方面下足
了功夫。在小说中，这种人性的批判不仅仅指向统治者，更指向芸芸众生，指
向围绕在碧奴周围的那些底层被统治者。小说在一开始就讲述了国王因为对亲
叔叔的仇恨，在把他处死后不允许百姓为他哭灵。这个故事不是苏童瞎编的，
它取材于秦始皇时期的一个真实的历史事实。这里，作者不仅为后面关于碧奴

眼泪的"传奇"提供了背景，而且让我们一开始就看到了北山村民们的自私本性。从"故意散落在溪水里的一枚枚刀币"、"在北山的溪边树下散尽千金"这些字里行间，可以看出，他是一个同情百姓、乐善好施的人，他有着人性善的一面。然而，他被皇上处死了。这当然不是我们所要讨论的重点，皇室之间的恩怨也不是苏童要表现的重点，我们看看那些受过他恩惠的村民们的态度吧。

"……肃德说谢天谢地还不如谢谢那头猪崽，他认识堂兄手里的猪崽，是信桃君送给他的，他看见那猪崽觉得信桃君是个不讲公平的人，他堂兄家里有了三头猪，他肃德有只羊，一只猪也没有，信桃君偏偏送猪给堂兄，不送给他！肃德一生气，眼泪就消失了……"

"村民们在一片惊悸声中匆匆跑下山才，对死者的哀悼之情像惊鸟般地飞走，一粟之恩也在意外中提前报答完毕，他们的心情不再那么悲伤了，有人偷偷地绕到溪边去看了看，有人还随便把自家的羊赶到信桃君的菜园里……"

苏童写这些内容无非是为了告诉读者，碧奴所处的那个时代，她所在的那个北山上的人都是些怎样的人。这算是为碧奴后来在北上寻夫的途中遭受的种种来自人本身的灾难做了一个隐晦的铺垫。苏童在这里大概是想借助写别人的恶来反衬碧奴的善。不知道是因为碧奴柔弱的外表，还是因为她倒霉，这一路上所有不幸的事几乎都让她碰到了。她先是在树林里被一群男孩猥亵，继而被铐在死人棺材上为之哭丧，再而被当作刺客关押在铁笼里示众，到最后她迫于无奈，还抢了一个比她更弱的女子。读到这里的时候，使人觉得看到了一个真实的碧奴，她为了实现自己的愿望也会向现实屈服、向道德屈服。在她充满了歉疚的泪眼里，我们看到了一个倔强的女子的无奈。她是一个弱者，一个孤独者，一个失语者。作者把碧奴设置在一个充满着罪恶欲望的环境中，可谓用心良苦。或许在这样一个蛮荒世界里，底层的人根本就算不上是一个"人"，因为他们的命没牲畜值钱。"牛贵，驴也不便宜，比买个人贵。"车夫的一句话道出了这个社会的本质。所以这里根本就没有道德，没有人情，他们并不知道那是什么东西，他们有的只是求生的本能。

碧奴是这个人群中的一个"另类"。小说通篇表现着碧奴与这个社会的冲突与矛盾。从一开始，碧奴的忠贞就遭到桃村其他女子的嫉恨。

她的远房侄子小琢，虽然受到碧奴的照顾与疼爱，却对她并不友善。人市上的小男孩在面对碧奴的善意冷静时，说道："我用弹弓打她，她不骂我，还担心我掉下树呢，哼，这大牲口的脑袋一定有问题。"这个男孩说出了一个真理，在那些自认为正常的人的眼里，碧奴确实是一个"脑袋有问题"的疯子。恰巧那儿的人们又都认为自己是正常的，因为他们都和别人一样，所以当出现一个和他们不一样的人时，必然就会被认为是疯子。

故乡情是中国人不变的信仰，当碧奴从女巫的口中得知自己去了就回不来时，她便费尽周折想要埋葬自己的前世：一只葫芦。她觉得她必须为自己的灵魂找一个寄托，不管以后死在哪里，至少把根留在自己的家乡。这种对家乡的情感，十分难得，却是为其他人所不能理解的。

在面对与周围环境的冲突时，碧奴总是选择了默默承受，并不为之所动，坚持着自己的坚持。她的这种超然，正是对这个野蛮社会的反抗。

二

在万岂梁消失后，苏童更是向我们展现了一个善良贞洁的弱女子如何克服种种困难，实现了一个人间神话的过程。碧奴可以说是中国古代女性形象的典型。她表面看似懦弱，在面对外来攻击时毫无反抗能力，然而苏童却赋予她巨大的力量，那就是眼泪。这一元素在作品中大量出现并被刻意渲染，这是这部小说、也是传说本身最神奇也最核心的地方。正如作者所说，"我刻意去发掘眼泪的意义，似乎到最后，眼泪变成了我刻意塑造的形象。我在小说中最大的野心和企图的实现，是对眼泪的描写。""泪水不仅代表悲伤，这其中也有意志和力量，当这个阶层没有别的东西可以对抗统治者时，泪水成为他们惟一的财富，或者说他们至少还有泪水。"[5]

我觉得孟姜奴身上最值得我们称颂的不是她的忠贞，也不是她的纯朴善良，而是她的执著。因为她的执著，她跨越了征途中的一个个障碍；因为执著，她克服了一个对人类来说根本不可能的问题——哭断长城。她让人们相信，只要我们有毅力，就会有巨大的能量来战胜一切。这可以说体现了古时下层阶级的人们的美好愿望。

在这部小说里，眼泪是作为一种抵抗现实的力量而存在的，在任何场合、任何时刻，它都会神奇地出现，在表现悲伤的同时，更是击退了外在的一切不利因素，包括最后把长城哭倒。

在小说中，苏童浓墨重彩地刻画了碧奴的九种哭泣方式，要说碧奴神奇，不如说这些眼泪神奇。苏童为了突出眼泪这一主题，可以说是无限夸大了眼泪的力量，而使碧奴成为一个只会哭泣，看起来显得呆傻的女子，有时候她很像一个无知的孩童，同样只会运用她的眼泪，因为这是她表达不满和反抗的强有力的武器。然而，碧奴并不是孩童，她有的也不应只是眼泪。这一点我们都知道，然而苏童似乎把它忽略掉了。她在面对别人的侵略和侮辱时，从来不知道要如何利用自己的智慧，最后居然把笨重的石头背在自己的身上。她似乎看起来更像一具没有思想的行尸走肉，头脑中被灌输了某种指令，那就是要为丈夫送冬衣。也许会有人说，碧奴的"呆滞"是因为她从小生活在一个被禁锢的村庄，那里的人们被禁锢了人哭泣的本性，自然思想也被禁锢了，但这不该是我们认识的那个孟姜女。我们心目中的孟姜女应该有着自己的坚持，有着自己的思想，纯朴但不痴呆，瘦弱却异常坚强。而苏童把孟姜女塑造成这样一位女性，或多或少是令人失望的，这大概也是"重述"神话不得不付出的代价。

而且，强大的力量背后都是有信念支撑的。碧奴的眼泪所呈现出来的巨大力量又是由什么支撑的呢？是爱情吗？苏童对此并没有过多阐述，按他的说法，是怕太没新意、流于俗套，把小说写成一首爱情的颂歌。他乐观地认为，这条爱情的主线一直贯穿于读者的脑中，伴随着碧奴一路北上，支撑着她哭跑路人，哭断路途中的一堵堵无形的城墙，哭倒长城的。我不知道其他读者在阅读这部小说时能否感受到碧奴内心深处的那份信仰。然而，如果一部小说缺少了显在的支撑，无异于一所房子少了结实的根基，就算装潢得再华丽，也总会让人觉得不够牢固。

三

苏童在小说的自序中称这是一个乐观的故事，因为"她用眼泪解决了一个巨大的人的困境。"[6]可能很多人并不赞同他的观点。首先这个故事的环境是很悲惨的，而且苏童把这种悲惨写得很极端。哭是人的本性，但北山下的人们却被禁止哭泣。国王死了，可是徭役并没有结束。其次，结局是悲惨的。主人公受尽折磨，尝尽了人间苦难，最后甚至悲壮地把石头背在身上，然而，她的执著震撼了我们，却没能震撼上天。万岂梁还是没能逃脱厄运，故事一开始似乎就已经注定了他的结局。这看起来应该是一个悲到极点的故事。

然而，如果仅仅把它当作一个悲情故事，那就失去了这部小说最核心的意义了。我想不管是这部小说还是传说本身，它们想要传达的都是一种精神，而且是一种乐观的精神，乐或悲不应仅仅由结局而定，不是吗？碧奴用她自己的方法跨越了一个常人无法跨越的鸿沟。因为她的执著，她战胜了自己，战胜了命运。她用尽她全部的力气，在这个混浊的世界里挣扎反抗，尽管她反抗的形式很单一，作者赋予她的只有眼泪，但她还是战胜了这个世界。在长城断裂的那一刹那，我想我们都会感到欣慰的。她是这个社会最底层的女子，却可以爆发如此巨大的能量。正如苏童说的那样，在她身上，我们看到的是一个阶级的力量，而这也正是苏童所理解的中国神话的特点之一：就是从现实出发，去找到神的位置，找到所谓力量的位置[7]。所以苏童说这是一个乐观的故事，并没有错。

　　同时，我们应该看到，现实是无法超越的，所以才有了神话。面对巨大的困境，人，特别是社会最底层的人，是无奈的，是渺小的。而神话只是一种精神的暂时逃避。这个意义上讲，神话本身就是带有悲剧色彩的。

四

　　《碧奴》是用小说的形式来表现神话，它的核心还是神话。所以在这部小说中，苏童刻意地插入了很多神话因素。故事一开始就谈到了关于男孩女孩的不同的前世，男孩是天上的日月星辰、飞鸟游云；女孩是野蔬瓜果，每个人都有着灵魂的寄托。碧奴和岂梁，一个是桑树，一个是葫芦，枝藤相绕，注定了他们的命运是连在一起的。这里关于前世的描写，无疑增加了小说的神秘色彩。而后，小说中又写到了兰娘变的螃蟹，寻儿的盲妇人变成的青蛙，柴村的女巫，以及成年的马人，未成年的鹿人，这些形形色色的人都成了神话故事的一部分。詹刺史征求五味眼泪来治病，被官员的邀功谎言欺骗的国王，乘着人力拖动的黄金楼船在尚不存在的运河里巡视，终于被气死，这些都像童话故事般地出现在苏童的小说里。可以说，是苏童用他的想象力造就了一个世界，一个完全属于碧奴的神话世界。

　　然而苏童在这里似乎故意不点明，那只青蛙到底是哪来的，那些似是而非、亦真亦假的情节到底是那个世界里的现实存在，还是只存在于人们的头脑之中，就像现在很多人对于神灵的敬仰。所以我们看的时候会忍不住去想，这只青蛙到底是不是寻儿的盲妇人变的呢？……诸如此类的问题。这部小说到底有没有非现实的东西在里面呢？苏童很高明，他没有点破，而是让读者自己去判断。所以他没有把这部小说塑造成一个完全脱离现实的低俗的神话故事，但同时又使小说充满了神秘色彩。

注释：

［1］［2］丁帆：《〈碧奴〉：一次瑰丽闪光的叙述转换》，载《文艺争鸣》2007年第4期。

［3］［6］苏童：《碧奴·自序》，重庆出版社2006年，第2页。

［4］陈蕾：《作家苏童近访：我对碧奴不残酷》，载《城市画报》2006年第10期。

［5］赵明宇：《不喜欢也不关心商业运作苏童：碧奴哭长城不是悲剧》，载《北京娱乐信报》2006年8月27日。

［7］苏童：《神话是飞翔的现实——作家苏童在复旦大学的讲演》，《文汇报》，2006年10月4日。

（本文发表于《社科研究》2007年第8期）

试析海明威早期小说作品中的死亡意识

摘　要：死亡意识是海明威人生哲学的核心部分，他对死亡有着充分体认和大胆面对。本文通过对海明威早期小说作品的解读分析，探讨其死亡意识的形成过程，指明其在海明威营构独特的艺术世界时所具有的价值和作用。

关键词：海明威；死亡意识；直面死亡

死亡是人类所面临的最为严峻的命题，也是人类思考得最多而且没有穷期的永恒命题。"死亡作为生物学意义的一个标志和人类史并存，没有一个确定的起点；作为精神现象学意义的一个论题和文化史相伴，也没有一个预定的终点。它是一个生物现象，也是一个文化现象，精神现象和心理现象，构成哲学和艺术的永恒母题。"[1]死亡作为哲学庭院里生长的古柏，几乎每一个伟大哲学灵魂所幻化的思想灵鸟都在它的枝叶上栖息过，它可以说是哲学永恒观照和沉思的现象界，古往今来，许许多多的哲学家都对死亡问题进行过深入地反思，甚至把它看作是唯一至关重要的事件。当然，对这一问题的感悟和诠释则仁者仁，智者智。中国传统哲学对死亡采取的是逃离和含混的态度，无论是孔子对死亡的避而不谈（即"未知生，焉知死？"），庄子对生与死根本区别的有意抹杀（他认为，生，"非有可乐"，死，"非有可哀"，"其生若浮，其死若休"，"不知悦生，不知恶死"，否定生和死的差异，即"齐生死"），还是杨朱以及时行乐来麻痹死亡的威逼，都可以说是对死亡本质的有意遮盖和屏蔽。而与此相反，西方哲学对死亡却是无情的"直视"，是将死亡的悲剧核心撕破来给人看。与儒家"未知生，焉知死"的观念恰恰相反，西方哲学认为"不知死，焉知生"。他们把对死的反思看作是对生的反思的集中体现，力图借助死亡之光，来参透生命的真相。他们锲而不舍地追问死的本质意义，正是为了最大限度地挖掘生的价值。西方哲学把死亡主题当作一个极为深奥的哲学命题来考量，把为死而焦虑看作是对生命本质的一种最具深度的探求。德国著名哲学家海德格尔（Heidegger）认为，人是走向死亡的存在，人的存在的真正意义是"趋向死亡"。他把其简称为"向死而在"。他认为死亡作为人的存在的最终可能性，其基本结构就是：死亡是亲在的最本己的、无关涉的、不可超过而又确实的可能性。人如果能把握死亡作为可能性的几种基本结构，就是"真正的向死而在"，就能"自死而得自由"，而有真正的人的存在。海德格尔的这种以死求生的人生哲学尽管有着浓厚的悲观主义色彩，但它要求人"面向死"而得解脱，立足于死以求生，立足于虚无而衬托出存在的积极态度还是非常有价值的。西方哲学就是把死亡作为标本，以一种实验室的心态，把其显微、放大，层层解剖，以求追寻死亡的真谛、生命的真谛。面对死亡，既不回避，也不遮掩，有意将人不可避免地要走向死亡这一客观必然贯穿于整个生命过程之中。这需要具有非凡的勇气和极大的承受力，是现代人无惧无畏的精神力量的最彻底的体现。被誉为生死学大师的美国生死学家库伯勒·罗斯教授（E. Ross, 1926—2004）在其自传《生命之轮》（The Wheel of Life）中写道："死亡可以成为最伟大的人生体验之一。如果你每一天都生机勃勃，那就会无所畏惧。""死亡不过是肉体的脱落，就像蝴蝶蜕去茧壳。它是向更高级意识状态的演进，你可以在其中感受，理解，欢笑，并可继续成长。"[2] 一个敢于直面死亡的人，才是完整的人。美国现实主义作家、诺贝尔文学奖获得者海明威就具有这种敢于直面死亡的非凡的勇气和无畏无惧的精神力量，他就是一个完整的人，他用自己的小说作品和自己的行动向读者表明了这一切。

一

欧内斯特·海明威（Ernest Hemingway, 1899—1961），这位在生活上有着独特经历、在艺术上有着独特风格的作家，特别喜欢在自己的作品中反复加以表现、渲染死亡这一现当代西方文学的传统主题。他的作品中充满了暴力、鲜血和死亡的意象，这些意象如同空中掠过的吞食腐尸的秃鹫，在海明威的艺术世界中投下一个不祥的阴影，它们构成了海明威的死亡意识。而这种死亡意识贯穿了海明威的整个创作，渗透了他所有的作品。这种死亡意识之于海明威，就如同靡菲斯特之于浮士德一样，形影不离，相伴终生。即是说，死亡作为一种不能第二次经历的生命终极性体验，像阴魂不散的魔鬼一样始终纠缠着海明威。而他也终其一生地用自己的作品对死亡这一"缠绕着人的一生的极其深切的人生问题"[3]进行既有生理的、心理的分析,又有伦理的哲理的思考。"仔细研究海明威的全部著作,几乎可以编撰一部'死亡学'的详尽注解。"[4]

近年来国内外不少研究者纷纷撰文探讨海明威的死亡观(或曰死亡情结、死亡哲学)[5],这些文章主要结合考证海明威别具异彩的出生入死的独特经历及他所创作的所有著作来探讨、挖掘海明威的死亡意识(或曰死亡哲学)。而本文则主要探讨海明威在其早期所创作的小说作品中所萌生、弥漫的死亡意识的独特内涵及这种意识对其死亡观的影响。

死亡意识可以说是海明威人生哲学的核心部分,他对死亡有着切身体认和大胆面对(他曾参加过三场战争,身上中过两百七十多块弹片,还不止一次地经历过坠机、车祸、枪伤,数次受重伤,十多次伤成脑震荡,动过二十来次手术,还戏剧性地两次读到过自己的讣告[6]),并且在此基础上对人生意义进行了重新界定。从海明威所创作的早期小说作品中,我们可以较为明显地看出其死亡意识的形成过程以及它在海明威世界中的不可或缺的位置。

海明威的死亡意识可以说很早就在他的思想中萌生了。海明威的第一部重要作品、短篇小说集《在我们的时代里》(1925年出版),这个书名来自"祈祷书"中的"给我们的时代以和平",但是书中的故事,不论是小说还是小品段落,无一不是暴力,哪有什么和平?这部短篇小说集由一个中心人物尼克·阿丹姆斯贯串起来,分别叙述了在尼克成长的各个阶段所发生的几起事件,每篇小说在内容上都起着承上启下的作用,相互之间有着密不可分的联系,因此,有学者认为,"这是一部以尼克为主人公的长篇小说的骨架"[7]。这些系列小说具有非常浓重的自传色彩,充溢着海明威对人生各种滋味(如暴力、伤残、死亡等)的含而不露的深刻反思。同时,也可以映照出在海明威的成长历程中其死亡意识的初步形成过程。在《印第安营地》中,尼克的人生"历险"初步反映了少年海明威对死亡的稚嫩的思索。少年尼克与当医生的父亲去印第安营地给一位难产的妇女接生,在没有麻醉药的情况下,医生仅用一把大折刀为产妇施行剖腹手术,一个小生命在降临人世的同时,他的父亲,这位产妇的丈夫,这位躺在上铺养伤的丈夫却因不堪忍受目睹妻子受苦而用一把剃刀割断自己的喉管自杀弃世了。这篇小说意在揭示生与死的痛苦。生的过程是痛苦的,结束痛苦的办法是死。这次经历给年少的尼克以极大的震动,他首次体验到世界上除了有明媚的阳光之外,还有痛苦、流血和死亡。这篇小说的结尾处有一段意味深长的对话:

"他干吗要自杀呀，爸爸？"

"我不知道，尼克。我想他是无法忍受这一切。"

……

"爸爸，死很难吗？"

"不，我想极容易。不过得看具体情况。"[8]

这段看似毫无情感、毫无感受的对话（对话和细节是海明威经常使用的描写手段[9]），隐隐显示了一个受到死亡影响的孩子对生命、对死亡的本能的朦胧感受，最后他"相信他永远不会死"，天真地认为这些人生苦难与他无关。这既是对生命不朽的渴望，更是对死亡本能的恐惧。也许此时，只有海明威自己知道，自此以后，他将不能摆脱痛苦与死亡对自己的纠缠，死亡意识将伴随自己一生。

在另外一篇短篇小说《杀人者》（亦译作《杀手》）中，尼克又接触到另外一种形态的死亡，这里他对死亡的恐惧已经不再是以一种含蓄的感受体现出来了。一个只有十几岁的孩子倾听了两个暴徒要暗杀一位拳击手的谈话，他无法对这种邪恶保持沉默，于是把这一消息告诉了那个拳击手。不料，这位过去的勇士却一再拒绝采取任何行动来保护自己，他只是呆在家里等着那些杀人者来杀他。"我要离开这个城市。""一想到他等在屋子里，明知道自己将被杀死，我受不了，这太可怕了。"拳击手无奈地接受了这个命中注定的死亡，而尼克却深受这种死亡的影响，他对这个充满暴力和邪恶的世界产生了深深的厌恶和恐惧感。他要向这个城市告别，他要逃避。

尼克在告别了自己的少年时代之后，他投入了战争，参加了第一次世界大战。在毫无理性的纷飞炮火中，他不再仅仅是接触别人死亡的事实，还要面对自己的死亡。战场上横陈的大批士兵的尸体使尼克不断地陷入精神错乱的状态。任何思想活动都会使他想起死亡的恐怖，他竭力让自己的生活简单起来，沉醉于类似滑雪之类的体育运动中，只有这样，他才能使自己始终处于体力消耗所带来的亢奋中，停止思想，忘记过去。在这部短篇小说集的压轴之作《大二心河》（亦译作《大双心河》）中，海明威以看似浅显、单调的方式，写出了主人公尼克丰富而深刻、看似平稳实则激越的情感世界。那充斥着暴力与邪恶的社会，给人类带来空前灾难的战争彻底粉碎了尼克对宗教、对传统伦理道德的信仰，一切曾经有过的美好理想在丑恶的现实面前统统化作泡影。沉重的幻灭感压得他透不过气来，他对一切都不再相信，对生活也丧失了信心。对他而言，任何形式的探索和进取都变得毫无意义，他甚至不再需要思考，因为那只会给他带来痛苦的回忆。对社会现实的失望，对自己前途的迷惘，以及心头抹不去的战争的阴影，三者交汇成一股强大的潜流，不断地冲击着他的心灵，使他处于崩溃的边缘。尼克清楚地知道自己痛苦的根源，却又对它束手无策。绝望之中，他只好抛弃社会，远离人群，只身来到故乡以期从无休止的机械的体力劳动中获得片刻的安宁。实际上，对尼克来说，钓鱼之行是对"梦魇或者那已成为梦魇的现实"的逃避[10]。海明威通过这部短篇集主要是想表明：在"我们的时代里"并没有真正的和平与幸福，只有暴力和死亡，在这样的残酷现实面前，人们从幼年时代起就处在一种恐惧、迷惘、焦虑、被伤害的状态之中。

二

海明威的小说作品所表现的主题主要来源于他的实际生活，鸟语花香、浪漫情怀在他的作品中虽然也有表现，但他着笔最多的却是残酷的、充满暴力的世界。他不粉饰现实，也不回避现实世界的残酷，他表现并渴望人们去了解真实、残酷而美丽的生活。在海明威看来，要想深入观察和研究暴力及死亡，非战争莫属。的确，人类的历史，基本上就是一部战争史；战争是人类死亡的最大原因之一。战争就是这样一台巨大的榨汁机：它把人从漏斗里填进去，那头就分离出血水和骨肉渣来。要开动战争这台机器，就必须以人的生命为燃料。海明威对战争的这种血淋淋的残酷性有着切身的体验，所以他曾在第二次美国作家大会上所作的发言《作家和战争》中说过"当一个人到前线来寻求真实时，他是可能不幸找到死亡的。"[11]他把自己笔下的主人公放置到最具典型性的险恶环境中，以帮助他深入地体验和理解人类的困境，感悟生与死的意义。被冠以"迷惘的一代"的海明威这一代人由于生活在战争的阴影之下，加之旧有的价值观念抛弃了他们，人类所创造的科学技术正被空前规模地用来毁灭自己，这种冷冰冰的现实使海明威已经意识到现代人正面临着一个难以把握的混乱世界和同样难以把握的自我。他们迷惘得不知所措，但他们又在迷惘中书写着自己迷惘的历史。海明威在小说中淋漓尽致地展现了现代人被战争重创的扭曲形象以及他们对死亡对世界的抨击。在作为"迷惘的一代"的代表作《太阳照样升起》（1926年）中，海明威借描写第一次世界大战之后旅居巴黎的英美青年消极颓废的生活，透视了一代人精神世界所发生的深刻变化，揭示了战争给这代青年所带来的幻灭感，以及由此而生的玩世不恭的人生态度。作者给这类悲惨青年所作的治疗方案是："假如一切都失败了，假如社会束缚力失去了它的效力，求胜心也就死去，一切哲学就成为无意义的了。只有动作还存在——不包括任何目的的动作，而是为动作本身的那种不思想、不考虑、可能的肉体上的动作。"这一精神世界，其实也正是海明威本人性格特征及心路历程的真实写照。在《永别了，武器》（1929年）这部富有强烈的反战情绪的长篇小说中，海明威更是把战争对人类的直接摧残、毁灭以及人们对战争的反叛心理赤裸裸地表现了出来。海明威以他独特的艺术风格，用第一人称的叙述方式，言简意赅，揭露了战争的罪恶，谴责了它对人类最美好的感情、理想、幸福以及生命的戕害。他把战争所造成的社会心理情绪上升到思想意识的高度，让人们直接宣泄自己的反抗情绪并且采取反抗的行动——逃避。小说主人公亨利中尉在一战期间，因为"使命感"而志愿来到意大利战场，几经生死的残酷考验后，他开始意识到战争的罪恶本质，最后终于勇敢地"逃避"了战争，永远告别武器，成了战争的叛逆者。亨利内心的忧郁来自于他对死亡的恐惧。他曾经历过两次死亡的恐怖：第一次战地负伤，他真真切切地体验到了死亡的威胁：血肉横飞的尸体、疼痛难忍的手术、伤员的嚎叫呻吟、战地医院的危险和不堪入目的混乱……这一切都给他以极大的感官刺激；第二次是在军事大撤退中，他感到死的荒唐——他差一点被同盟军枪决。由此，他开始觉醒，认识到死于盟军和死于敌手是同样可悲而毫无价值的。第一次死亡的恐怖对他来说形成了一种威胁生命的心理动力，但第二次恐怖却造成了他精神支柱的大崩溃，这动摇了他一贯坚守的人生信念，这种威胁其实远比面对生命的死亡更大更可怕。亨利从死亡的威胁中惊醒过来，在残酷的现实中寻觅出路，萌发出强烈的反抗意识。实际上，这种反叛也就是海明威在经历了血与火的教训后的清醒，他在小说中通过亨利的内心独白犀利地讽刺道："我每逢听到神圣、光荣、牺牲等字眼和徒劳这一说法，总觉得局促不安。……但是到了现在，我观察了好久，可没看到什么神圣的事，而那些所谓光荣的事，并没有什么光荣，而所谓牺牲，那就像芝加哥的屠场，只不过这里屠宰好的肉不是装进罐头，而是掩埋到罢了。"[12]

众所周知，海明威曾参加过第一次世界大战，在意大利战场前线被炮弹击伤，后荣膺意大利政府颁发的军功奖章、银质奖章和勇敢奖章，尽管有如此的荣耀，但战争给海明威带来的心灵创伤却难以愈合。他患上了无可救药的战争后遗症，战场上看到的残忍的厮杀和恐怖的死亡久久地纠缠着他，使他无法安宁。他对一切都失去了兴趣，不想读书，不想工作，心灰意懒，他曾一度在渔猎和观看拳击、斗牛等活动中沉迷。至于后来，海明威为什么又要参加第二次世界大战，有人认为，一方面是出于正义感，另一方面却是出于他冒险的冲动。他的献身精神很大程度上是出于要克服他自己自一战以来形成的"忧郁症"，即为了摆脱自己怕死的心理。前苏联有位评论家曾经说过，死亡的恐惧，是海明威全部个人和创造的亲身经历的关键，也是他的整个形象和风格体系的关键。这一评论颇有见地。

三

　　海明威的死亡意识可以说在 20 世纪 20 年代就已经初步形成，在这一时期的小说作品中，充满了厮杀、鲜血和死亡，这反映了死亡在海明威的内心世界所留下的阴影。海明威认为死亡是人们无法逃避、无法超越的最大也是最可怕的真实，它具有一种巨大的莫名其妙的神秘力量，它在瞬间剥夺了人们的一切权利，撕碎了人们的一切主观想象和盲目乐观。死亡是一种永恒，而爱情、友谊、人生，只不过是一堆"粪土"。总之，他告诫人们不要陶醉于人为的其乐融融的大团圆梦幻里，因为死亡正像躲在灌木丛中死盯着猎物的猎狗，随时随地会毫无理由地不分是非不问青红皂白突袭式地咬噬着活蹦乱跳的鲜活生命。死亡可以说是这一时期海明威小说作品中反复出现的主题。他在《午后之死》中曾经说过："一切故事，讲到相当长度，都是以死结束的；谁要不让你听到那里，他就算不上一个真正讲故事的人。"

　　著名的比利时象征主义戏剧家、散文家梅特林克认为："惧怕死亡，便不敢思索死亡；养成思索死亡的习惯，便不再惧怕死亡。"[13]海明威也曾惧怕过死亡，但他并没有停止自己对死亡的思索，这在他后来所创作的小说、剧本等作品中都能很明显地体现出来，像他发表于 20 世纪 30 年代的著名的短篇小说《乞力马扎罗的雪》《弗朗西斯·麦康伯短促的幸福生活》等作品以及发表于 40 年代的代表作长篇小说《丧钟为谁而鸣》，还有 1952 年出版的中篇小说《老人与海》（该小说曾获得 1953 年的普利策奖，而且也促成他获得 1954 年的诺贝尔文学奖），在这些作品中，海明威始终没有放弃他对死亡的真切观察和敏感体验，他对死亡的认知有了进一步的升华和超越，他渐渐认识到：生与死是永远联系在一起的，有生就有死，只有把二者结合起来，才能真正描绘出人生的完整轨迹，更好地探索人生的价值与意义。对死亡心存恐惧是正常的心理现象，它从另一个角度反映出人们对生命的热爱。他把死亡理解为人的一种最突出的可能性。他不是在弥留之际才感受到死亡，而是在人生很早的阶段就深刻地意识到死亡，进而从对死亡的大彻大悟中反跳回来，重塑一个本真的人格，以死的前景来作为自我实现的鞭策。多年以来，海明威始终坚守一个信条，那就是："活着，则应勇敢地活下去"[14]，尽管他的一生充满着常人无法想象的痛楚与灾难，但他始终表现出对命运不屈的抗争精神和对生命的热爱。他曾不懈地拼搏过、追求过，为世人留下了丰厚的精神财富，他创造了生活，也充分地享受了生活，他的人生是富有价值的人生。在饱受高血压、精神抑郁症等多种疾病折磨的晚年，在既不能"以最好的方式活下去充分享受生活"，又不能死得太窝囊，更不愿苟延残喘地维持生命的境遇下，在反复思考了人生是否值得继续活下去这个哲学的基本问题后，海明威终于做出了一个坦荡而又达观的选择（"与其等到希望破灭，拖着病残的身躯痛苦呻吟死去，不如血气方刚，怀有雄心壮志，高高兴兴在烈火中焚化。"[15]）：在自己的寓所里用那枝他所钟爱的双筒猎枪，结束了自己的生命。他用自己特异的行动给自己的一生画上了一个勇敢的句号。他要向喜爱自己的公众证明：死亡并不能征服他，它只是借了海明威的力量才达到了目的。他直到生命的最后一刻仍在用自己的意志力量同死亡意识抗争。"面临死亡，也应该勇敢地死去。"海明威的小说结局总是干净利落，他生命之舞的终结也不容拖泥带水。

结语

"海明威死亡哲学的主旨是在对死亡的不可避免性和不可抗拒性的充分认定的基础上，以一种超然的态度去迎接死亡，并在与死亡抗衡的过程中产生征服感与满足感，以减轻、忘却死亡带来的痛苦"[16]海明威对待死亡的态度之所以能发生转变和超越，之所以在可怕的死亡面前不再消极逃避、悲观消沉、无所作为，而是以积极的态度勇敢面对，敢于做一个"硬汉子"，敢于在"重压下"努力保持人的"优雅风度"（Grace under pressure），是与他早期的死亡意识、死亡体验有着密不可分的联系的，他是在这种体验、认知的基础上进一步充实他的死亡哲学的。因此，探究海明威早期小说作品中的死亡意识，探究他对生命本质的认识历程，是我们走进海明威艺术世界的通行证。

注释：

[1] 颜翔林：《死亡美学》，上海人民出版社 2008 年，第 24 页。

[2] 转引自吴兴勇著：《论死生》，湖北人民出版社 2006 年，第 7~8 页。

[3] 何显明、余芹著：《飘向天国的驼铃——死亡学精华》，上海文化出版社 1990 年，第 3 页。

[4] 伍建华：《海明威死亡意识论》，载《外国文学研究》1998 年第 1 期，第 75 页。

[5] 这些文章中较有影响的有：姜岳斌的《死亡意识与行动精神——海明威的哲学思想》（载《外国文学研究》1991 年第 4 期）、何小丽的《海明威·死亡意识·作家创作》（载《社会研究》1993 年第 8 期）、伍建华的《海明威死亡意识论》（载《外国文学研究》1998 年第 1 期）、罗明洲的《论海明威的死亡情结》（载《外国文学研究》1999 年第 2 期）、朱莉的《试论海明威的死亡哲学》（载《国外文学》2003 年第 3 期）、曹明伦的《海明威死亡意识中的宗教因素》（载《国外文学》2004 年第 3 期）等。

[6] 宋兆霖主编：《诺贝尔文学奖文库·作家传略卷》，浙江文艺出版社 1998 年，第 198 页。

[7] 陈焘宇、何永康主编：《外国现代派小说概观》，江苏文艺出版社 1996 年，第 388 页。

[8] 《海明威短篇小说选》，鹿金等译，上海译文出版社 1981 年，第 11 页。

[9] 董衡巽：《海明威短篇创作模式探求》，载《美国社会文化》1988 年第 3 期。

[10] 董衡巽编选：《海明威研究》，中国社会科学出版社 1985 年，第 125 页。

[11] 叶廷芳主编：《外国名家随笔金库》（上），百花文艺出版社 1996 年，第 359 页。

[12] 海明威：《永别了，武器》，林疑今译，上海译文出版社 1995 年，第 203 页。

[13] 梅特林克等著：《沙漏——外国哲理散文选》，田智等译，生活·读书·新知三联书店 1992 年，第 24 页。

[14] Kurt Singer, Hemingway: Life and Death of A Giant, Los Angeles: Holloway House Publishing Company, 1961. p. 796.

[15] Kurt Singer, Hemingway: Life and Death of A Giant, Los Angeles: Holloway House Publishing Company, 1961. p. 976.

[16] 朱莉：《试论海明威的死亡哲学》，载《国外文学》2003 年第 3 期，第 66 页。

（本文发表于《江苏社会科学》2009 年第 3 期）

世界华文微型小说创作及理论研究现状管窥

摘　要： 微型小说作为一种新兴的小说品种经过二十余年的摸索与发展，正逐渐走向成熟。它不仅有固定的核心刊物、稳定的作者群，也有自己的学会、研究会，更积累了一大批有分量的佳作。把微型小说视为一种独立的文体，对其进行理论探讨显得很有必要。因为唯有理论的成熟才意味着微型小说文体的真正独立。

关键词： 华文微型小说创作；理论研究；研究现状

一

微型小说（或曰小小说）这一名称，在我国虽然是近二三十年才出现的，但微型小说却可以说是源远流长，"古已有之"[1]。不过，多少年来，微型小说只是附属于短篇小说之内，作为它的一个分支而存在，并不具有独立的文体意义。小说在体裁上历来只有长篇、中篇、短篇之分，而无"微型"之分。近二三十年来，随着时代发展的加速，社会生活节奏的加快，人们在艺术审美上也越来越要求"节省率"，用尽量少的时间获取尽量多的信息，因而，人们特别钟情精短文体，希望小说创作长话短说，力求精练，而不要短话长说，无节制地注水、拉长。在这样的背景下，短小精悍的微型小说就应运而生，迅速崛起。在中国内地，从 20 世纪 80 年代初开始，微型小说创作量不断增加，有关微型小说的理论研究也随之展开，显示出它要从短篇小说中分化出来的文体独立趋势。1992 年 6 月，中国微型小说学会成立，这标志着微型小说最终摆脱了它作为短篇小说的一个分支、一个附庸的地位，成为一个独立的文学品种。小说世界由长篇、中篇、短篇形成的"三足鼎立"状态，变成了由长篇、中篇、短篇、微型共同组成的"四大家族"。与此同时或稍前或稍后，在我国的港澳台地区，在东南亚各国，在世界华文文坛，微型小说也都完成了这一蜕变，成为一种新兴的小说品种。

微型小说"独立"后，开始还只是处于一种襁褓状态，势单力薄，根不深，叶不茂。当时创作微型小说的作品虽然不少，但绝大多数质量平平，出众的作品甚少，而且，许多创作者也多属"兴之所至"的匆匆过客，今天写了，明天就不再写了。一些著名作家虽有涉足微型小说的，但也往往是"逢场作戏"，缺乏应用的专心。而一种文学品种，如果没有相应的"专业"队伍，没有那么一些人为它朝思暮想、鞠躬尽瘁，是难以形成自己的力量和独立品格的，这也难怪当时一些人对微型小说能否真正"立"起来抱着怀疑的态度。

进入 20 世纪 90 年代，微型小说经过十多年的摸索与发展，依靠它吻合时代发展需要的强大生命力，依靠社会各方面的提倡与支持，迅速地迈出了弱小的襁褓期成长起来，虽然还未成熟，但已是少年形象了。少年尽管稚嫩，但生机勃勃，发展空间很大，柯灵先生曾用"现代小说最少年"来形容微型小说，他认为："在大树参天的文学老林里，微型小说是后起之秀，现代小说行中的最少年。"[2]

现在，作为"少年"的微型小说，以近百位专攻微型小说创作的"微型小说专业户"（如刘国芳、孙方友、凌鼎年、王奎山、谢志强、滕刚、吴金良、生晓清等人）为核心，形成一支比较有力的创作队伍。微型小说虽然只有二十几年的历史，却已有五十余人因其创作成就而被吸收为中国作协会员，数百人进入省市作协，被冠以"作家"头衔，数十篇微型小说作品被选入国内外大、中专教材。同时，不少知名作家（如王蒙、冯骥才、林斤澜、沙叶新、聂鑫森、林希等）在从事其他文体创作之余，越来越多地涉足微型小说，不时献出一些精品佳作，他们的微型小说创作，起到了非凡的倡导示范作用。微型小说作为训练写作的最好学校，更是吸引了全国各地成百上千位微型小说业余创作者，曾发表过微型小说的作者估计不下一万人。这样一个多层次的庞大作者群，为微型小说的稳定发展奠定了基础。

微型小说迅速发展的最深厚的根源，是广大读者的热爱与支持。最近几年，在文学期刊发行量普遍下跌的大背景下，南昌的《微型小说选刊》与郑州的《小小说选刊》适应读者的需求，却由月刊改为半月刊，月发行量分别达到 70 万册与 60 余万册（2001 年，《小小说选刊》的月发行量最高时竟达 64 万册，对比一下，2001 年全国 400 多家纯文学期刊的月发行量约为 120 万册，而其中竟有一半为《小小说选刊》的份额），在文学刊物的销量上名列前茅。正因为有读者有市场，这几年全国在调整报刊结构中，微型小说的报刊的数量明显增加，由始初的两三家唱戏，变为时下的群雄并起。微型小说的图书也有了显著增加，其中仅百花园杂志社与相关出版社编选出版的《中国当代小小说排行榜》（上、下卷）、《中国小小说年选大系》、《中国小小说金麻雀获奖作品集》（第一、二届）等30余种图书，总字数超过3500万字，总发行量也近200万册。这一切，正如中国作协第六次代表大会工作报告所指出的："微型小说的创作，广受读者的欢迎。"

这些情况表明，微型小说在发展中，一方面，它越来越走向普及化，写微型小说的人越来越多，读微型小说的人也越来越多；另一方面，它又逐步走向专业化，一批专攻微型机小说创作的"专业户"已经形成，微型机小说在学术界也正成为一个独立学科。这种普及性与专业性的结合，使微型小说从短篇小说中分离出来另立门户的根基，不断得到巩固与加强。

正越做越"大"的中国微型小说，引起了海外各界的重视。东南亚、日本和欧美不少国家，近些年不断发表和出版中国微型小说作品和理论著作。微型小说成为与海外文化交流的一个重要文学品种，由中国微型小说学会与新加坡作家协会共同发起的世界华文微型小说研讨会，已经成功地举办了八届。中国微型小说在世界华文微型小说界的影响越来越大，正成为世界华文微型小说的中心。

微型小说经过二十余年的摸索与发展，正逐渐走向成熟。如今，它不仅有固定的核心刊物、稳定的作者群，也有自己的学会、研究会，更积累了一大批有分量的佳作。把微型小说视为一种独立的文体，对其进行理论探讨显得很有必要。以江曾培、凌焕新、刘海涛等人为代表的中国微型小说理论界，则在微型小说这一文体崛起之初便给予热情的关注，用自己各不相同的研究方式寻找、发现并确立微型小说理论建设的道路。2005年9月，中国小说学会第八届年会将"小小说现象"纳入批评视野，同年12月份，由中国小说学会、《小小说选刊》和《百花园》联合主办的"小小说理论高端论坛"在郑州举行，来自全国各地的专家、学者、评论家、作家济济一堂，纵论小小说（微型小说）发展的现状与未来，对这一新兴文体进行理论规范。这一论坛的举行，标志着微型小说这一充满朝气的文学新品种，已形成了巨大的公众辐射面和社会影响力，值得研究者从各个角度进行深层次的研究和思考。有"中国小小说教父"之称的杨晓敏（《百花园》《小小说选刊》主编）认为，小小说之所以未能引起社会各界包括文学界足够的重视，是因为"理论评论的巨大缺失"，他主张"应该把小小说文体置放在整个中国文学的大局中去审视，接受严格、规范的理论关注，才会进一步促进小小说的繁荣发展。"

二

随着微型小说的异军突起，一些曾经对微型小说不予重视的作家和批评家开始对微型小说给予了极大的重视，特别在批评方面，理论界和学术界的批评队伍不断壮大。自 1958 年，老舍发表《多写小小说》打响了微型小说理论批评的第一枪以来，茅盾、魏金枝等人先后撰写文章关注微型小说的创作。"文革"前后，微型小说在理论批评研究方面处于停滞时期，批评家在文学批评领域没有做出多大的贡献。如果去除"文革"前后这段时间，微型小说的理论批评可谓是经历了悠久而漫长的 30 多年历程。在这一历程中，华文微型小说的理论批评研究可以说经历了由单一到复杂、由幼稚到成熟、由抽象到具体的过程。"回顾 20 年来微型小说理论研究，其发展轨迹大致可以分为三个阶段：80 年代为理论草创期，90 年代前期为理论成熟期，90 年代后期至今为理论深化期。这种自觉的理论探索，大大促进了这一文体走向自觉。"[3] 在这几个阶段，国内外的不少有识之士在微型小说理论研究领域孜孜矻矻，以微型小说这一文学样式作为研究对象，着重探索其美学特质及其创作规律，以此来推进微型小说理论的成熟，因为唯有理论的成熟才意味着微型小说文体的真正独立。

国内：

前上海文艺出版总社社长、现任上海市出版工作者协会主席、中国微型小说学会会长、世界华文微型小说研究会名誉会长的江曾培先生，是中国大陆最早从国外引进"微型小说"这种名称并倡导这一文体的人。他和左尼先生等人一起，在大型综合性文学刊物《小说界》（1981 年创刊）上开辟了"微型小说"专栏，并且三十年如一日地把这个文学中的花色品种坚持不辍地办到今天。在他的带动下，上海文艺出版社聚拢了一批从事微型小说的编辑家、批评家、客串从事微型小说创作的名作家和一批从事微型小说创作起家的"专业户"。他在倡导推广微型小说的同时，也写下了大量的对创作非常有针对性、指导性的作品点评文字。这些篇什后来汇编成《微型小说面面观》一书出版，成为大陆微型小说界"雪中送炭"的入门手册。其中，他以晓江的笔名发表于《小说界》1981 年第 3 期上的《微型小说初论》一文，可以说是他从事该文体理论研究的发轫之作，该文从理论上比较系统、深刻地阐述了微型小说的方方面面，为当代微型小说的研究奠定了理论基础。另外，他还著有《微型小说的特征与技巧》一书，主编了《世界华文微型小说大成》初版（1992 年版）及修订增补本（1999 年版），"这部书稿在中国微型小说发展历程上的重要性有类于茅盾、朱自清、周扬等在新文学发轫期过后编就的《新文学大系》之于中国新文学史。"[4]2006 年出版的《微型小说鉴赏辞典》，由他领衔主编，该书的序言《微型小说初长成》，更显示出他理论的宏阔视野。

中国大陆微型小说理论的早期开拓者、中国微型小说学会副会长、世界华文微型小说研究会副会长凌焕新教授，既是一位理论研究的权威专家，又是一位出色的编撰者，他曾编选 9 册系列性的《微型小说选》、主编了微型小说领域开创性的宏伟工程——《中外微型小说精品鉴赏辞典》，出版了《微型小说艺术探微》《高考金榜作文与微型小说技巧》《微型小说美学》等研究专著，著作中所涉及的许多论题，诸如微型小说的艺术超越性、微型小说当代性品格、微型小说的本体意识等命题，均具有研究性、创造性、敏锐性，他以自己的研究提供给中国微型小说理论界诸多新颖的思想、深刻的认识。"他的研究并不完全仅仅写自己的一得之见或一家之说，他常常从全国微型小说创作的总体趋势出发，高屋建瓴地做出深入的概括、精辟的分析和颇富远见的预示"[5]。

广东湛江师院的刘海涛教授，其微型小说理论建树备受海内外小说创作界和理论界的瞩目，他的研究主要从写作学、创作论的角度构建微型小说文体最基本的创作理论，借助文艺创作理论和美学理论，从文体特征到选材立意到人物创造、语言运用、情节技法等方方面面的内容都做了论述。他已出版了《微型小说的理论与技巧》、《现代人的小说世界——微型小说写作艺术论》《规律与技法——微型小说艺术再论》《微型小说学研究》（三卷本）等理论专著，其理论研究以系统、全面、宏富见长，分析绵密入微，立论具体、深刻，深受广大文艺爱好者、创作者乃至研究者的欢迎。

中国矿业大学的顾建新教授，著有《微型小说学》一书，"是我国乃至华文世界范围内微型小说理论研究界第一个以'学科'建设的眼光并以'学'来命名微型小说理论建设而且以专著的形式来加以建构的人。"（姚朝文语）该著作以体式特征为切入点，分别从选材、情节、人物的作用等方面，阐述其与短篇小说的区别，特别是在如何看待微型小说的人物塑造这个关系到微型小说创作原则的根本性问题上进行了重点论述。

广东佛山大学的姚朝文教授，对微型小说情有独钟，自上大学、读硕士开始，就积极从事这项文体的研究工作，他著有《华文微篇小说学原理与创作》一书，提出"微篇小说"的主张，并从科学角度、模式、小说历史演进逻辑等方面加以论证。

有"中国小小说教父"之称的杨晓敏先生，也在繁忙的编务之余，写有大量的作品评论，并著有《小小说是平民艺术》一书，书中所提出的"小小说是平民艺术"这一观点，获得许多读者的认可。

另外，徐汗舟、郏宗培、郑贱德、赵曙光等对微型小说文体各构成要素的分类研讨，韦纬组的创作辅导，叶茅的讲评，杨昌江的鉴赏，袁昌文对技巧的执着，刑可集创作、编辑、理论争鸣于一身的文体探索，凌鼎年、沙鼋农等人的创作谈式批评，邱飞廉、吴金、冯辉、寇云蜂等人编辑眼光下的选评，都反映出中国大陆微型小说理论界的生机与活力。

台湾：

台北师范学院语教系的张春荣博士著有《极短篇的理论与创作》（台湾尔雅出版社 2004 年版）一书，该书对这种文体的中外历史源流、台湾创作与理论界所探索出的成果加以综述，其文献整理与集纳式的研究道路，中西融汇的语境等均有可资借鉴之处。

国外：

新加坡的黄孟文博士，以自己的微型小说创作和批评建立起他在世界华文创作界的盛誉。他撰写的《新加坡的微型小说（1986—1991）》等 14 篇评论微型小说的文章和 1 部《黄孟文微型小说选评》构成了他关于微型小说理论观点的基本框架。他积极倡导和支持微型小说这种新兴的文体，并积极探讨微型小说的名称、字数及其文体特征、艺术技巧。

日本东京国学院大学教授渡边晴夫先生长期从事于中日现当代比较文学研究，尤其在中日微型小说发展沿革及作品的选讲方面造诣突出。他曾多次参加世界华文微型小说国际研讨会，递交了颇有分量的《现当代中日两国微型小说交流的一端》、《当代日中两国微型小说的发展及其特色》等论文，从中可以见出日本学者治汉学细致深入的功底、严谨认真的态度和非要打破沙锅纹（问）到底的精神。

另外，新加坡作家协会的董农政、贺兰宁等人，泰国华文作家协会的司马攻先生，也均在创作之余，密切关注着华文微型小说理论的发展态势，纷纷撰写论文发表自己的理论见解。

对微型小说这种新兴的现代人的小说文体进行理论探讨,中国和东南亚一带的文学界并不是始作俑者。早在20世纪50年代,德国作家 Klaus Doderer 就以博士论文的方式探讨过德国的微型小说,他首次为这种文体的内容及外在型式下了定义,并区分了"无时间性的理想型"和"三种时间及技术性种类"两大类别。二十年后,他又推翻了自己的权威性理论,重新归纳了这种文体的四大特点:它比一般小说短;它没有开始;它的进行方式为直线型;它的结尾为开放式,且令人意想不到。60年代,美国的一位大学写作教授写出了一本名为《小小说的写作与欣赏》的理论著作。1967年,台湾文学评论家丁树南翻译了此书,并开始在台湾的《联合报》上连载,一年后又结集出版,并连印了20版。台湾作家姚明(彭歌)曾受此影响也写了一部《小小说写作》(1967年)。由此可见,虽然中国大陆、台湾等地在微型小说理论研究方面成绩显著,在探讨问题的深度和广度上取得较大进展,但美国、德国的作家、理论家却早在几十年前就已经开辟了这一块新的小说研究的理论领域了,这是我们应重视的问题。

三

经过近三十年的长足发展,微型小说的理论研究已取得了相当的成就,但是,现今的研究距成熟的微型小说学科建设还有一定的距离。微观的研究尽管已经有了相当的深度,但宏观的构架却还不见得很完善,从文体美学的角度来建设微型小说更高层次的"美学理论"仍然显得有些力不从心,从主体、创作、阅读、欣赏以及风格、流派等方面进行比较系统的研究还很不够。另外,在微型小说批评实践中所暴露出来的缺陷依然很严重,比如说,批评家对微型小说的批评不够全面、批评家审美方面的缺陷、批评家与作者之间缺少沟通等等。如何消除这些弊端,重建和谐公平的批评风气,批评家该如何培养说真话的勇气和创新精神、坚持正确的审美标准和自己作为批评家应该遵守的高尚人格,以便在微型小说批评建设中发挥不可忽视的作用,这些都有待我们进行进一步深入的研究。

注释:

[1] 江曾培:《微型小说初论》,见江曾培主编《世界华文微型小说大成》,上海文艺

出版社 1992 年，第 566 页。

[2] 柯灵：《小说行中最少年》，见江曾培主编《世界华文微型小说大成》，上海文艺出版社 1999 年，第 815 页。

[3] 刘文良：《二十年来微型小说理论研究述评》，载《甘肃社会科学》2002 年第 6 期。

[4] 姚朝文：《中国大陆微型小说的倡导者——江曾培》，见姚朝文著《华文微篇小说学原理与创作》，中国文联出版社 2002 年，第 253 页。

[5] 姚朝文：《中国大陆微型小说理论的早期开拓者——凌焕新》，见姚朝文著《华文微篇小说学原理与创作》，中国文联出版社 2002 年，第 255 页。

(本文发表于《文学教育》2011 年第 2 期)

中国当代微型小说理论批评的观照与反思

引言

在 20 世纪 80 年代以前，有一种文体在文学界几乎没有一点名气，它不被文学界看好，更不被社会大众接受与重视。在世人眼中，它只是一个附属品，从属于短篇小说。文学界的专家学者们并没有把它作为一种新的文体向大众展示出来，读者也没有意识到它的存在，它的锋芒远远不及长篇小说、中篇小说和短篇小说，小说创作界和理论界只把长篇小说、中篇小说和短篇小说并列为小说的三大品种。可是到了 20 世纪 80 年代以后，这种文体不甘心一辈子被压在其他文体的脚下，受尽凌辱；也不甘心一辈子就这样碌碌无为，毫无贡献地"活"着。于是它开始学会独立，学会绽放出绚丽夺目的光彩。它孕育着新的生命，充满了新的活力，如雨后春笋般茁壮成长起来。它迈着轻快的步伐来到我们身边。似乎就在一夜之间，文学界发生了巨大的格局变化，它被分割出来，成为一种新兴、独立的文体，成为小说家族中第四个成员，它终于可以和长篇小说、中篇小说、短篇小说平起平坐，并称为小说领域的"四大兄弟"。它就是微型小说（也称小小说、微篇小说）。有评论者指出："从短篇小说里分支出来的小小说，在这 30 年中完成了作为一种新兴文体的崛起之路，无论是读者群、作家群还是作品数量与质量，还是其固有的文学精神等方面，都堪称为当代文学的一道亮丽景观。"[1]有"小小说教父"之称的杨晓敏也曾这样归纳："30 年来，经过有识之士的倡导规范，经过报刊编辑的悉心培育，经过数以千计的作家们的创作实践，经过两代读者的阅读认可，小小说这种具有鲜明时代特色的文学新品种，终于从弱小到健壮，从幼稚到成熟，以自己独特的身姿跻身于中国文学的神圣殿堂。这不能不说是新时期文学史的一种奇迹，一个有创新性的、与时代进步合拍的文化成果。"[2]可以这么说，中国文学领域的知识分子精英文学和民间大众文学的潮流为它的萌芽与发展提供了崭新的艺术平台。

随着微型小说的异军突起，一些曾经对微型小说漠不关心、不予重视的作家和批评家开始对微型小说给予极大的关注，特别是在批评方面，理论界和学术界的批评队伍不断壮大，理论批评取得了一定收获，在各种报刊上发表了相关研究论文近千篇，出版了 50 多本理论批评专著[3]，有些理论著作还产生了不小的学术影响[4]。正是由于一大批作家及理论家的广泛参与，才使得微型小说的理论研究得以深化：一是微型小说创作理论从单纯研究创作技法上升到研究创作规律，理论研究视野获得扩大；二是相当一批作家既创作微型小说又研究微型小说（如邢可、刘海涛、凌鼎年、许世杰、郑贱德、谢志强、侯德云、李永康、雪弟、陈勇等），使微型小说的精品意识获得广泛认同；三是微型小说理论批评对象从国内扩大到了国外，地域性研究领域获得突破。

但由于中国微型小说的理论批评成长周期比较短，这使得其理论批评明显滞后于微型小说的创作实践，不可避免地存有不少不足之处，如多借用短篇小说和古典诗歌的思维方式及理论范畴来研究微型小说，未能形成一套自身的理论话语；多从写作学的角度来提示和归纳微型小说的艺术规律与创作技巧；理论与实践相脱节，甚至是就理论来谈理论，显得玄而又玄；与纯理论研究相比，微型小说的批评环节较为薄弱，还有待发展的无限空间，等等，不一而足。[5]

近半个世纪来，中国微型小说的理论批评研究经历了由单一到复杂、由幼稚到成熟、由抽象到具体的过程。1958 年，老舍先生在天津《新港》杂志发表《多写小小说》一文，大力倡导微型小说，可以说打响了微型小说理论批评的第一枪。"文革"前后，微型小说在理论批评研究方面处于停滞时期，批评家在文学批评领域没有做出多大的贡献。如果除去"文革"前后这段时间，微型小说的理论批评可以说经历了悠久而漫长的 30 多年历程。在这漫长的 30 多年之间，又可将其分为五个阶段：萌芽期、初步发展期、繁荣期、深化期和成熟期。

一

微型小说理论批评的萌芽期处于 20 世纪 50 年代末 60 年代初，这段时期可以说是微型小说理论批评开始的春天。老舍、茅盾等作家只是把研究的重心放在探究微型小说出现的原因上，积极提倡和宣传这种新文体。自老舍先生发表了《多写小小说》之后，茅盾先生更是在其基础上，于 1959 年第 2 期《人民文学》上发表《一鸣惊人的小小说》，最早对微型小说进行评论。"文革"结束之后，微型小说理论批评进入了初步发展期，微型小说作家和批评家主要从它的名称、定义等方面来探讨研究"小小说是什么"。[6]

20世纪80年代中期90年代初是微型小说理论批评的繁荣期，也是高潮期，社会上的知识分子和学者纷纷拥进批评的热潮中，这股热潮恰恰也带动了社会大众对微型小说的兴趣，使批评家更有激情投入到研究工作中。他们由研究"小小说是什么"转向研究"小小说的文体特点是什么"，并且从写作学角度深入研究小小说的创作技法。报纸杂志等媒体所刊登的关于微型小说研究方面的文章也越来越多。1984年至1985年，《微型小说选刊》《小小说选刊》先后在南昌和郑州创办，1992年，中国微型小说学会在上海成立。随后，小小说学会同样在河南郑州成立，这些刊物的创办及全国性学会的成立，均在不同程度上表明微型小说这种文体已经在文学界形成了一定的规模和声势，是不能被忽视的。

20世纪90年代中后期，随着读者对微型小说这种文体的钟爱，微型小说的批评对象开始从国内扩大到国外，创作理论也从研究创作技法上升为研究创作规律，微型小说理论批评进入深化期。

直到21世纪初，微型小说理论批评才进入成熟期。2002年底，由郑州《小小说选刊》、《百花园》、《小小说俱乐部》和郑州小小说学会联合设立的全国性奖项——"小小说金麻雀奖"正式启动。该奖项的设立，可以说进一步调动了广大微型小说（小小说）作者的写作热情，自发调节、改善着一支业余创作队伍的散兵游勇状况，对于倡导和规范微型小说（小小说）文体，催生一代高品位的重量级的微型小说（小小说）作家，带动出一个小说品种的繁荣起到重要作用。自2003年首届评选"小小说金麻雀奖"开始，现已成功评选七届（从第四届开始增设理论评论奖）。这一奖项填补了国家级文学奖项中微型小说（小小说）品种长期缺席的空白（纳入"鲁奖"前），已成为当代文坛极具影响力的重要文学奖项之一。

自2006年开始，微型小说已正式进入"中国小说排行榜"[7]，受到文学界的重视。它的研究队伍也在不断壮大，研究的形式多种多样，批评家的研究视野也更加开阔，进入了全面综合的领域。出现了一批在学术界产生广泛影响的学术著作[8]。

二

在现实生活中，人类面临的主要任务是对未知世界进行认知和判断。而在文学领域里，微型小说作为一种人类自己创作的精神产品，同样需要认知和判断。而微型小说的批评与创作相伴相随，也应当承担起认知和判断的功能，为文学领域建造起一座辉煌殿堂。许多微型小说批评理论书中强调批评家对微型小说的批评是一种分析和判断的过程。但是，随着文学观念的成熟和现代思想的深化，人们对文学的多样性和复杂性有了更深刻的理解，已经逐步意识到对于微型小说的创作不能仅仅停留在简单的认知和判断上。所以说，微型小说批评的作用和功能显然也不可能是单一的，批评家的姿态决定了自己将会侧重发挥批评的哪个方面的作用和功能。批评的本质价值在于构建一个充满意义的文学世界，而这个世界的构建又是以作品意义的诠释为基础的，所以说，诠释作品意义对于批评价值的实现有举足轻重的作用。批评家对于作品意义的诠释，选择了不同的批评路径。不同的批评方法从不同的路径进入作品，营造出的文学世界也是截然不同的。

世界上任何一样东西都不可能是十全十美的。同样，微型小说作为一种文学体裁，它也需要予以批评。俗话说得好：经济基础决定上层建筑。如果要撑起"微型小说"这座高层建筑，使它屹立于文学界的巅峰，打出一片属于它自己的江山，那就必须要有扎实深厚的基础，这个基础就是批评家能够在作品创作出来的第一时间给予批评。批评的态度要理性，批评的精神要诚恳，使其在原有的基础上有所突破与创新。批评家的批评对微型小说的创作起着无可替代的作用。如果没有批评，创作者又怎么会知道自己所创作出来的作品的不足之处呢？创作者也许还会自我陶醉，认为自己的作品完美无缺，没有漏洞，继而误入歧途，怎么会想到提高作品的质量，创作出更好的文学作品供读者欣赏呢？依我看，批评是不同时期文学发展必须要经历的阶段，它是文学发展的重要支柱，是保证文学繁荣发展的"基石"，它能揭示文学活动的规律，判断文学的得失。批评本身既能创造一种独立的思想文化价值，又能创造一种独立的艺术价值。一篇（部）伟大的微型小说作品的价值不仅仅体现在作品创作本身，更体现在批评家对它的批评。

批评家对微型小说批评的目的是要增强读者对作品的审美意识，善于在作品中发现美、追寻美，体现人的关怀和对良好社会秩序构建的理想。毋庸置疑，微型小说在理论批评这条道路上确实取得了可喜的成就，对微型小说的发展起到了推波助澜的作用。但是随着批评研究的深化与日趋成熟，批评所暴露出来的缺陷仍然很严重。比如说，批评家对微型小说的批评不够全面、批评家审美方面的缺陷、批评家与作者之间缺少沟通等等。

首先，批评不够全面，就是说批评家仅仅抓住了小说的某个侧面进行批评，这也就意味着会忽略对其他方面不足的批评。这是批评形态单一化的体现。批评家总是停留在纯理论批评研究上，只浮于表面现象，没有深层次进行研究，对作品的深度、广度、厚度缺乏全方位的挖掘。出现这种现象的原因是批评家对作品理解的程度还不够，不能洞察作品的独特之处，批评缺少创新意识，不敢大胆地发表心灵感悟。一种有创造力的批评，其实是在分享作者的想象力，阐明文学作为生命世界所潜藏的奥秘。最终，它是为了说出批评家个人的真理。

其次，在浩瀚无边的批评界，批评家对文学作品的审美态度和鉴赏能力一直占据着文学批评的阵地。大多数微型小说批评理论书中都强调评论微型小说其实和评论其他体裁的文学作品一样，要以一种审美的眼光看待作品。可是文学创作在大多数学者眼中是一个非常复杂的过程，而文学作品本身也充满着玄机，顷刻间要对它做出准确的审美判断并非易事，通常需要进行反复仔细的推敲，才能给出客观合理的评定。对微型小说作品的审美批评并不是绝对的，不同的批评家对作品发表的批评自然而然是不同的。造成这种现象的原因是文学批评家赏析作品的审美角度不一样，难以统一。

最后，批评家与作者之间缺少面与面的沟通。其实，微型小说的创作主体是人，它是写给人看的。也就是说，人类才是它生命存在价值的见证。批评不单单是批评家的工作，它也是作者的工作，作者必须在思想意识上与批评家达成共识，才有助于提高。这就需要两者之间交换意见，沟通交流。在个体话语之间必然存在种种冲突，但我个人认为，坚守合作精神是批评的底线。

虽然在评论界，许多批评家都提倡"批评要平等竞争，多层对话，形成规范，建立起文学批评的美学、伦理尺度，多关注和倾听外界大众读者的声音，杜绝腐败现象"。可是在当今这个商业化和娱乐化倾向越来越强的社会，大众对微型小说的批评不满的呼声越来越响亮。微型小说的理论批评发生了本质的变化，许多评论家不遵守批评的基本尺度和伦理底线，没有好好利用文学批评这片大好的"土地资源"，致使读者对小说批评也提出了质疑。杨晓敏曾经说过："小小说是平民艺术。"它与其他文类不同，它那贴近大众的特征使自身具有巨大的市场潜力。从微型小说的成长历程可以看出，它既是一种文学样式，也可以变为一个文化产业。在文学被商业日益挤压的环境下，微型小说的脱颖而出让创作者和批评家看见了它内在潜藏着的经济利益，众多报纸杂志都改变了原有的阵地，纷纷把微型小说作为发展方向。本来微型小说发表阵地的扩大也未必不是一件好事，但是有些报纸杂志根本不注重对创作者写作能力的培养和自身能力的提高，也不关注对作者阅读兴趣的引导，更不关注微型小说文体的规范，只专心于经济利益，迎合市场的要求。往更深层次讲，这主要也是价值取向的问题。一些批评受到市场经济的影响，成了金钱的附庸，社会对批评极端漠视，理论批评所花费的精神劳动与其应得的收入不成比例，这在一定程度上导致了批评队伍的无所作为和附庸倾向的发展，误导了某些作者的创作方向，对一些坚持微型小说艺术性和规范性的报纸杂志带来了无穷无尽的压力，致使批评失去其应有的效果，让某些有艺术价值追求但不具市场要求的作品难以发表，除此之外，一些批评文章淡化了价值的追求，主张非理性与偶然性，欣赏平面，削平深度，不分善恶美丑。一方面张扬创作多样与审美特性，另一方面又从中消解受到审美活动影响的那些最常规的社会规范。有不少学者认为：评论家根本就是在敷衍了事，根本没有尊重创作者的劳动成果，更没有考虑过读者的感受，评论家对于作品的评价根本不起任何作用，只不过是评论界的一个笑话。更有甚者，说微型小说批评正在走向终结，或者小小说批评已死。可见，微型小说的批评沦为评论界的贱民，这也是造成微型小说发展滞后的重大原因之一。我们都知道，有批评才会有进步。微型小说要是想突破当前发展的困境，有所创新，关键需要评论家们用一颗真诚的心去鉴赏文学作品，实事求是地给出自己的意见，不要因为某种客观原因而改变自己坚定的立场，真正建立起中国当代文学批评的理论体系。如果评论界的风气一直处于萎靡不振的状态，那么对以后微型小说的创作和发展都会造成不利的影响，微型小说将会很难走上健康稳定的轨道。大众读者不会再去阅读微型小说，微型小说将从此退出文学舞台，日渐萧条，走向消亡的境地。

三

在微型小说评论界，微型小说的字数是一个有争议性的话题，比较普遍的看法是，微型小说的字数应该控制在 1500 字以内，也有些专家学者认为应该控制在 1000 字左右。由于字数的缘故，有些批评家曾经妄下断语，批评微型小说只是人们茶余饭后作为消遣娱乐的一种工具，它不像中长篇小说那样能够用大量的语言细腻地表现人物的内心世界和丰富情感，以及用大量的文字支撑起人物、故事情节、环境这三个要素，阅读之后没有一定的实在意义，没有丰富的营养价值。这样的批评引起了许多读者的强烈不满，大众读者认为微型小说虽然短小精悍，但它却能深刻地表达出它所要表达出来的含义、哲理和思想。它就如一盒压缩饼干，表面看上去很小，不够"吃"，"吃"不饱，但只要你怀着一份满足的心理去细细品味它，你就会明白其中的妙不可言之处，你会发现它并不是毫无营养价值可言的，它的营养价值全被浓缩在一起了，只要你把它提炼出来，在脑中加以整理，便是价值含量很高的"营养品"。微型小说由于篇幅精短，所以不可能叙述多个复杂的事件，而只能叙述由一个具体事件构成的情节，但是并不是所有具体事件都能成为微型小说的描写题材，只有孕育着具体事件的前因后果，又汇集着许多生活内容的事件才是微型小说表现的"单一事件"。微型小说的篇幅短小的这个"小"是蕴含了某种丰富内涵的小，从另一方面来说，这个"小"的实际意义是体现为一种"精"，这是它的名字中"微"的具体体现。微型小说不像中长篇小说那样能够用大量文字来描述信息，直接对重大政治事件或社会问题进行细致的描写，细腻地表现人物的真情实感。批评家因为字数的原因就去否决微型小说的阅读价值，这未免有些武断。如果微型小说都和中长篇小说一样用大量文字去表现文学，那又怎么称得上微型小说呢？又怎么体现其独特性呢？这类批评家在不去读懂作品，甚至读作品的前提下就妄加批评，这与真正的文学批评精神是格格不入的。

坚守独立自由的原创性是微型小说批评的底线。目前有不少批评家放弃了批评的独立性。许多批评家，包括文学界一些享有盛誉的名人常用一些诸如"短小精悍""以小见大""以微显著""选材精粹""构思精巧""语言优美"等一系列套话来对某作品进行评价，这些话原本可能用在诗歌、散文等文体上，但现在也被这些批评家像用"万能公式"一样冠冕堂皇地套用在了微型小说身上。这是不负责任的表现，是欺骗作者与读者的恶行，他们对自己的评论缺乏必要的限制，在实用主义的范围内，他们想好好运用鲁迅先生所提倡的"拿来主义"精神，将其他批评家运用过的批评模式运用到微型小说批评中，致使微型小说批评的独立品格日渐消失。他们完全错误地领会了"拿来主义"的精髓。作为一种新兴文体，微型小说批评太需要"原创"了。一个批评家如果真心想要推动微型小说的繁荣发展，用自己的批评感染作者与读者，那必须将自己的生命投入其中，既然作家可以用自己的生命谱写新的篇章，读者可以身临其境般阅读作品，批评家难道就不能点燃自己照亮其批评对象吗？在中国文学批评中，真正为批评界的发展而考虑的批评家越来越少了，而把批评当作博取名利的工具使用的批评家太普遍了。只有当微型小说批评主体建立了属于自己的独特性，它才能尊重其他个体的批评，并在个体的独立性受到威胁时为捍卫其尊严而不惜付出一切代价。

　　微型小说批评除了缺少独立性之外，还缺少建设性。所谓"建设性"，就是敢于说真话，敢于从崭新的角度批评，敢于打破其他批评家的传统，建立自己的批评研究体系。当然，批评要有理有据，不能胡说八道，更不能否决其他批评家原来正确的评论，如果一个批评家为了批评的建设性而挖空心思，想要发明"独门秘方"，结果却研制出"毒门秘方"，那就是误人子弟了，毒害无辜大众思想的行为。德国文学批评家赫尔德曾经说过："批评家应当设身处地去体会作者的思想感情，怀着作者写作时的精神去阅读他的作品，这样做有困难，然而却是有道理的。"[9]建设性的批评关键是批评家怀着善意指出作品的潜在价值。一个批评家如果怀着恶意的姿态批评，那他的批评肯定是不具备建设性的。

　　目前，微型小说批评缺乏建设性的表现是评论界存在对微型小说作品过分地"棒杀"和"捧杀"。从媒体、报纸以及研讨会上，我们不断听到某某评论家对某作品的大肆渲染夸张的吹捧表扬，也听到他们对某作品过分地贬低批评。其实，有些作品虽然取得了较高的成就，但并没有他们所说的那么优秀，只不过是迎合某种时代需要出现的作品，甚至还存在着明显的模式化缺陷，但却被我们的批评家捧得天花乱坠，得到了不切实际的高度推崇。而被极力贬低的作品也并不像他们所说的那样不堪入目。这些进行文学批评的人又恰好是戴着批评家光环的人，在读者眼中，他们是批评界的权威人士。可是，他们这样不负责任的批评又怎么会让人产生信任呢？读者生活在这样一个没有经典、没有大师的荒诞的文学领域中又怎么会得到进步呢？读者在没有精神导师的情况下又怎么会不感觉到迷茫呢？

　　许多评论家虽然清楚某一作品存在哪些方面的缺陷，可是因为要顾及到作家的面子，本着爱护作者和作品的目的，怕伤害到作家的自尊心和创作的积极性，批评不能敞开心扉，不能切中要害，不得不勉为其难地夸大其词，给予高度的评价，遮掩作品本身的缺点，这就是所谓的"捧杀"。这样的做法不但蒙蔽了创作者的双眼，而且蒙蔽了读者的双眼，误导了读者对作品本身质量高低的判断，这既不利于作品质量的提高，相反还会在评论界造成消极的影响与恶劣的风气。试着想想，评论家光顾着拍创作者的马屁，对作品的评价不够"丰富"与"旺盛"，这好似在给读者服一种"慢性毒药"，刚一开始还不要紧，只会令读者头昏目眩，脑中迷迷糊糊产生错误的文学审美观念，时间久了，便会令人"气绝身亡"，后果一发而不可收。这种错误的观念会在大脑中形成思维的"惯性"，把原本有缺陷的东西当成完美无缺的东西，这也称得上是一种"思维定势"！如果是积极的"思维定势"，那倒还好，有纠正的机会。如果是消极的"思维定势"，那可就糟了，它是束缚创造性思维的枷锁。

也有批评家认为，批评就是毫无顾忌地骂，就是要从鸡蛋里挑出骨头，即使原本没有那么严重的问题，也要将它严重化。这就是所谓的"棒杀"。他们完全扭曲了批评的目的，批评的目的不是要把批评对象当成敌人一样摧毁，而是要把批评对象当成有价值的东西，同时要与作者一起将这个有价值的东西建设好。这种"棒杀"式的批评，不仅蔑视作品，而且还夹杂着格调低下的人身攻击，这样一种以谩骂讥讽代替批评的不良文风，在微型小说评论界是有增无减。难道"骂"是一种真正理性的批评吗？鲁迅并不反对破坏性的批评，他认为当批评家怀着善意的心理去进行破坏性批评的时候，他的目的是要通过破坏引起创作者的惊醒，他就会谨慎地使用破坏性武器，实事求是地给出自己的意见。他所反对的是批评家在批评中采取诸如迎头痛击、冷笑、抹杀等恶意批评的姿态，他坚定地表示过：对于怀有恶意的批评家，无论打着什么样的旗号的批评，都是可以置之不理的。在尚未认真阅读作品的情况下就张口大骂，是无视批评对象的客观性而主观性过度膨胀的表现。那只不过通过骂名人制造一些热点，让自己出名罢了。

在文学领域，微型小说作为一种新文体，它的批评其实也是一种心灵的写作。当微型小说的创作需要批评做参照物时，批评家们不仅没有以客观的批评态度出现，而且还制造不必要的批评弊端——用一些套话蒙蔽读者的双眼，以奉承的态度讨好或以棒骂的态度去摧毁作品等，这些庸俗的批评是文学批评界的真正"天敌"。这种批评态度和精神不仅是语言的失控、审美的无能，更大程度上是人格的破产。

结语

微型小说批评需要的是独立、批判和建设的精神和品格。批评的意义是批评家以独特深邃的艺术视角去感悟作品，指出作品的成败与得失，揭示作品对人类文明的促进或阻碍，进而启发作者，感染读者，以利于微型小说的不断进步和超越。批评其实也是一种心灵的写作，批评的本质是培养公正严明的品质和敢于说真话的勇气，摒弃那些庸俗的、言不及义的、有意夸大和贬低的批评。一位真正成功的批评家，必须是微型小说的钟情者，而不是借微型小说"混饭"的谋生者，批评家自身必须具备广博的学识、敏锐的洞察力和高尚的人格。前两者可以通过不断地学习和实践得以提升，而高尚的人格是一个人与生俱来的，它是批评家是否能做出客观合理批评的基础，它也是一个批评家是否具备强大责任感和是否具备批评资格的基础。此外，批评家既要坚持批评的审美标准，又要坚持批评的艺术道德。既要对小说内部的结构和形式进行分析，阐述和解读，又要保持正义感，要有艺术良知，敢于发出自己心灵深处的真实声音，而不是没有主见，与世俗同流合污，着眼于批评之外的利益关系。微型小说批评是和批评界的风气建设有机结合在一起的，所以说，微型小说和谐的批评大门还需要批评家敲开，批评家只要坚持正确的审美标准和自己作为批评家应该遵守的道德规范，就会在微型小说批评建设中发挥不可忽视的作用。

注释：

[1] [3] [5] 张春：《小小说：当代文学的一道亮丽景观》，载《人民日报》2009 年 3 月 27 日。

[2] 杨晓敏：《小小说·文学梦——30 年小小说流变及其意义》，载《文艺报》2014 年 3 月 26 日第 7 版。

[4] 其中王晓峰的《当下小小说》、刘海涛的《微型小说学研究》（三卷本）、凌焕新的《微型小说美学》、雪弟的《当代文学格局中的小小说》、赵富海的《杨晓敏与小小说时代》、顾建新的《撷英集》等理论著作分别获得具有全国性、权威性和公正性，正在成为中国当代文学事业中的重要奖项之一的中国当代小小说领域最高奖——"小小说金麻雀奖"。

[6] 这类文章主要有费秉勋的《"小小说"名目妄议》（载《新文学论丛》1980 年第 3 期；晓江的《微型小说初论》（载《小说界》1981 年第 3 期）；张炯的《浅论微型小说》（载《文学报》1982 年 6 月 17 日）、凌焕新的《微型小说探胜》（载《克山师专学报》1983 年第 4 期）等。

[7] 《小小说（微型小说）首次列入"中国小说排行榜"》，www.xinhua. net.com，2006 年 3 月 8 日。

[8] 如凌焕新的《微型小说艺术探微》（南京师范大学出版社 2000 年版），顾建新的《微型小说学》（中国文联出版社 2000 年版），姚朝文的《华文微篇小说学原理与创作》（中国文联出版社 2002 年版），刘海涛的《规律与技法：转型期的微型小说研究》、《历史

与理论：20世纪的微型小说研究》、《群体与个性：世界华文微型小说家研究》（中国社会科学出版社2002年版），杨晓敏的《小小说是平民艺术》（河南文艺出版社2006年版），江曾培的《江曾培论微型小说》（上海文艺出版社2008年版），陈勇的《中国当代微型小说百家论》（内蒙古人民出版社2011年1月版）、《世界华文微型小说百家论》内蒙古人民出版社2012年版），凌焕新的《微型小说美学》（凤凰出版社2011年3月版）等著作。

[9] 贺绍俊：《倡导建设性的文学批评》，载《光明日报》2009年8月21日。

参考文献：

1. 凌焕新：《微型小说艺术探微》，南京师范大学出版社2000年。

2. 张春荣：《极短篇的理论与创作》，（台湾）尔雅出版社1999年。

3. 顾建新：《微型小说学》，中国文联出版社2000年。

4. 姚朝文：《华文微篇小说学原理与创作》，中国文联出版社2002年。

5. 邢可：《怎样写小小说》，中国华侨出版社1996年。

6. 杨昌江、甘德成编：《微型小说——技法与鉴赏》，学苑出版社1990年。

7. 袁昌文：《微型小说写作技巧》，学苑出版社1988年。

8. 刘海涛：《微型小说学研究》（三卷本），中国社会科学出版社2002年。

9. 江曾培主编：《世界华文微型小说大成》，上海文艺出版社1992年。

10. 江曾培：《微型小说面面观》，百花洲文艺出版社1993年。

11. 江曾培：《小说虚实录》，海峡文艺出版社1989年。

12. 江曾培：《微型小说的特征与技巧》，香港明窗出版社1998年。

13. 江曾培主编：《微型小说鉴赏辞典》，上海辞书出版社2006年。

14. 杨晓敏主编：《百花园·小小说理论》，2004年增刊，百花园杂志社2004年。

15. 杨晓敏主编：《小小说课堂》，百花园杂志社《小小说选刊》编辑部编辑出，2006年增刊。

16. 凌焕新：《微型小说美学》，凤凰出版传媒集团凤凰出版社，2011年。

微型小说文体特征刍议

摘　要： 微型小说之所以能够从长中短篇小说中正式剥离出来，另立山头，自成一家，成为小说家族中的第四个成员，首先是因为它形成了自己独特的美学品格和美学价值。微型小说的文体特点（即精短化的篇幅、精当化的选材、精巧化的构思和精美化的语言）决定了它有不同于一般小说的构思方式和写作规律，科学地深入地探讨、把握这个特点和规律，无论是对微型小说的创作，还是对微型小说的欣赏，都是十分必要的。

关键词： 微型小说文体特征；精短；精当；精巧；精美

中国的微型小说自 20 世纪 80 年代初开始登上历史舞台时，恰逢当代文学的转型，此后随着市场经济的深入发展，文学逐渐退居边缘，失却主流地位，陷于尴尬的境地。而在此大背景下，作为"中国小说界第四个家族"的微型小说却一枝独秀，以其独特的风采，从"文坛主流的侧翼、边缘地带"，"以自己的方式——有人称之为民间性——悄悄发展自己，壮大自己"[1]，由孱弱到健壮、由幼稚到成熟、由备受冷落到终获文坛认可[2]，经过近 30 年的发展，它已经卓然独立，渐成气候，日渐兴旺繁荣，并以燎原之势占据了纯文学市场的大半壁江山。走过了一条崎岖艰难却又执着顽强的生存之路的微型小说对文学本身的发展具有强大的推进价值，并且在文化建设、传统继承、精神文明的弘扬等方面都做出了巨大贡献。

微型小说在时代发展中的"异军突起"、蓬勃旺盛的生命力令人刮目相看，这引发了人们对这一独特文体的关注与研究。在日渐低迷的文学困境中，微型小说的成功也许能够为其他文学品种的发展提供一些寻求出路的有益借鉴与启示。当然，时下的微型小说在繁荣发展的同时也存在着诸多现实问题（比如作品精品少、理论研究匮乏以及作者队伍整体素质不高等），而这些问题都是值得深入思考和研究的。

　　微型小说之所以能够从长中短篇小说中正式剥离出来，另立山头，自成一家，成为小说家族中的第四个成员，首先是因为它形成了自己独特的美学品格和美学价值。微型小说的文体特点决定了它有不同于一般小说的构思方式和写作规律，科学地深入地探讨、把握这个特点和规律，无论是对微型小说的创作，还是对微型小说的欣赏，都是十分必要的。

　　许多研究者曾从不同的角度对微型小说的文体特征做出过不同的理论探讨，体现了他们对这种小说体制的思索和认识。[3]

　　我们研究微型小说的文体特征有一个逻辑起点，沿着这个逻辑起点，就可以推导出一系列理论观点，而这个逻辑起点，就是微型小说精练的字数和短小的篇幅。微型小说的艺术样式不管怎样千变万化，它仍然是小说，仍具有小说的基本品格和一般特征。它不是微型的寓言，也不是微型的小品文，更不是"微型新闻"，不能忘了微型小说的本体。作家唐栋认为"既然是小说，那么不管它有多小，小小说也要尽可能地做到完整和塑造人物，没有鲜明的人物形象的小小说同样是苍白的。……小小说的特征在于它首先要是小说。"[4]也就是说微型小说要备一般小说的特征和品质，但同时又是特定字数、篇幅限定下的小说。这种限定必然使它在选材、构思、语言等方面形成它不同于一般小说的特点和规律。因此，我们可以沿着这个思路，来对微型小说的文体特征进行探索和考察。

特征之一：精短化的篇幅

　　微型小说最明显的形体特征就是篇幅短、文字少，"短，是微型小说本体的基本特征。……不短，就不是微型小说。特征，既是醒目的标志，又是一种限制，一种界限。""短，也是微型小说的美学特性。短，既是出于对读者的尊重，尊重读者的审美需要，也是为了使微型小说获得诗的蕴涵和品位，拓展更广阔的审美空间。"[5]当然，这种短小并不是一般意义上的短小，而是一种有着丰富艺术蕴涵的精短。

　　关于微型小说的字数限定，研究界有着不同的观点，有的认为字数应该定在1000字左右，有的认为3000字以内的均可称为微型小说，还有的研究者认为2000字左右较为合适。当然，用一个十分具体的数字来硬性规定微型小说的字数并不符合创作实际。但反过来，如果不对它的字数做出任何限定，任意把它放宽到 2000、3000 字，甚至更多，那势必很容易模糊微型小说和短篇小说的文体界线，不能明确地揭示微型小说的文体特点。

正如江曾培先生所说："对微型小说的'微''小'，人们首先着眼于它的篇幅微小，因而一般也是首先从字数上界定它。一篇微型小说字数的上限，多少为好，一千字、一千五百字、两千字、三千字有着几种不同的主张。在我看来，以千字左右为宜，'左'一般不'左'过一千五百字。因为如果把微型小说的字数上限提得过高，也就把短篇小说的字数下限提高。三千字还算微型小说，最短的短篇小说不也要四、五千字吗？日前小说是越写越长，越写越'水'，微型小说的发生、发展，本有顺应小说文体精炼的要求在，如果这样，反会起逆反作用。同时，就微型小说自身来讲，也只有真正在'微''小'篇幅中显示出身手，才能显示自己的特长、作用与价值。在篇幅与字数上向短篇小说靠拢，会滑向'微型小说短篇化'，这对微型小说独立品格的形成也是很不利的。"[6]

根据微型小说的创作实际，创作界、研究界不约而同地把微型小说的字数限定在 1500 字左右。有"小小说教父"之称的《小小说选刊》主编杨晓敏就认为小小说字数的黄金分割点在 1500 字，不能太多，也不能太少。而这种看法与1994 年底在新加坡召开的首届华文微型小说研讨会上的讨论结果是相一致的。各国学者与微型小说作家也都倾向于 1500 字的大致框限。[7]

特征之二：精当化的选材

微型小说的精短篇幅首先制约了它的选材。选择什么样的题材，对微型小说来说是个既简单又复杂的问题，关键在于作者的艺术感受力。所谓"简单"，是说微型小说的选材广泛而多样，几乎什么样的题材都可以写；所谓"复杂"，指的是"精"，是新颖奇特，是高标准而不是随便一个素材就能敷衍成一篇微型小说的。客观一点讲，微型小说的选材确实是相当广泛、多样的，但是要想创作出传世的微型小说精品、佳作，那也不是轻而易举就能做到的，重要的是要努力从别人没有表现过、没有思索过、没有发现过的生活中"发现"出美来。著名微型小说作家白小易就认为，微型小说素材的获取往往与作者的性格、习惯和文化素养等因素直接有关，它更需要的是敏锐的艺术感受能力。

不管是直接从千姿百态的生活当中选取现成的、完整的微型小说材料作为创作素材也好，还是采用文学创作典型化的方式，按照微型小说的题材规范，进行认真细致的提炼加工（如改头换面式的创造、移花接木式的组合、天马行空式的虚构等），其目的都是为了使微型小说的选材精当、精粹。

特征之三：精巧化的构思

微型小说篇幅的精短也相当深刻地影响了它的构思方式。篇幅的精短使得微型小说在给读者所提供的信息量方面无法与长中短篇小说竞争。因此，它只有努力提高信息质量，并且讲究信息的艺术传达形式才能形成它的"速率审美刺激"（即在短时间内获得高效率的审美刺激）。精粹的选材，这是微型小说从作品内容方面提高自己的信息质；而精巧的艺术构思，则是它从艺术表达形式方面来提高自己的信息质。这也就是为什么微型小说比任何一种体制的小说更加讲究构思的缘故。作家蒋子龙认为，微型小说的创作，"更像一种智力测验。"[8]这个见解相当中肯。微型小说的创作实际上就是通过其艺术构思来检验一个创作者的才华和文思，创作者的构思越精巧，那么微型小说就越能体现它独特的情节趣味和艺术魅力。

微型小说的精巧构思主要体现在两个方面，即设置精致巧妙的情节和确立深刻新奇的立意。

在了解、掌握了微型小说刻画人物、描写事件的特点之后，创作者在构思微型小说作品时，首先应该考虑如何设置一个精致巧妙的情节，微型小说创作的"智力竞赛"，实际上就是看谁能巧妙地制造出"既出乎意外，又合乎情理"的情节效果。

另外，微型小说速率审美刺激的实现在很大程度上依赖于作品深刻新奇的立意。作家邢可认为："小小说是立意的艺术，小小说的本质特征就在于这'立意'的确立与表现。"[9]要想在精短的篇幅里体现出对生活深刻穿透力，就必须通过精巧的艺术构思，使微型小说作品的立意出新、出奇，能发人深省、令人深思而又回味无穷。

特征之四：精美化的语言

微型小说的语言有它独特的特点。篇幅的精短，使得微型小说在语言的运用上很难泼墨如雨，而只能惜墨如金。微型小说研究者叶茅指出："短中长篇小说略有语言的垃圾，人们或者可以忽略过去；而微型小说一旦出现语言的毛病，哪怕稍微一点点，读者也难以原谅。一千多字的篇幅附带几十字的语言垃圾，这比例可不小！所以语言必须具有自己的光彩，而这种光彩是微型小说所特有的，短中长篇小说所难代替的。"[10] 微型小说的语言"必须具有自己的光彩"，也就是说有它自己的不同特点。

微型小说的语言主要是叙述，是一种叙述性艺术语言。这是由叙述语言的特点及微型小说独特的艺术追求（如篇幅精短，不太允许大量使用描写语言及人物的对话语言；主要通过陈述一个或几个细节单元来突出表现作品的立意，只求把事理讲明白，并不刻意寻求形象的丰满等）所决定的。其叙述语言具有吝啬性（即短小精悍）、概括性（但绝不概念化）、膨胀性（主要指两个方面：一是言简意赅，二是言外之意）及跳跃性等。

当然，微型小说并不排斥使用描写语言和人物的对话语言。但在使用描写语言时，它多运用一种简练、质朴的能突出、勾勒对象特征的白描语言。由于它是简练、朴素的白描，所以这种笔墨相当经济；又因为它是能突出对象特征的白描，所以它又是相当生动的语言。在使用人物对话语言时，要尽量精选一些含有丰富潜台词的人物语言，还要注意精选一些兼有动作性的人物语言。

微型小说就是通过它这种带有吝啬性、概括性、膨胀性、跳跃性的叙述语言，通过它特征突出、形象鲜明的白描语言，通过它包含有丰富潜台词的和兼有动作性的对话语言来实现它在语言运用上的精美、精练的特点的。

了解、掌握微型小说独特的文体特征，是我们鉴赏、解读及创作微型小说的必要前提。

注释：

[1] 王晓峰：《小书大文章——评杨晓敏的新著〈小小说是平民艺术〉》，见《当下小小说》，文化艺术出版社 2008 年，第 187 页。

[2] 2010 年 3 月，中国作家协会发布了最新修订的《鲁迅文学奖评奖条例》，正式明确将微型小说文体纳入鲁迅文学奖的评选范围。

[3] 如南京师大文学院教授凌焕新先生在《微型小说的美学特征新论》（见《南京师大学报（社科版）》1991 年第 4 期）一文中，把微型小说的美学特征概括归纳为"机智化的单纯美"、"特征化的简约美"以及"诗化了的神韵美"；中国作协原党组书记、副主席瞿泰丰则把微型小说的文体特点概括为"短中见长、小中见大、微中见情"（见《小小说选刊》2000 年第 23 期），等等。

[4] 见《小小说选刊》1997 年第 11 期。

[5] 凌焕新：《微型小说的短之美》，见凌焕新著《微型小说美学》，凤凰出版传媒集

174

团凤凰出版社2011年3月版，第42页。

［6］江曾培：《在单一情节中丰富表现功能》，载《小小说选刊》1991年第11期，第61页。

［7］当然，这种传统的微型小说与新兴的"微小说"或"博客体小说"，在字数约定、叙述方式及阅读方式等方面均有较大不同。可参见刘海涛：《博客体小说的分析与猜想》，见《南方文坛》2011年第3期。

［8］蒋子龙：《关于"微型"的沉思》，见江曾培主编《世界华文微型小说大成》，上海文艺出版社1992年，第665页。

［9］邢可：《怎样写小小说》，中国华侨出版社1996年，第12页。

［10］叶茅编著：《世界微型小说精选简评集》，广西民族出版社1988年，第412页。

（本文发表于《文学教育》2012年第2期）

微型小说创作艺术谫论

摘　要：创作者在进行微型小说创作时，应该了解、遵循微型小说的文体特征（即精短化的篇幅、含蓄式的立意、精巧化的艺术构思及印象式的人物等特征）和写作规律，在题材选择、人物塑造、立意表现、结构方式、语言运用及艺术样式等方面凸显微型小说的独特魅力。

关键词：微型小说创作；题材选择；人物塑造；立意表现；结构方式；语言运用；艺术样式

在进行微型小说创作时，我们应该紧密结合、严格遵循微型小说的文体特征（即精短化的篇幅、含蓄式的立意、精巧化的艺术构思及印象式的人物等特征）和写作规律，在选材、人物塑造、立意表现、结构方式、语言运用及艺术外观等方面凸显微型小说的独特魅力。

关于微型小说的题材选择

微型小说的精短篇幅首先制约了它的选材。选择什么样的题材，这对微型小说来说是个既简单又复杂的问题，关键在于作者的艺术感受力。所谓"简单"，是说微型小说的选材广泛而多样，几乎什么样的题材都可以写；所谓"复杂"，指的是"精"，是新颖奇特，是高标准而不是随便一个素材就能敷衍成一篇微型小说的。客观一点讲，微型小说的选材确实是相当广泛、多样的，但是要想创作出诸如《陈小手》《立正》《永远的门》等传世的微型小说精品、佳作，那也不是轻而易举就能做到的，重要的是创作者要努力从别人没有表现过、没有思索过、没有发现过的生活中"发现"出美来。著名微型小说作家白小易就认为，微型小说素材的获取往往与作者的性格、习惯和文化素养等因素直接有关，它更需要的是敏锐的艺术感受能力。

不管创作者是直接从千姿百态的生活当中选取现成的、完整的微型小说材料作为创作素材也好，还是采用文学创作典型化的方式，按照微型小说的题材规范，进行认真细致的提炼加工（如改头换面式的创造、移花接木式的组合、天马行空式的虚构等），其目的都是为了使微型小说的选材精当、精粹。

微型小说的选材要精，也就是说要善于发现，要从别人没有表现过、没有思索过、没有发现过的生活当中"发现"出亮点和美来。这就要求创作者应该具有敏锐的艺术感受能力。刘海涛教授认为，一件平凡普通的小事，你如果从更高、更深角度去感受它、体验它、挖掘它，你完全能够从这件平凡的小事开掘出深刻的主题来。而问题的关键是在于创作主体对客体的观照和把握。[1] 邢可曾经就杨东明的微型小说《混浊》[2]谈过这么一段体会："这件事原是发生在三门峡水库的一件真事。我于六十年代初曾在三门峡水库守坝部队工作过，多次听人讲过这件事。但我只是听听而已，从未想到要把这一生活中的真实事件写成小说，也没有看到这件事情背后蕴含的哲理。可以说，它没有引起我的任何注意和重视。直到 1986 年，看到杨东明的小小说《混浊》，我才恍然大悟，悔恨不已。对于这件事，我肯定比杨东明先知道；而论年纪，我又比他大，可是我为什么没有写，而他却写了，而且写得那么好呢？关键是对生活素材的敏锐程度和思考的深度不同。这是很值得我们深思的。"[3] 著名微型小说作家凌鼎年也认为，要想写出优秀的微型小说，重要的是作家要有思想，要站得高点，看得远些，要有超前意识，要善于发现别人未能发现的现象。所以，搞创作的人，要热爱生活，做生活的有心人，要时时、处处比别人多个心眼，要多看、勤思，要像罗丹所说的那样，"在别人司空见惯的东西上，能够发现出美来。"只有这样，才会有写不完的素材，也才能写出好作品。

我们在选择微型小说的创作素材时，既可以选择自己所熟悉的生活，比如校园生活、军旅生活等等，也可以选择有生活哲理的素材，还可以选择自己暂时不理解但却很有新意的生活。当然，在选材的过程中，还应当根据微型小说的创作规律，对所选择的素材进行认真、细致的加工提炼工作，可以像《客厅里的爆炸》（白小易）等作品那样进行改头换面式的创造，也可以进行移花接木式的组合，还可以像《女匪》、《蚊刑》（孙方友）、《武松杀嫂》（贾平凹）、《与周瑜相遇》（迟子建）等作品那样进行天马行空式的虚构。

关于微型小说的人物塑造

微型小说要想产生真正的佳作，必须遵循小说的这一条艺术规律：创造鲜活生动的人物形象。微型小说如何在自己的文体特征和写作规律的限制中来塑造人物，其写人有哪些特殊的要求，这都是在进行微型小说创作时所必须考虑的问题。

微型小说独特的文体特征决定了其人物形态和一般长中短篇小说的人物形态是不相同的。

我们认为微型小说的人物形态主要有这么几种：1. 特征型人物。它一般只刻画人物性格的某一个侧面或人物性格某一个侧面中的某一个性格元素，像《立正》中的战俘连长、《茶垢》中的史老爹、《苏七块》中的苏金伞、《陈小手》中的陈小手、《手黑大帅》中的张作霖等人物形象，作品均着力刻画人物的某一性格元素，这些人物形象的典型性不亚于其他类型的小说。2. 观念型人物。它主要表现人物的某种思想观念，对这种人物类型，作者并不着重刻画其性格特征，而是特别强调人物本身所代表的某种思想观念。这种人物很少有背景烘托，几乎没有环境描写，也没有人物外貌的特点勾勒，但这种人物形象却非常鲜明地概括着生活中的某一种哲理，以至于一提起某个微型小说人物，我们就能立刻联想到一种观念与其相对应。像王蒙的《雄辩症》、《常胜的歌手》，冯骥才的《胖子与瘦子》，沙叶新的《饱学之士》等人物形象，均是现实生活中某种观念的代名词。3. 心态型人物。这种人物类型主要描写人物的内心思绪或心理活动，如贾平凹的《武松杀嫂》，蔡楠的《我发现你头上有把刀》，曼斯菲尔德的《深夜》等作品，均以细腻的笔触来描摹人物的内心思绪。

了解了微型小说人物形态的特点之后，应集中精力从现实生活中选取那些具有典型性的能表现人物性格特征的艺术细节。这个典型性细节应该通过独特的行为方式（即"如何做"）来着力表现人物独特的行为内容（即"做什么"），另外，还要深入地体味、琢磨人物行为的价值（即人物在完成这一行为内容时所付出的代价），还可以进一步揭示人物的行为动机。如入选《中国新文学大系1976－2000微型小说》的微型小说《地毯》（航鹰），作品中的迟教授要处理自己的稿费，这是其行为内容；但他处理稿费的方式却是买了一件令人不可思议的价格昂贵的地毯；更让人感到意外的是，买回来的地毯不是铺在迟教授自己家里，却是铺在楼上别人家里，这是他处理稿费过程中所付出的代价；作品的最后，把迟教授之所以这么做的目的简要地揭示出来，原来他是怕楼上年轻人的跳舞喧哗声干扰、影响自己的学术研究与写作。

微型小说在塑造人物形象时，可以采用多种方式。既可以采用"人物实写"

的方法（即人物在小说情境中全方位展现，以人物的言行构成作品的内容主体），如《苏七块》《剃头阿六》《王连举》《陈小手》《岳跛子》《高等教育》等微型小说精品都是采用这种手法来塑造人物形象的。也可以采用"人物侧写"的方式（即人物在小说情境中部分展现，作品所着力突出表现的人物在小说描写中仅仅是一个次要角色，作品所花费的笔墨没有超过另一个人物），如《丰碑》（李本深）中的军需处长，《杭州路十号》（于德北）中的骆瀚沙教授等，都是以侧面烘托的方式来展现的。还可以采用"人物虚写"的方法（即人物在小说情境中完全不出场，作品所要表现的重点人物完全由另外一个人物的故事折射出来），如《鞋》（王伟）、《纸钱》（祝子平）、《预演》（弗·顿巴泽）等等。

关于微型小说的立意表现

在创作微型小说时，要紧密结合微型小说立意的审美特点（即贴近生活的现实性、独到深刻的哲理性、鲜活辛辣的新奇性等），在小说作品中营构集中、单一或多义、模糊的立意。我们可以通过多种方式来提升作品立意的强度和厚度等途径有效地提高微型小说的立意质量。

我们既可以像《岳跛子》等作品那样采用对比式结构，也可以像《打错了》《一个老人的问题》等作品那样采用重复式结构，还可以采用悬念式结构、误会式结构等，在短暂的阅读时间里构成对读者的审美刺激，从而让微型小说作品单一的立意能获得一种有强度的表达。

也可以像《立正》（许行）、《天上有一只鹰》（修祥明）等作品那样，在短小的篇幅当中，容纳多层主题内涵，创造出有厚度的立意，以充分调动读者的鉴赏自主性。

关于微型小说的结构方式

微型小说的结构形态是多种多样的。在进行微型小说创作时，我们应该根据微型小说创作的结构原则（即在单一中体现曲折、在微小中体现精巧），灵活运用这些结构技巧。经常运用的结构方式主要有：

1. 场面式结构。微型小说作品中的核心细节与核心细节所衍化的几个细节是在一个艺术场面中建立艺术联系的，那么就会形成场面式结构。如《"书法家"》（司玉笙）、《笔记》（程琪友）、《梯子》（周粲）、《老木》（吴金良）、

《雄辩症》（王蒙）等等微型小说佳作均采用这种结构形态。这些作品，从故事的开始，到中途的变化，再到故事的结局，所有的细节单元，都是在同一个艺术场面里完成的。

2. 纵向式结构。这种结构形态，是说作品中有若干个艺术场面，而且这些艺术场面是按照时间序列组合起来的，作品的核心细节与几个细节单元在这若干个艺术场面中建立艺术联系。如王奎山的《王连举》、许行的《立正》、冯骥才的《苏七块》、谈歌的《桥》、司玉笙的《高等教育》、叶大春的《岳跛子》、航鹰的《地毯》等微型小说精品，就是这种结构形态的代表。

3. 镜头组合式结构。这种结构方式就是把不同的艺术画面按照某种顺序组合在同一个艺术空间中。新加坡作家张挥的微型小说《金桂，你等等我!》就是运用这种结构方式，把男女主人公一生的爱恨情仇全都浓缩在几个画面中。

4. 回环重复式结构。这种结构方式是把相同或相似的艺术画面按照某种顺序组合在同一个艺术空间中。埃及作家穆·阿里的《一个老人的问题》、路东之的《!!!!!!》、申平的《慰问》等微型小说，就是通过相同或相似画面的重复组合来传达作品深刻的艺术蕴涵的。

5. 双线交叉式结构。这种结构形态，是说在微型小说作品中，有两条明显的叙事线索，每条线索都可以串起若干细节，它们交叉重叠，相互衬托，共同揭示作品的深刻内涵。阿尔及利亚作家阿·杜·萨拉迈的《最后一课》[4]就是运用两条交叉发展、互为衬托的叙事线索，揭露、控诉、批判了这个国家落后的婚姻制度和社会制度。

另外，还可以运用意识流结构、时空交叉结构等结构形态。

关于微型小说的语言运用

微型小说的语言有它独特的特点。篇幅的精短，使得微型小说在语言的运用上很难泼墨如雨，而只能惜墨如金。微型小说研究者叶茅指出："短中长篇小说略有语言的垃圾，人们或者可以忽略过去；而微型小说一旦出现语言的毛病，哪怕稍微一点点，读者也难以原谅。一千多字的篇幅附带几十字的语言垃圾，这比例可不小！所以语言必须具有自己的光彩，而这种光彩是微型小说所特有的，短中长篇小说所难代替的。"[5]微型小说的语言"必须具有自己的光彩"，也就是说有它自己的不同特点。

微型小说所使用的语言主要是叙述，是一种叙述性艺术语言。这是由叙述语言的特点及微型小说独特的艺术追求（如篇幅精短，不太允许大量使用描写语言及人物的对话语言；主要通过陈述一个或几个细节单元来突出表现作品的立意，只求把事理讲明白，并不刻意寻求形象的丰满等）所决定的。其叙述语言具有短小精悍性、高度概括性（但绝不概念化）、含蓄有味性（主要指两个方面：一是言简意赅，二是言外之意）及跳跃性等特点。

当然，微型小说并不排斥使用描写语言和人物的对话语言。但在使用描写语言时，它多运用一种简练、质朴的能突出、勾勒对象特征的白描语言。如汪曾祺的《陈小手》、叶大春的《岳跛子》、冯骥才的《苏七块》等微型小说作品，均能以非常简练、质朴的白描语言生动地勾勒出人物的主要特征，笔墨不多，但却能给读者留下相当深刻的印象。由于它是简练、朴素的白描，所以这种笔墨相当经济；又因为它是能突出对象特征的白描，所以它又是相当生动的语言。在使用人物对话语言时，要尽量精选一些含有丰富潜台词的人物语言，还要注意精选一些兼有动作性的人物语言。

微型小说就是通过它这种具有短小精悍性、高度概括性、含蓄有味性及跳跃性的叙述语言，通过它特征突出、形象鲜明的白描语言，通过它包含有丰富潜台词的和兼有动作性的对话语言来实现它在语言运用上的精美、精练的特点的。

关于微型小说的艺术样式

微型小说由于篇幅精短，所以可以相当灵活地融化、吸收其他文体样式的基因和养分，在艺术形式方面进行大胆的审美创造，刷新微型小说的外观形态，加强、充实、扩大了它的艺术表现力。

微型小说可以借鉴其他文学样式的优点和长处，写成诗化型的微型小说（如刘国芳的《一生》等）、散文化的微型小说（如刘国芳的《岁月》等）、散文诗化的微型小说（如陈启佑的《永远的蝴蝶》等）、也可以写成杂文化的微型小说（如曾颖的《末庄的形象工程》等）。

微型小说还可以借用实用文体的样式来创作各式各样的作品。如用行政公文中的"报告""通知""函"等样式来写（如陈亭初的《提升报告》等）；用经济文书中的"账单""可行性研究报告"等样式来写（如马克·吐温的《丈夫支出账单中的一页》等）；用书信的样式来写（如陈鲁民的《致罗瓦赛尔太太——重读〈项链〉有感》等）；用日记或札记的样式来写（如契诃夫的《会计助理的日记摘编》等）；用简历或人物自传的样式来写（如林火的《王大发简历》等）；用事务文书中的"演讲稿""讲话稿"或"述职报告"的样式来写（如汤礼春的《一个官员出国考察后的报告》等）；用科学研究文体的样式来写（如上官节的《论发表论文的窍门》等）；用外交文书的样式来写；用广告文书的样式来写，等等，不一而足。

　　以上这些方面，都需要我们在平时的微型小说创作中加以考虑。

注释：

[1] 刘海涛：《历史与理论：20 世纪的微型小说创作》，中国社会科学出版社 2002年，第 66 页。

[2] 江曾培主编《世界华文微型小说大成》，上海文艺出版社 1992 年，第 150 - 151 页。

[3] 邢可：《怎样写小小说》，中国华侨出版社 1996 年，第 63 - 64 页。

[4] 张贤亮主编：《世界微型小说传世精品·哭泣的女人》，海南国际新闻出版中心 1996 年，第 234 - 237 页。

[5] 叶茅编著：《世界微型小说精选简评集》，广西民族出版社 1988 年，第 412 页。

（本文发表于《文学教育》2012 年第 3 期）

刘海涛华文微型小说理论观谫论

摘　要： 刘海涛教授在世界华文微型小说领域的研究以系统、全面和宏富见长。论文通过对刘海涛的微型小说创作理论、微型小说技巧理论和对世界华文微型小说作家作品的具体解读、研究，来归纳其对世界华文微型小说理论研究所做出的重要贡献。

关键词： 刘海涛；华文微型小说；理论观；理论贡献

20 世纪 80 年代以来，世界微型小说的创作呈现出前所未有的繁荣态势。海内外许多作家对于微型小说创作表现出极大的热情，为读者奉献了许多微型小说的精品佳作。湛江师范学院（现为岭南师范学院）的刘海涛教授对微型小说创作及研究可谓情有独钟，他始终如一地坚守着自己的教学阵营和学术阵地，潜心研究这种文体二十多年，经过多年的努力，终于站到了微型小说理论研究的前沿。他于 2009 年五月份获得了微型小说界影响最广泛的大奖"第四届小小说金麻雀奖·理论奖"。他站在一个新的高度，对微型小说，以及世界华文微型小说作家进行理性的分析和总结，摸索出一套较为系统完整的微型小说理论体系，在海内外有较为广泛的学术影响，以至于要研究微型小说，就绕不开他的理论著作。

刘海涛对微型小说用力甚多，从对个案的分析到对微型小说整体理论的探索，都对微型小说的发展做出了极大的贡献。广东佛山大学的姚朝文教授曾经指出："如果说凌焕新教授在微型小说的理论研究方面以精湛深刻著称，则刘海涛教授在这一领域的研究则以系统、全面和宏富见长。"[1]他对微型小说全方位的研究，可以说已经初步构筑了"微型小说学"的雏形。在刘海涛及其他理论工作者（诸如凌焕新、江曾培、顾建新、王晓峰、姚朝文等人）的共同努力下，微型小说的理论已从无到有，从比较零碎到比较系统，取得了较为丰硕的成果。

中国大陆微型小说的倡导者、曾任中国微型小说学会会长的江曾培先生曾用
"朝思暮想，鞠躬尽瘁"来评价刘海涛的这种执著精神。正是他的敬业精神，刘
海涛在世界华文微型小说理论建设中奠定了一块坚实的基石，成为一位非常出
色的微型小说理论家。

一、刘海涛的微型小说创作理论

（一）对微型小说写作规律的梳理、归纳

20世纪80年代中期以后，随着微型小说创作实践的发展和理论探讨的逐步
深入，更多的人意识到：微型小说不再是短篇小说的一个分支，而是一种独立
的文体。它有着与一般小说不同的丰采和神韵。刘海涛对这一文体审美特征的
界定用力甚多，同时又没有把它和其他小说所具有的共同规律割裂开来。

微型小说到底有没有属于自己的创作规律？如果有，那与一般小说文体的
区别表现在哪？刘海涛在他的著作中独具慧眼地概括归纳出微型小说的写作规
律——"单一律、参与律、变化律"。他摒弃了以往那种单向度、分解式的研究
方法，把微型小说创作看作一个由作者（创作主体）、作品本体、读者（阅读接
受主体）相组合的完整过程来展开讨论，使其微型小说理论体系构架具有鲜明
性、开放性与整体融合性的特点。南京师范大学文学院的凌焕新教授曾在《刘
海涛微型小说理论谈片》一文指出："刘海涛的'三律'是向微型小说规律进
军的第一步，虽然还不能说是终极真理，但它却是走向真理，或者说距离真理
越来越近的可贵探索，其中包含着真理的因素在。"[2]

几乎所有的微型小说研究者都曾用"单一"这一概念来概括微型小说的文
体特征，但未能展开深入的阐述。刘海涛则认为微型小说体微式短，只能写单
一的事件，单一的人物，单一的场景。但这种"单一"实际上是一种机智化、
带特征的、有意味的"单一"。只有体现了这种限定和要求的单一事件、单一人
物、单一场景才能成为微型小说的写作对象。一个微型小说作家赖以表现艺术
时空的载体是微型的、单一的，这是一个机智化、巧妙化的单一时空。刘海涛
指出这种机智化的单一时空有两种具体的表现情形。一是创造有包孕的瞬间。
例如司玉笙的《"书法家"》中高局长提笔写题词的瞬间，这个有包孕的瞬间就
是通过作家机智化的艺术构思产生的。二是设置有意蕴的空间。有些特定时间
里的空间蕴含比较深刻的生活内涵。如白小易的《客厅里的爆炸》、程琪友的
《笔记》等作品所讲述的中那个单一空间里的故事，让我们领略了生活中常见而

又难以表达的尴尬境地，让我们体味到别样的人生哲理。

"参与律"是侧重于从读者阅读主体的角度提出的微型小说写作规律。刘海涛认为微型小说的篇幅短小，艺术载体十分有限，从有限中去追求无限，必须要从读者的角度去开发创作的天地。让读者也参与到创作中来，和作家（创作者）共同完成微型小说。这样可以使有限的艺术载体产生尽可能多的艺术内涵。他通过列举大量的微型小说作品，从中归纳出参与律的三点内容：一是诱导读者填补省略的空白，二是诱导读者深入思索的含蓄，三是激活读者参与意识的多义。微型小说应把读者的"参与"放在艺术构思的范围。"空白点""含蓄点""多义点"构成微型小说多层多义的艺术结构。运用尽可能多的艺术手段去创造微型小说中的艺术空白、艺术含蓄，也让微型小说具有独特的文体优势和魅力。

"变化律"是从作品本身的角度提出的。他从西方符号学和西方美学中提炼出微型小说艺术变化的理论依据，并富有创见性地概括出微型小说的艺术变化形式有"A——A"式的矛盾反转变化、"A—AA"式的扩大增倍变化和"A—B"式的曲转差异变化等，并且提出艺术变化必须要围绕一个明确的艺术主旨，通过这些变化的描写来折射一个点，突出一个点。这样在短小篇幅里的巨大变化才更能使读者在有限的阅读时间里感受到速率审美的刺激。

刘海涛从作家、作品、读者三个角度入手，详细地阐述了微型小说创作的三大规律，即体现在主体创作能力方面的"单一律"，体现在读者鉴赏方面的"参与律"，以及体现在微型小说作品本身的艺术形式方面的"变化律"。他站在一个较高的角度上俯视微型小说创作现象，科学地分析微型小说的写作规律，在建立一种真正科学的微型小说写作学方面做出了比较重要的贡献。

（二）对微型小说写作模式的研究

关于微型小说是否有写作的模式，很多人持否定态度。但随着微型小说创作的深入发展，它已经逐渐成为一种独立的文体。凌焕新教授指出，微型小说的成熟，总是伴随着模式建构工程的完成而实现的，这是微型小说发展的必然趋势。从无模式到有模式，是一种进步，也是微型小说成熟的标志[3]。有鉴于此，刘海涛对微型小说的情节模式进行了理论概括和探究尝试，并提出了微型小说的情节模式，如"情节的延变""情节的错动""情节的省略""情节的扩张"等。这是他多年研究微型小说的成果，是值得微型小说理论界和创作界关注的。

刘海涛就是在大量的微型小说写作实践的基础上，独具慧眼地发现微型小说写作现象背后所隐匿的某种相对稳定的框架，或者说是格局。刘海涛指出，微型小说的艺术生命，在相当大的程度上是依赖于微型小说对生活的独特的感受方式和独特的传达方式，微型小说的情节模式是微型小说独特的传达方式的一种[4]。当很多人在苛责、诟病微型小说写作的"情节模式"时，刘海涛却指出微型小说的独特的艺术生命在一定程度上正是依靠它独特的情节模式来体现的。他认为微型小说的写作学理论应该科学地从不同的角度去研究微型小说的情节模式，研究情节模式的产生、发展及变化、创新的过程。

刘海涛长期从事文艺理论与写作教学，磨砺了良好的文化理论素质与敏锐的艺术感悟力。他通过阅读、研究大量的海内外华文微型小说作品，总结梳理出微型小说的情节模式。他在阐述微型小说情节模式的过程中，均融合着对具体作品的剖析与深切的体味，通过感悟鉴赏这一台阶然后上升到理性的高度，所以往往能够更贴近艺术现象的本质，对复杂多变的文学现象进行抽象与概括。

刘海涛所总结的情节模式不仅体现了微型小说的文体美学特征，也是区别于不同流派的重要标记。不同的模式可能形成不同的流派，这就丰富了微型小说不同的艺术主张，才能使微型小说更加繁荣。他所建立的这个较为合理的微型小说写作理论系统，对更多的年轻的微型小说写作者进行微型小说创作颇有指导意义。正是在这个意义上，凌焕新教授才切中肯綮地指出：刘海涛所概括的模式，也不失为一家之言，并有可贵的创意。认为他是为微型小说的理论研究和创作的发展做出贡献的功臣[5]。

二、刘海涛的微型小说技巧理论

（一）刘海涛的微型小说人物理论

1. 微型小说的人物类型

刘海涛站在新的高度上对微型小说人物性格的刻画、人物细节的描写及其艺术传达和人物描写的角度都进行了较为深入细致的研究，提出了系统的有见地的微型小说人物创造理论。刘海涛概括出微型小说人物的形态主要有两类：特征型人物和观念型人物，这两种人物形态主要由微型小说作家对人物性格元素进行不同的艺术处理来决定的。

特征型人物是指抓住最能体现人物个性的某个元素，然后加以突出描写，让这个人物成为一个个性鲜明、生动、能给读者留下深刻印象的人物。由于微型小说的篇幅非常有限，所以在塑造人物时有重点地抓住某一个有特色的性格元素，这样才能在较短的篇幅里用较少的语言创造出个性鲜明的人物形象。它必须是有个性的，有特征的，作者通过几个细节来强化这个性格侧面或者性格元素。这是创造人物最明智的选择。刘海涛创造性地归纳了三种方法来选择这个点：聚点集中、变点强调和多点衬托。聚点式是在创造人物艺术形象时只突出一个定型化的性格元素。变点式是使性格元素随着情节的变化而不断像滚雪球一样地在一点上强化，直至艺术形象的完成。多点式主要是对并列的或者矛盾的几个性格元素中最能体现人物内涵的那个重点进行突出和强调[6]。

观念型人物是抓住人物最有特点的性格元素，加以夸张，强调人物本身所代表的某种观念和思想。刘海涛指出，观念型人物的单一性元素正是通过极致化来传达观念。这些观念型人物蕴藏着丰富的内涵，概括出深刻的生活现实。这样的观念型人物成为有生命力的艺术形象，而不是抽象的传声筒。他在对观念型人物分析的基础上进一步归纳了5种夸张方式（即实现方式）：隐藏的现实性夸张、显扬的现实性夸张、变态的超现实性夸张、神异的超现实性夸张和科幻的超现实性夸张[7]。这5种夸张方式各有特点，但有一个共同点就是通过强化、夸张人物的性格元素，给读者留下深刻的阅读印象。

无论是对特征型人物，还是对观念型人物，刘海涛都在强调一个问题，那就是在微型小说的构思中，创作者完全可以让这一个性格元素概括出人物的整个性格侧面的主要特征，并让它凝聚着丰富的时代和历史的内涵。因此，在微型小说人物描写的单纯性（而不是单薄）中，同样可以创造条件写活一个人物，同样可以在人物描写的单纯性中实现性格描写的丰富和圆满。这个人越有个性，其语言、行为、思想就越显得独特。一个独特的高度个性化的人物往往具有高度的概括力。刘海涛从人物性格元素出发去分析人物艺术形象，这可以说是刘海涛为微型小说人物创造理论的创立找到了一个突破口。

2. 微型小说的人物细节

刘海涛先生认为："小说人物的创造，最终的落脚点是停留在表现人物的具体的艺术材料上。"[8]这个艺术材料就是人物的细节描写。细节描写在文学艺术形象的创作中占有极重要的地位。几乎每一个典型的形象都是建立在成功的细节描写之上。一篇微型小说中的人物形象是一步一步在细节描写中站立起来的。刘海涛认为微型小说的写人细节必须具有"典型性""个性化"。只要我们选择最能表现人物个性的、最有特征甚至最富有传奇色彩的动作来进行直观的具体的描写，我们就可以获得最好的艺术效果。刘海涛从探讨微型小说人物创造规律出发，第一次从理论上论证了这个法则，并且把人物行为分解为四个层次：行为内容、行为方式、行为价值和行为动机[9]。这在微型小说写作理论上具有较大的理论意义。

刘海涛认为作为典型性写人细节的重要手段——描写（主要指白描）及富有个性的语言在塑造人物时起着举足轻重的作用，刘海涛分析王奎山的《韩根》时说："抓住了韩根极富特征的动作作了精彩的勾勒"，"可以使人物形象体现出强烈、鲜明的直观性，而人物的带特征的动作便像浮雕一样凸现出来。"[10]在分析孙方友的《捉鳖大王》时说，"概括叙述和具体叙述相结合"，"制造出有空白的叙述"。其实是提出了微型小说艺术传达的两种独特的表达方式，即特征性白描和个性化的叙述。特征性的白描就是抓住最能体现人物个性的行为简洁勾勒，用最精简的语言描写出最传神的人物形象。个性化的叙述就是能显示叙述人语言风格的讲述，用最能体现叙述人特色的语言来传达最丰富的叙述信息。

3. 微型小说的写人角度

微型小说在"单一律"的制约下必须对一些繁冗的材料进行简化和省略，这就不可避免出现一些艺术空白，在微型小说的人物形象上产生含蓄、多义的艺术效果。微型小说人物的侧写和虚写就能体现出这种艺术魅力。

刘海涛认为："在'人物侧写'或'人物虚写'等方法里，作家创造人物则不再选择人物自身的细节单元。而是选择人物自身以外的各种细节单元。通过人物本体以外的内容来折射人物自身，这将刺激读者产生活跃的参与意识和丰富的艺术想象来给人物形象'完形'。"[11]所谓微型小说的人物侧写，就是"作者要着力表现的主要人物部分出场"。微型小说的人物虚写，就是"作者所要着力表现的主要人物完全不出场"。在运用这种虚写的方式进行创作时，既可以通过精心设置一个与未出场的主人公的生活、思想、性格有关联的物品道具（如《鞋》《纸钱》等），也可以通过其他人物的角度来透视主角的方式（如《预演》等）来实现其创作意图。无论是侧写还是虚写，微型小说直接提供给读者的艺术形象都是不完整的，作家的构思诱使读者积极地参与，实现了从"实"到"虚"的阅读审美。这样可以使每个读者都可以根据自己的情感认知和各自的人生经验做出各不相同的艺术想象，这充分显示了微型小说通过读者的参与和想象来发挥和实现的艺术魅力。刘海涛对微型小说人物创造理论的艺术总结，对当前的微型小说创作和微型小说研究都具有重要的意义。

（二）刘海涛的微型小说情节理论

在刘海涛的"人物论"中，人物总是置身于"情节"之中的。"情节"可以说是叙事微型小说的灵魂。他从情节的角度，考察了微型小说的叙述模式，对其做了一个简单的分类，即：情节式微型小说和非情节式微型小说。

情节式微型小说一般情况下只有一个情节单元，而且这个情节单元也往往是在一个艺术场面里形成的。作家可以用悬念与误会、对比与重复、反转与斜升的方法，[12]形成微型小说的情节，使各个单元连接起来，形成一个整体。

非情节式微型小说就是几乎没有什么完整的情节，或者不以情节作为艺术重点，或者与传统情节有截然不同的变形情节。非情节式小说的外表形态相对复杂一些，但在它们的背后却有一个共同的艺术之魂，那就是作品的立意。刘海涛分别结合作品具体探讨了象征式、哲理式、讽刺式、寓言式、怪诞式等非情节式微型小说艺术样式的本质及其写作方法。[13]他所总结归纳的这些艺术示例及其创作规律，对于初写微型小说的人来说，实在是助益良多。

三、刘海涛对世界华文微型小说的研究

刘海涛在他的《群体与个性：世界华文微型小说家研究》一书中，侧重于研究微型小说作家的艺术个性，同时还把大陆作家之间、海峡两岸作家之间、中国大陆作家与东南亚一带的华文作家之间的创作个性进行对照、比较研究。他的研究触角从国内延伸到了海外。刘海涛全景式地审视微型小说，他并没有满足于自己已有的学术名词和概念，而是随着对批评实践和理论研究的深入，继续从细节上来丰富自己的理论，使其微型小说理论更加趋向完美。他对微型小说作家的艺术风格和创作个性的研究，有利于提升读者对微型小说作家的认知，也有利于作家提升对自己的认识。

1. 对世界华文微型小说的整体观照

刘海涛在构建自己的微型小说理论体系的同时，还将自己的理论成果运用到微型小说的批评实践中，他密切关注海内外华文微型小说的创作实践，在广泛阅读世界华文微型小说佳作的基础上，写出了许多具有影响力的作品评论文章，陆续在新加坡、马来西亚、泰国、澳大利亚、中国台湾等地的报刊以及国内的《百花园》《写作》《微型小说选刊》《小小说选刊》等杂志上发表和连载。在其批评实践中，他主要引进了叙述（事）学的相关理论来研读作品。如，在研究世界华文微型小说的叙述方式时，他提出了"叙述文体"与"叙述主体"

的概念，并进一步指出"叙述主体的文学素质的高低直接影响到微型小说叙述能否顺利地和艺术地得以实现。"[14] 在研究微型小说的叙述策略时，他提出了"写实性"与"陌生化"问题，认为"微型小说要形成对读者的速率审美刺激，也可以通过另一条途径——在小篇幅里实现陌生化、新奇化。"[15] 在研究微型小说的叙述形态时，刘海涛概括为"世俗化叙述"与"抽象式（指艺术抽象）叙述"。在研究微型小说的情节形态时，刘海涛则概括出了曲转性与突转性。

总的来说，刘海涛是站在微型小说的新高度上，概括归纳出微型小说叙述与情节的特点，这个高度就是对微型小说本质的深刻认识，微型小说在 1500 字左右的艺术篇幅中是不可能面面俱到地展示生活的全过程的，微型小说必须采用到省略叙述和隐含叙述。微型小说体微式短，容易吸收诸如诗歌、散文、小品文、杂文、甚至是应用文等其他文学文体和非文学文体的基因和养分来形成杂交的优势。

2. 对世界华文微型小说作家的个案研究

刘海涛在研究世界华文微型小说作家的时候，用高度概括的词语对所研究的每一位微型小说作家进行细致解读。有的是从微型小说的叙述方面进行概括（如研究作家作品的叙述母题、叙述个性等），有的是从微型小说的立意方面进行概括，有的则是从微型小说的题材和微型小说中的人物进行概括等等。在研究新加坡、马来西亚、泰国等东南亚一带的微型小说作家时，刘海涛研究出他们几乎都是文坛知名的散文家、诗人或者小说家，如黄孟文、希尼尔、张挥、南子、林高、司马攻、朵拉等，他们的艺术经验相对来说比较丰富，艺术心灵的空间也比较宽，因而他们的微型小说文体观念比较新颖。而中国台湾一带的微型小说作家（如陈启佑、陈克华、吴念真等）把微型小说文体当作纯文学来经营，所以台湾的微型小说纯文学的色彩更浓，作品所反映的生活的深度和揭示人性的深度都有不俗的表现。大陆的微型小说作家队伍强大，艺术水平普遍较高，也都形成了自己独特的微型小说个性风格。

刘海涛在密切关注华文微型小说作家的创作实践的同时，也把关注的目光投向从事微型小说理论研究与教学的作家、学者，对邢可、凌焕新、姚朝文、曹清富等人的微型小说理论研究的个性进行深入的解读，并做出准确、中肯的评价。

结语

刘海涛在岭南师范学院这片土地上，孜孜不倦，辛勤耕耘，他数十年坚持聚焦学术，全力研究微型小说，摸索出一套较为系统、完整的有"其独特的角度和独特的品格"[16]的微型小说创作理论，尽管他的研究路数尚存有一定的缺憾，如纯学理的探索似乎不足，形而上的思考不够深重，抽象析理的深度模式上缺乏纵深感，艺术哲学层面的思辨分量不足等[17]。但瑕不掩瑜，作为一个艺术感觉敏锐的出色的微型小说理论家，刘海涛对世界华文微型小说创作及研究的贡献是不可磨灭的。

注释：

[1][16][17] 姚朝文：《华文微篇小说学原理与创作》，中国文联出版社2002年，第261、263、262页。

[2][3][5] 凌焕新：《微型小说艺术探微》，南京师范大学出版社2000年，第277、277、278页。

[4][7][8][10][11] 刘海涛：《规律与技法：转型期的微型小说研究》，中国社会科学出版社2002年，第193、140、150、162、176页。

[6][9] 刘海涛：《规律与技法：转型期的微型小说研究》，中国社会科学出版社2002年，第118－130、152－160页。

[12][13] 刘海涛：《历史与理论：20世纪的微型小说创作》，中国社会科学出版社2002年，第230－261、264－294页。

[14][15] 刘海涛：《群体与个性：世界华文微型小说家研究》，中国社会科学出版社2002年，第10、14页。

（本文发表于《三江高教》2015年第4期）

时评发展历程及写作要求简论

时评作为传媒的旗帜和灵魂，它是时代的思想原声，是思想交锋光芒的体现；时评作为平面媒体应对网络竞争的有力武器，被认为是当今媒体评论中最有生机与活力的文体，它已经成为媒体干预社会生活、吸引受众参与、引导社会舆论的特殊手段。近年来，它活跃在各大媒体中，呈现出一片繁荣兴盛的景象，人们称之为"时评热"现象。当前，时评已发展到一个关键时期，厘清其渊流，剖析其现状，规范其发展，是时评健康发展的一个具有现实性和紧迫性的课题。

一、时评的产生及发展历程概况

时评不是中国评论史上一开始就有的。

近代以来，中国时评可以说经历了一个"产生——繁荣——沉默——复兴"的曲折、艰辛历程。

中国最早的"时评"，大致相当于现在报刊上的"短评"或"编后"，是言论中的轻骑兵。它抓住当天报上的一则新闻，题目具体，一事一议，开门见山，长则二百来字，短则几十字。"时评"大量且集中地出现，是在 1904 年 6 月 12 日在上海创刊的《时报》上。这份戊戌政变后保皇党在国内创办的第一份报纸，在评论、编辑、出版新闻业务方面大胆革新，为我国报业的进步和发展做出贡献，成为近代有影响的全国性日报，它独树一帜地配合新闻，专设"时评"栏，每日数篇，短小灵活，驰骋自如。这种应时而发、短小精悍、冷峻明利的时评，很受读者欢迎。

"时评"的问世，使报纸找到了一个新闻和评论相配合的好形式，顺应了报纸业务改革的要求，各报竞起模仿，风靡一时。当时无论大报小报，绝大多数有时评或类似时评的专栏，如《民报》《神州日报》《苏报》等一批近代史上颇有影响的报纸都曾发表过大量的"时评"文章。

新民主主义革命时期，在马克思主义新思潮的带动下，为了声援新文化运动，推进思想解放，《新青年》《湘江评论》《共产党》月刊、《向导》《红星报》等一批无产阶级革命报刊开始出现，并逐步发展。这些报刊都十分重视时评，特别是社评，具体表现为：一、社评被放于首要位置刊载；二、设置社评、时论、短评等言论栏目；三、建立主笔制，邀请有名望、有才气的政论作家担任主笔，并建立稳定的作者队伍；四、时评的质量成为衡量报刊质量和影响力的重要指标。

正是这种高度重视，这一时期的报纸时评有了新的发展，除论辩式的长篇政论外，还出现了大量短小精悍、尖锐泼辣的时事短评，涌现了像傅斯年、储安平、胡适、陈独秀、李大钊、萧楚女、毛泽东、瞿秋白、张季鸾等一大批有影响的报刊评论作家。其中，傅斯年的国际时评和储安平的《观察》政论是颇具特色的类别。这两类时评是对《时报》"时评"的重大创新，是现代报刊评论向新闻评论的可贵升华，不仅满足了读者对评论的更深层次需求，也顺应了报刊言论发展的客观趋势——视野开阔和立场独立。

在新民主主义革命时期，时评在《时报》时事短评的基础上有了一定的突破：评论视野更加开阔，评论内容更具针对性，评论立场更加独立。这些是自由民主理念逐渐深入人心的重要体现，也是国际时评、政务时评兴起的主要原因。

新中国成立至改革开放前的很长一段时间里，时评由于社会形势、舆论环境等多方面的原因，进入了沉默期。

新中国成立后，面对新的形势和新的任务，作为执政党的中国共产党十分注重报刊评论，特别是社论的特殊作用。《人民日报》《光明日报》等报纸社论都是经过党中央审定，有些是直接经过毛泽东、刘少奇、周恩来等修改定稿的。正是一切都服务于政治、经济、文化等各个领域的工作，使得作为民众声音的时评的发展空间极其有限。因而，党报社论和工作评论繁荣的同时，时评却因为种种原因而销声匿迹。

在改革开放之前相当长的时间内，新闻评论的大部分体裁以及报刊上发表的大部分评论，大都代表媒体机构的意见，如编辑部文章、社论、评论员文章、短评等，或新闻从业者的意见，如编者按语、记者述评等。一些专栏评论或杂文虽以个人名义发表，但其比重和影响远不能与前者相比。

　　"文革"结束后，随着实事求是风气的形成，空想乌托邦的破灭，在推进中国经济大翻身的同时，也促进了思想文化风气的宽容与开放，这给新时评[1]的萌芽和发展提供了肥沃的土壤。

　　新时评的真正开端是 1996 年 1 月 12 日《南方周末》新年改版时在"时事纵横"版开辟的"阅报札记"专栏（后来更名为"纵横谈"）。从此，该栏目每周推出一篇鄢烈山主笔的时评文章，直至 2001 年 4 月。"阅报札记"这个名字已经凸显出栏目的定位：一个来自于报纸的时事评论栏目。

　　与传统新闻评论不同，"阅报札记"、"纵横谈"点燃了新时评的星星之火。之后，《中国青年报》的"求实篇"从纯杂文专栏转型为杂文化时评专栏，"冰点时评"也于 1998 年 11 月问世，国内时评逐步兴起。可以说，新时评专栏的出现，推进了批判公共性的初步实现。人们从中清醒地认识到：争取权利可以借助媒体表达平台，采取话语与交流而非暴力形式。自"阅报札记"、"冰点时评"推出后，许多媒体开设的言论专栏，从栏目名称到文章风格，都有所效仿。

　　1999 年 11 月 1 日，《中国青年报》率先开辟时评专版——"青年话题"，开创了中国近代媒体设立独立评论版的历史。时评从"栏"发展为"版"，有着深刻的社会意义和理论意义。时评专版一方面发挥了整合集约的优势，联合起分散的力量，能更强势地吸引人们的眼球，并更容易打造成一份报纸的旗舰，为报纸赢得声誉；另一方面有利于开辟一片思想和观念争奇斗艳的园地，打造一个具有理性批判精神的公共话语平台。

　　2002 年 3 月 4 日，就在《南方都市报》扩版为常规每日出报 88 版的当天，"南都时评"面世，开始了《南方都市报》迈向"有厚度，更有深度"的主流媒体之旅，开创了中国都市日报时评版的先例。

　　2003 年前后，一股"网络时评风"遍吹中国众多网站，如搜狐网"搜狐星空"、新浪网"新浪时评"、网易"第三只眼"、人民网"人民时评"、千龙网"千龙时评"、红网"红辣椒评论"（中国互联网评论第一品牌）、东方网"东方评论"、四川在线"零点评论"（后改名为"麻辣烫评论"）等等，甚至出现了分门别类的时评网站（如法学时评网等）。在网络时评轰轰烈烈发展的同时，全国城市党报也纷纷开始开创时评版（如《新华日报》开设的"新华时论"《大众日报》开设的"大众时评"，《文汇报》开设的"文汇时评"等）并设立网络版，与新华网、人民网、凤凰网等新闻网站合作，互相转载、摘录，加速了报网互动，深化了传播效果。报网时评齐头并进的局面清晰呈现，并有"你中有我、我中有你、你我不分、互相补充"的态势。网络的草根性和去中心性导致时评观点的多元性和丰富性，从一定程度上也显示了时评的个性光彩。

2005 年至 2006 年，新浪、搜狐、网易等门户网站的时评频道纷纷停办，《中国青年报》"青年话题"从每周五期缩水为三期，《武汉晚报》等媒体的时评版纷纷转型，《南京日报》时评版开办不到一年因经营状况而停办。时评面临坎坷转折。

2007 年以来，网络时评及报刊时评经历一段曲折后再次兴起，《中国青年报》等媒体的时评版扩容，《楚天都市报》《扬子晚报》《现代快报》《齐鲁晚报》等都市报亦纷纷开辟时评版，门户网站与地区新闻网站纷纷开辟时评频道。时评再次成为媒体竞争的重要阵地。

1996 年至今，新时评的发展势头良好，但其间也经历了短暂坎坷。这是新时评的最佳发展期，也是最大挑战期。时评能否真的成为媒体赢得市场竞争的重要武器，仍值得期待和考验。

二、时评的文体特征

近些年来，时评的复兴，"时评热"的出现，导致"时评"称呼流行起来，甚至有逐步取代"新闻评论"之势。虽然从事时评写作的人很多，探讨"如何写好时评"，"我们需要什么样的时评"的也不少，但是能把时评的定义或内涵弄清楚的人并不多，并且大多是仁者见仁、智者见智。

如，著名时评家鄢烈山认为，"时评"是"时事评论"与"时政评论"的略称。这个定义明确地把它与"新闻评论"和"杂文"区分开来。它包括"新闻评论"，或者说"新闻评论"是它的"子集"，换言之，"时评"可以取材于新闻，"被动"地对新闻事件和人物发表议论，也可以不依傍"眼前"的新闻，而就"身边"事、"心头"事发表意见，只要是关于当下的（现在进行时）意见，就是"时评"。[2]

时评家刘洪波指出，时评是指由事引发的评论，"快"是它的最大优势，它最大运用了新闻的评论空间，其应该是思想信息的传达，而不只是对事实的褒贬。[3]

2004 年韬奋新闻奖获得者、时评家储瑞耕认为，新闻评论和时评很接近，是同胞兄弟；而杂文和时评则不然，它们所属的大门类不同，时评属于新闻范畴，杂文则属于文学范畴，但二者有着共同的"四要素"：情感、哲理、文采和形象，可以算作是"表兄弟"吧。[4]

河北大学吴庚振教授认为，时评是一种具有新闻性的署名评论。时评不代表编辑部，也不是自由联想、旁敲侧击的杂谈、随笔，而是一种以个人名义发表的容量较大的"开放型"评论形式。[5]

著名时评研究专家陈栋则在前人研究的基础上提出了自己的见解，他比较全面地指出：

广义的时评，是时事评论与时政评论的简称，也是新闻评论的略指，包括报刊言论、广播电视新闻评论及网络评论等。

狭义的时评，是民众通过报刊、网络等大众传媒，表达关于新近发生或发现的事实的看法和观点的方式。其核心特征则为：由事而评、简短明快、公民写作。从这个意义上讲，当前广播电视新闻评论节目不能称作时评。因为它们缺乏意见广场、公民写作等特性。[6]

从以上定义的归纳，我们可以看出，时评作为新闻评论的一个品种，它既具有新闻评论的基本特征，如评论观点要有高度、有深度、有力度；评论要讲究表达艺术，做到有理、有据、有情；思维方式要严谨等，同时，还具有独特的个性特点：

1. 触及（或贴近）现实

紧密贴近现实生活，具有很强的新闻性，这是时评的生命力之所在，其存在价值和社会作用取决于它与现实社会生活联系的紧密程度。它往往是由新近发生或发现的事实（或现象）所触发，非常贴近现实。可以说，时评的"时"是时事的"时"，更是"时代"的"时"。时评就是"因时而评""合时而著"的时事短评，并且随着社会的发展，时评会被赋予新的内涵。通过了解时评的发展历史，我们知道，在中国近代报业史上，第一次"时评热"是由1904年在上海创刊的《时报》掀起的。上世纪末至21世纪初，新兴媒体的崛起带动了时评长足发展，而且不再局限于报刊等平面媒体，也为广播、电视、网络等新兴电子媒体所青睐。时评出现中兴之势。尽管自1904年至今，时评的发展历程充满坎坷与曲折，但是它触及现实的本质并没有改变，它对于媒体、对于社会的重要性也没有改变。

2. 评述的公众性

因为关切时势，圈点社会病灶，人们常把这种公众广泛参与，能说出大家想说或没想到说的意见和看法的时评写作与"公民写作"相提并论。

所谓"公民写作",从字面上来看,它包括两层意思:一是以公民的身份进行写作,而不分地位和职业(从时评作者群体的构成也可看出这一点,这其中既有以鄢烈山、鲁宁、刘洪波、曹林、潘多拉、单士兵等为代表的职业型时评作者,也有以党国英、乔新生、熊丙奇等为代表的学者型时评作者,还有以贺卫方、葛剑雄、朱学勤、徐友渔、朱大可、易宪容等为代表的自由型时评家,更有以郭松民、洪巧俊等为代表的草根型时评作者);二是为公民社会而写作。"公民写作是指基于公民立场和公民精神的写作,即公民按照宪法和法律规定,通过大众传媒向公民社会发表意见性信息的写作模式。"[7]学者陈栋把"公民写作"认定为时评的核心特征之一,也是公民社会里公民表达的一种重要渠道。他认为公民写作的最直接的作用是:打破了过去由少数评论员垄断言论写作的偏狭局面,代之以公众广泛参与、争相发言的场面。而正是这种宽松的氛围,最大程度地唤醒了公民的权利意识、平等意识和责任感,使他们意识到自己是一个公民,能自由表达对各种问题和社会事务的看法。

公民写作的勃兴,是与网络媒体的兴盛密不可分的。网络媒体的兴盛把人们带进"观点时代"。网络媒体凭借其技术上的优势,既可以在事件发生的第一时间进行报道,也可以在事件发生的第一时间进行互动、跟帖、评论,不受时空的限制。当时评这种评论形式成为一种抒发民众情感和观点的文化载体、成为一种"公民表达"的手段后,各大知名网站和媒体都乐于向读者提供这样的平台。

公民写作回答的是"时评人为什么而写作"的问题,公民写作,不是为了附庸风雅,而是生命体验的真实表达。公民写作者要坚守一条原则:能讲真话时讲真话,不能讲真话时宁可保持沉默也不能说假话。

时评作为公民写作的重要路径之一,应当言为心声,有感而发,不平则鸣。

3. 言说的明快性

优秀的时评文章,大都具有分析精当、说理晓畅、是非分明、态度热切等特点。这种时评文章多以锐利直言取胜,它往往显示的是写作者的器识和眼光,能见人所未见,令读者深思。诸如《"做官发财"为何成为中华民族两千年的传统?》《龙年春晚哈文之累预示文化改革几大难》《淡化高考状元情结须摒弃急功近利思想》《小品的没落缘于讽刺艺术灵魂的缺失》《质疑大学教育可以,但不能走向反智》《科研人员为什么争着做官?》《定准位,校庆才不会为"排序"所累》《北大清华也不是什么专业都可以办好》《毕业致辞应给学生远行的力量》《登陆慈善榜的朱镕基让谁无地自容?》《高校行政权力不能太任性》《检讨教授"失足"应改革科研经费机制》等文章，都具有这种言说的明快性，而不是就事论事、隔靴搔痒的"温柔巴掌"，也不是不得要领、似是而非的书生意见。

4. 篇幅的简短性

一般来说，时评文章多以千字文为主，篇幅并不太长，它不是洋洋洒洒的动辄几千乃至上万字的长篇大论。它往往以短小精悍、说理明快取胜。

三、时评写作的注意事项

（一）时评写作对写作者的资质要求

时评的形态越成熟，对写作者的要求就会越高。时评写作的水准，与时评写作者的素养有直接关系。

人民日报社副总编辑、第五届范长江新闻奖获得者，中国传媒大学博士生导师米博华教授认为，作为从事新闻评论写作的人应该具备这些核心素质：（1）政治素质，即发自内心地爱党、国家和社会；（2）理想抱负，即以微薄之力奉献社会的精神；（3）宽广的眼光，即能关注大事小情的宽大胸怀；（4）丰富的知识和阅历；（5）持续不断的写作积累。[8]

著名杂文家、时评家储瑞耕认为要想写好时评，除具备评论的"四要素"（即情感、哲理、文采和形象）外，还要具备以下几点：第一，要有社会责任感，有人格意识，做社会良知的代表；第二，有敏锐的眼光，"当别人看到山峰时，你应该看到山峦的层次"，换句话说，别人看三分，你就应该看七分。第三，说别人没有说过的话，这就需要写作者具备相当的知识储备、知识涵养，这样才能出来有意思的思想和观点。第四，独到的文笔、修辞。表述道理，不止步于把道理逻辑地说清楚，还应该形象、有文采。[9]

学者陈栋指出"优秀的时评家应该具备演讲家的风度、战略家的高度、学者的广度和思想家的深度"[10]。

中南财经政法大学教授、时评家乔新生认为，时评是一种特殊的新闻表达方式，时事评论员需要借助于新闻记者的腿、政治家的嘴、公众的眼睛、专家学者的思维，全面分析新闻事件和新闻观点。

由此我们可以看出，作为时评写作者，首先要具备新闻工作者的基本能力与素质，有才华、有思想，反应快、认知准，文笔好、思维敏捷、应变能力强等等。同时，还应是一个才华横溢的"多面手"和"杂家"。优秀、杰出的时评写作者，同时也是出色的记者、编辑，也具备思想家、政治家、观察家、理论家、文学家等的一些基本素质，主要体现为以下几个方面的优势：

1. 政治家的涵养

"因时而评""合时而著"的时评，是离不开对相关时局、社会形势或社会政治问题等的观察和认知的，而这需要高瞻远瞩的驾驭能力。所以，时评写作者要具备一定的政治家涵养，这样才能在撰写重要的时评时，对相关的方针路线、基本政策、各种局势和工作状态进行深刻准确到位的分析。政治家的眼光，源于深厚的政治涵养，与坚定的信仰、远大的目标、胸怀大志等相连。

政治家的涵养包括多方面的内涵，如政治觉悟、思想水平及发现问题、分析问题、解决问题的能力等等。时评写作者只有不断地学习以充实自己，才能不断提升政治涵养与素质，才能对社会政治动向、思潮等有敏锐的发现与辨别，并做出清醒明确的分析判断。

2. 理论家的深邃

时评写作者要具备深厚的理论素养，因为深厚的理论素养能够帮助人们具有敏锐的观察力，透过现象看本质；能够帮助人们用深刻的认知，来透彻地剖析事物，准确地阐发真知灼见。

这里所说的理论家的深邃，并不是指在时评写作中把各种术语、概念堆在一起，佶屈聱牙、故弄玄虚、故作高深、云山雾罩、不着边际等等，而是指时评写作者要能理论联系实际为人们答解疑惑、指明方向、献睿献智，是具有真知灼见的劝解与导引等。

时评写作者要想做到客观、全面、深入地认识现实，具体、生动、灵活地分析现实，在动态发展中把握现实，就必须摈弃主观、片面、肤浅地认知世界，避免抽象、死板、局限地感知世界，要能在充实理论中深入生活、认识生活，要能在不断学习总结前人的历史经验中，丰富自身的悟性。

3. "杂家"的全能

在中国时评的曲折而又艰辛的发展历程中，涌现出一大批大家级的时评高手：梁启超、黄远生、邵飘萍、鲁迅、胡适、陈独秀、李大钊、傅斯年、毛泽东、萧楚女、瞿秋白、张季鸾、邹韬奋、储安平、邓拓、鄢烈山……这些时评高手都是博学多才的"杂家"。

傅斯年写过不少对重大国际问题进行评说的视野开阔、眼光前瞻的国际时评，曾一度成为当时的民众关注和认识世界动态的窗口，他之所以能较为准确地预见一些重大国际时事的发展前景和结果，关键在于他学识渊博，在于他对问题的敏锐观察力以及他对世界各国历史和现状的深刻理解。傅斯年不仅是时评家，还是现代著名的史学家、教育家和社会活动家。

新闻界前辈储安平，不仅是杰出的新闻记者、编辑（曾任《观察》主编、《光明日报》总编辑）和知名的政论家，还是著名的学者、政治活动家（曾任九三学社中央委员、中央宣传部副部长等职）。

为什么同样的论题，一些人写起评论来总是那几句车轱辘话，绕来绕去，显得毫无文采，而一些人却能够写得引人入胜、妙笔生花，这其中的差别显然已不能用"文采"二字所能囊括，而是与写作者的知识面有关，与才学有关。

时评具有感染力、说服力、影响力的关键，是时评写作者要具备"杂家"的全能本领，要能够不断地学习、求索、钻研，以达到修身立业的目的。

4. 作家的功力

语言是思想的翅膀与衣裳。评论观点的展开、论据的分析、论证的进行，都要用文字准确地表达出来。若词不达意、文不对题、逻辑混乱等都会影响这种表达。故此，新闻评论者的写作能力值得重视。

写作能力与写作者的水准、技能相关，与写作者知识的深厚和思想的深邃相关，表现为作品立意是否准确，表达是否清晰，文笔是否流畅等。文采飞扬、气韵生动，这是作家修炼要具备的功底，值得时评写作者学习、效仿。

5. 律师的意识

时评写作者要敢于立论，善于立论，对那些有悖于公平公正、良知正义的事，发出自己直率的怒喝与呐喊，对社会的发展提出自己的想法和见解，这是不言而喻的。但是，时评写作者也不是无所顾忌，想怎么说就怎么说。"时评毕竟不同于私底下交谈那样的天马行空和可以不负责任，一种错误或偏颇的观点的出现，负面影响亦不可低估。这除了媒体要有意识地组织不同观点的及时发布，以便于公众多侧面多角度地思考问题外，作者的素质与站位也不容忽视。显然，时评作者的底线，除了良知与公正外，还要讲求理性。由于作者追求时评的强时效性，常常会导致一些并未深思熟虑、多半出于一时冲动的观点的出现。如果任由感性冲动，不讲理性分析，发布不负责任的言论，最终不仅害了作者，也误了媒体。这一点是值得我们时评作者警惕的。"[11]时评写作者要尊重公民所拥有的各种权利，要能在不违反新闻道德原则的基础上，注意尊重个人的名誉权、隐私权、肖像权等公民权利，也就是说，在社会法制逐步走向健全发展的情况下，时评写作者要增强自身的法律意识，要掌握更多的具有国际接轨意义的法律常识，只有这样，才能更好地完成职责。

总之，时评写作者只有具备较高的综合素养，才能较好地担当起时评写作者的任务。上述所言，绝不可以片面地割裂开来，而要相辅相成。

（二）时评的写作要求

时评的写作要求主要有：

第一，选题上要表现问题的时新性

反映问题的新鲜及时是时评要体现时效性的首要要求，特别是新近发生的事实往往成为时评评论的对象。许多报纸（如《南方都市报》《文汇报》《中国青年报》《扬子晚报》等）、网络媒体的时评栏目（如人民网的"人民时评"、东方网的"东方时评"、湖南红网的"红辣椒评论"、四川在线的"麻辣烫评论"、黄河新闻网的"黄河评论"等）的时评作品往往与所报道的新闻同步，其新闻和评论的时间差基本控制在一两天之内（甚至是当天发生的事当天做出评论）。其评论对象是同期本报、本网站的新闻，使新闻与评论互相深化，互相延伸，评论配合了新闻，使新闻更加引人注目，同时也深化了新闻的理性部分。这种由速度所产生的效果，是叫人意想不到的。当然，时评绝不仅仅是一种表达，它是一篇作品，它需要作者的独立思考；它要对事件发展起到作用，只有提出新的理念，从而在价值判断上引领社会思考，从而在社会发展中积淀知识和思想资源，社会的道德情操才会进步。

为使时评的选题具有时新性，时评写作者既要从大量现成的新闻报道中获取评论的选题和灵感（可以关注新闻事实中的某一个要素，也可以关注新闻事实中的几个要素，还可以关注数则新闻报道中的共同性因素等），也可以从自己对社会现象的关注和感悟中获取评论的选题和灵感。正如赵超构先生所说的那样："读报、听报告、同朋友谈心、学习、开会、参观访问，都可以发现题材。"

在选择和确定某个时评选题时，写作者应该自问这样几个问题：①我所要论述的问题是否为大众所关注，即确定这个论题是不是对大众很重要，对这个论题的分析和阐述能不能引起大众的兴趣，是不是当前亟待理清和解决的问题；②我能否把握这个论题，即写作者对事实真相是否充分了解，相关事实材料是否充分掌握，对所要论述的问题是否具有充足的思维积累和论述能力；③我是否有新鲜而有价值的见解。

知己（个人的特长和能力）知彼（读者、事实）才能百战百胜。

第二，观点要尖锐深刻

时评是代表作者个人发言，带有鲜明的个性特征和强烈的感情色彩，在诸如《对"健康教母"的"栽培者"亦当问责》（见《文汇报》2011 年 7 月 19日）、《"中华脊梁"伪评奖，不办也罢》（见《光明日报》2011 年 7 月 22 日）、《精简机构应从省委副书记开始》（见《新周报》2004 年 10 月 26 日）、《院士增选理应回归学术本位》（见《光明日报》2011 年 7 月 6 日）、《南科大撕下了"去行政化"的假面孔》（见 http：//www. rednet. cn2011/7/21）、《温州动车追尾，不是天的错，而是人之祸》（见 http：//www. scol. com. cn2011 － 7 － 24 来源：四川在线——麻辣烫评论）、《网络不是语言粗鄙之风的温床》（《人民日报》2016 年 01 月 21 日第 17 版）、《文学评奖应该与公众坦诚相见》（《光明日报》2015 年 08 月 06 日第 2 版）等优秀的时评文章中，作者支持什么，反对什么都一目了然，观点明确深刻。批判是时评存在的意义所在，直截了当地说出真相，面对真问题，说出自己真实的良心判断，这是时评这一特有的文体所承载的使命。相反，不痛不痒、缠上一层又一层裹脚布的"时评"，戴着种种有形或无形的镣铐舞蹈的"时评"，常常失去了时评的本真面目，变成可有可无的东西，这样的时评，遭到诟病是不可避免的。[12]

著名时评家刘洪波认为，尖锐不止是语言的尖锐，有个性的思想尖锐才是更好的。时评家曹林也认为，时评确实是一种公民表达，但时评既然刊登在报章上，就不仅只有传者，眼里更要有受众，不是光表达出来就行了，要讲究一种传播价值和传播效率。新闻，只有"新"才能吸引受众注意；而评论，也只有观点"新"，观点和观察独到，才能为事件反思设置新的议程，从而推动事件的发展。评论不能甘愿做新闻的"马后炮"或"观点附庸"，评论要有超越新闻的独立价值，这就是观点和观察的独到。[13]

要做到观点（或立意）的新颖深刻，应注意以下两点：①对所评析的对象及对象所包含和所联系的诸方面有准确把握和透彻认识；②力求提出认识问题的新思路、新见解，提出解决问题的新办法、新途径。

第三，要富有三种色彩：杂文色彩、散文色彩、理性色彩

优秀的时评作品，一般都具备这三种色彩。

杂文色彩的"杂"，不是混乱、杂七杂八，而是杂而不散、形散意聚，是幽默、风趣、活泼等等。著名杂文家、时评家储瑞耕对于散文、杂文、评论创作

之间的关联，曾有两个大同小异的观点：其一，用优美的散文陶冶一下尖锐的杂文，用活泼的杂文陶冶一下严肃的评论。其二，杂文时评化则杂文死，时评杂文化则时评活。[14] 他认为，时评与杂文是"表兄弟"，有共同的要素，即有鲜明而强烈的情感，有深刻的哲理，有文采和形象等。时评完全可以借鉴杂文的种种写法，把时评写得犀利、透彻、既发人深省，又让人爱看。鄢烈山、储瑞耕、潘多拉、郭松民、刘洪波、连岳、曹林等时评人的时评作品都具有浓郁的杂文色彩，受到众多读者的热捧。

散文色彩的"散"，是指散而不乱，舒展灵动，是视野、内蕴丰富等。

理性色彩的"深"而不涩，是由此及彼、由表及里，侃侃而谈。时评中所阐述的道理应该尖锐、深刻、新颖而不艰涩、片面，不人云亦云、拾人牙慧。

除以上三点注意事项之外，时评写作还应注意篇幅要短小精悍，语言尽量精粹犀利，不造作、不带腔调，有个性色彩。

注释：

［1］陈栋认为："新时评"不仅是指新时期的时评，更是指新时期内时评呈现出的发展特性与内涵，这主要是相对"传统时评"而言的。"传统时评"的基本特征是：基于时事或时政的评论；文字简短；表达风格直白、明快、隽利。"新时评"除了具备这些特性外，还具有一个核心特征：公民写作。换句话说，新时评不是一个政治概念，而是一个时代概念。因此，新时评的起点不一定是新时期的起点。新时评的起点比新时期的起点要晚。参见陈栋《解码新时评——中国新闻时评的新发展（1996－2006）》，中国社会科学出版社2010年，第16页。

［2］鄢烈山：《21世纪的"新乐府"——我的"时评"观》，载《采写编》2003年第12期。

［3］陈栋、王丽明：《"我"只是一个与别人思考问题的个体——访青年杂文家、时评家刘洪波》，载《青年时代》2005年第5期。

［4］陈栋、王丽明：《让名字活在自己的作品上——访韬奋新闻奖获得者储瑞耕》，载《今传媒》2006年第1期。

［5］吴庚振、要清华著：《喻巧而理至——比喻在新闻评论中的应用研究》，河北大学出版社2006年，第181页。

［6］陈栋：《解码新时评——中国新闻时评的新发展（1996－2006）》，中国社会科学出版社2010年，第10页。

［7］陈栋：《解码新时评——中国新闻时评的新发展（1996－2006）》，中国社会科学

出版社 2010 年，第 16 页。

[8] 陈栋：《评论成就精彩人生——访范长江新闻奖获得者、〈人民日报〉副总编辑米博华》，载《今传媒》2007 年第 1 期。

[9] 陈栋、王丽明：《让名字活在自己的作品上——访韬奋新闻奖获得者储瑞耕》，载《今传媒》2006 年第 1 期。

[10] 陈栋：《解码新时评——中国新闻时评的新发展（1996－2006）》，中国社会科学出版社 2010 年，第 169 页。

[11] 陈家兴：《快速反应中坚守理性》，载《人民日报》2005 年 7 月 12 日。

[12] 可以参阅叶匡政的《时评，正在成为一种脑残文体》（载《南方周末》2008 年 11 月 19 日）、彭健的《当代时评的困境与出路》（载《青年记者》2009 年第 25 期）等相关文章。

[13] 张迪：《爱做智慧者的思想游戏——曹林访谈》，载《杂文选刊》2007 年第 3 期。

[14] 陈栋、王丽明：《让名字活在自己的作品上——访韬奋新闻奖获得者储瑞耕》，载《今传媒》2006 年第 1 期。

此中有真意

——裘山山《会议合影》赏析

由于专事散文写作教学及散文批评研究，经常有学生问我这样的问题：什么样的散文是好散文？说实话，这个问题我也经常思考，但要我说出明确、清晰的答案来，恐怕实非易事。因为散文作为一个流动的概念、发展的概念，在每一个时代都有它自己所认定的散文，都有其评判散文好坏、质量高低的不同标准。中国散文学会常务副秘书长红孩在其所主编的《2003 年我最喜爱的中国散文 100 篇》一书的序言中曾经这样认为：在唯美的前提下，散文无外乎有三种成分，即第一，提供多少情感含量；第二，提供多少文化思考含量；第三，提供多少知识含量。具体化之即散文可分为三种类型：生活积累型、文化思考型和艺术感觉型。在此平台上，散文创作的题材越宽泛越好，技巧越灵活越好，不论是哪种类型，只要写好了，都不失为一篇好散文。如果以红孩所秉持的这种标准来看作家裘山山所写的散文《会议合影》，那么我们可以说它是一篇挺不错的好散文。

首先，从该文的写作题材来看，它所选取的题材非常注重现实关联性与平易性。相信有相当多的读者对"会议合影"这一生活场景并不陌生，甚至还亲身感觉、经历、体会过，在自己的内心掀起过各不相同的涟漪乃至波澜。法国著名雕塑家罗丹曾一再强调，所谓大师，就是他们能独具慧眼，在别人司空见惯的东西上能够发现出美来。而作家裘山山就是这样一位善于"发现"美的人，她用自己那敏锐、独到的艺术触角从"会议合影"这一"司空见惯"的、平淡无奇的日常生活场景中努力捕捉、发掘其中所"藏纳"的深意。她用这一非常日常化、现实化、真实化、杂、碎、小、有韵致的题材，逼真细腻地、毫不避讳地宣扬了自己的立场。

其次，从该文的表达语言来看，这篇散文的文句非常口语化、生活化，甚至还颇具幽默性。如作家在写人们站在架子上等候重要人物出场时的外在神态、内在心理的变化就相当细腻、逼真；在写自己的内心思绪——"立足现实寻找解除痛苦的方式"时，更是用相当幽默的语言传达出自己的情怀，甚至还巧妙地揭示出那种萦绕在许多人心头挥之不去的隐秘心理——官本位意识。

我们读散文，很有可能是为了寻找现实心灵的朋友；是为了倾听和开启智能；是为了发现别人（多半是创作主体）的人生并与自我互动；还有可能是关心，对某些书籍、某个人物、某件物体、某类树木、某条河流、某段历史、某种局势等的把玩、探索或向往。通过读那些优秀的散文，我们有可能找到心灵最真实的联结点，实现文学中最平易也最富有创造性的对话。

通过读《会议合影》这篇颇具生活气息的散文，你是否也能发现其中所蕴藏的"真意"，并能与这位女作家进行一场"最平易也最富有创造性"的对话呢？

附：

会议合影

裘山山

迄今为止，本人已拍过无数的会议合影。凡拍过会议合影的人一定都有体验，其痛苦在于：首先，我等作为背景的非重要人物必须早早站好，不是随便站，是按事先排好的名单，站到专门用于拍照的架子上。一般来说，我是站在倒数第一或第二排的位置上，高高在上，仅有立足之地。站稳后，努力从前排的肩膀上露个小脑袋（有时是半个）；其次，站好了就开始等待，等待大人物的光临。最短的也得等 10 分钟，长的等半小时，最长的一次我等了一小时。这一个小时里，我们仅有立锥之地，脚酸了，只好用金鸡独立的方式倒腾左右脚，让两只脚获得短暂休息。像我等女流之辈，喜欢穿高跟鞋，站在架子上，那不是一般的累；第三，因为是开会，多数人你不认识，你的等待是夹在前后左右的陌生人中间。运气不好的时候，你前面的那个脑袋已经很久没洗了，你还得细细感受一个懒人或忙人的浓郁的生活气息；运气好的时候，你前面那个脑袋属于讲究生活品位的一类，喜欢用香水，因为出来开会，还额外多喷了不少，你只好免费享用那个家伙发出来的化学气息。当然，你也得清醒地意识到，你的脑袋也在别人的鼻子下面，你头上冒出的白发或者难以掩盖的秃顶，都长时间地在别人眼皮下免费展出，供其研究或者窃笑。

我等就在以上三层痛苦中，等待着大人物的到来。

大人物终于来了，你要笑容满面、热情鼓掌——不过那个时候鼓掌，还真的是充满了喜悦，没准儿心里还在轻轻地深情地欢呼道：啊，你终于来了，你总算来了！因为我站得实在是太累了，太痛苦了！天气炎热，运气不好，我站在倒数第二排，前后左右，无处可逃。加上我穿了一双高跟鞋，久站之后，酸痛不堪。

问题是：这样忍受痛苦拍出来的合影，多数人拿回去不会再看第二眼，扔在柜子里，浪费时间就算了，还浪费钱。一张照片10元至50元不等，每照一次，加上洗照片，都得花费上千元乃至数千元人民币，成为无法降低的高额会议经费的重要原因。而且还对与影者造成潜在的心理伤害。这个不好论证，姑且提出来再说。

一般来说，重要的会议合影至少拍三张，从中选出一张理想的加印给大家，不是你理想，是大人物的形象是否理想。所以你多半是难看的，且模糊不清的。大大的一张，里面有个小小的你；或者长长的一张，里面有个米粒似的你。当然，大家都是米粒，大人物也是米粒儿。运气好了，你全头参展；运气不好，你半个脸出席。一般人发现不了你在哪儿。而且像我这样的人，一辈子的会议合影，都是那些人，我不可能站在科学家、律师法官、运动员中间，照来照去就是那个圈子，没啥新花样，看到的只是一张比一张老而已。

可是我觉得没意思的事情，组织召开会议的人肯定认为有意思，而且非常重要。第一，证明确实开过这个会；第二，证明上级领导的重视（亲自出席），也许还有第三和第四。

我只有立足现实找出解除痛苦的方式。

那天我站在架子上苦思冥想，想出以下几点出路，并一一分析：第一，熬到老资格。不行，我亲眼看见很多资格很老的人，今天也站在架子上受刑；第二，争取当官儿坐在前排；第三，躲。我曾成功地躲掉一次，我对自己说，你以为你是谁啊，你不在场没人会注意的。果然，我躲在会议室喝茶，他们在楼下站架子。等他们拍完上来，我已经喝得很舒服了，颇有成就感。可多数时候是不成功的，总有非常负责的工作人员会把你从房间里揪出来，或者打你的电话，在众人面前大呼小叫"就差你了"云云，以至于你不但得来，还得小跑着来；第四，心理抚慰。拿到集体照回去后，连续若干天带在身边，见人就给人看，指出自己所在的位置，并一一指点会上的名人，以示自己和自己所参加的会议之重要，然后再配以镜框找一面墙挂上，作心理弥补；第五，采用高科技手段。由于拍会议合影的主要痛苦来源于等待，等大人物，我由此想到，各部门可将大人物的形象做成电脑软件，拍集体照时空好位置，这样大家站成背景拍照后，再把他们的头像一一安放在空好的位置上，省时省力，也免去了大人物的辛劳。

最后一招：改行当个拍合影的人。

那天我站在架子上，看到最悠然自得的，就是那个等着给我们拍照的摄影师了，在大人物到来之前，他随便打量我们，调度我们：喂，你，站过来一点儿。喂，你，把脑袋露出来。矮的那个，你和你后面那个高的换一下。戴帽子的，你把帽子取了。那个女同志，看不到你了，你站直点儿……然后，开始随便"咔嚓"。看得我羡慕不已，心中顿时升起了新的理想和信念，做一个拍会议合影的摄影师。

（该文发表于 2008 年 10 月 4 日的《常州晚报》）

叩问生死

——郑慧《生与死的双重救赎》简析

　　死亡是人类所面临的最为严峻的命题，是人类思考得最早而且无有穷期的永恒命题。作为不同凡俗的思想者，文学家们对死亡总是表现出特别的敏感，他们用自己的作品，不知疲倦地探寻死亡本质、死亡形态、死亡价值及死亡情感等命题，力图从哲学的高度来追踪人类最原始、最坚固的这一核心体验，力求把握生命进程中最辉煌最悲壮的最后时刻。20世纪80年代以来，有关死亡主题的散文作品不断涌现。在一个不长的时期内，集中地、突出地、反复地出现死亡主题的散文作品，这是一个不容忽视的文学现象，更是一个引人深思的文化现象和社会现象。郑慧的《生与死的双重救赎》，就是一篇思考生与死的好散文。

　　在表现死亡主题的时候，中国当代散文一方面深刻地意识到死亡的绝对性和无可挽回性，另一方面又力图从彻底的绝望中，挖掘出死亡对现实人生的意义。德国著名哲学家海德格尔（Heidegger）认为，人是走向死亡的存在，人的存在的真正意义是"趋向死亡"。他把其简称为"向死而在"。他认为死亡作为人的存在的最终可能性，其基本结构就是：死亡是亲在的最本己的、无关涉的、不可超过而又确实的可能性。人如果能把握死亡作为可能性的几种基本结构，就是"真正的向死而在"，就能"自死而得自由"，而有真正的人的存在。海德格尔的这种以死求生的人生哲学尽管有着浓厚的悲观主义色彩，但它要求人"面向死"而得解脱，立足于死以求生，立足于虚无而衬托出存在的积极态度还是非常有价值的。这一生死观对中国当代散文家们的影响可以说是相当深远的。当代散文家们用他们的作品告诉人们：人是世上所有生物中唯一知道自己要死的生物，人在这样的境况下，还要一代代活下去，努力着、奋斗并前进着。这需要具有非凡的勇气和极大的承受力，是现代人无惧无畏的精神力量的最彻底的体现。

死亡意识能涤荡人的灵魂，携领人们升入超越世俗的崇高境界，以一种宗教般的虔敬来审视生命，审视自身。约翰·埃尔文在《寻找灵魂》（载 2001 年 10 月 8 日的《参考消息》）一文中认为，曾接近死亡又最终活下来的人往往会变得越来越无私，对他人越来越关心。《生与死的双重救赎》中的年仅 9 岁却能镇定自若地对待灾难与死亡的小学生林浩，困在废墟中尊严赴死的退休教师杨云芬，被迫中止救援心怀愧意的日本救援队员等等，所有这些"曾接近死亡"的人，他们越能直面死亡，就越能抹去尘世利禄，越能用爱的眼睛去审视自己、审视世界，也就越能善待这个世界和他人。从这个意义上讲，这的确是一种意义非凡的救赎与升华。

附：

生与死的双重救赎

郑慧

隐约记得那是个略微阴沉的午后，除此之外，和所有的别的日子没有什么两样。空间和时间倒退过去，如果时针和分针回归到那个铭心刻骨的位置，我们所能够找回的，只是忙碌的间隙，一杯水的瞬间。

空间和时间，眼皮底下的一杯水，远在汶川的地动山摇。

地震。这个以前似乎是安静地躲在字典里的词语，于瞬间积聚了残忍的能量，不容置疑地复活。

它让我们在活着的时候，痛心彻骨地感受了死亡；它让我们在阅读真实的时候，终于厌弃了虚构的轻率和无力。

林浩，已经成为百度收藏的词条。

这个小学二年级的虎头虎脑的男孩，在地震袭来时与同学一起被压在了汶川县映秀小学的废墟下。为了让哭泣的同学不害怕，他在废墟下给他们唱歌。后来他顽强地爬出废墟，但没有离开，而是返回废墟，将两名同学拉了出来。之后，找不到父母的他和姐姐、妹妹走了 7 个小时的山路，逃出映秀。

这个以镇定自若对待灾难和死亡的男孩，才 9 岁。

同样是在汶川县映秀镇，52 岁的退休医生杨云芬扛着断石，撑了 4 天。同样努力的，还有救援者。营救、失败、再营救……颤巍巍的残墙和悬梁下，他们不肯放弃。第 4 天的上午，又一次失败后，杨云芬突然含泪对救援的人说：

"放弃我吧，你们去救别人！"之后，她用玻璃片划破了双腕，吞下了金戒指。

杨云芬之前顽强地认为自己肯定不会死，可是念及救援者的生命，她放弃了自己，尊严赴死。

因决堤和余震的危险，日本救援队被迫中止救援返回成都，面对掌声和致谢，救援队员却都十分难过。当晚，在日本新闻网站上，发现有自称日本救援队员的留言："我现在只感觉到自己的无力和悲伤。作为救援队的一名成员，仔细想想，一个活着的中国人都没救出来，就这样回来了。我的一个同事对这次的事，精神上很受打击，已决定辞职。为了成为能够救助宝贵生命的人，我会努力活下去。"

所有的幸存的生命，在如此罕见的灾难到来的时候，终于留出了思忖的定格。汶川、北川、青川、德阳、理县、什邡、安县、……那些曾经对于我们几乎完全陌生的地名，一时如闪电划过了所有人的心。山重水复，放下了所有的罅隙和追逐，一瞬，即一生。

让人扼腕叹息的，还有同样的"生命"，都江堰。

即便是在日光萧瑟的冬天，它的古老和智慧的光芒也曾经让我惊艳不已。战国时期秦国蜀郡太守李冰父子，天才地留给我们这份独一无二的奇迹。让我们记得的，不仅是《史记》的记载：都江堰建成，使成都平原"水旱从人，不知饥馑，时无荒年，天下谓之'天府'也"。让我们记得的，还有这处不折不扣的严丝合缝的水利工程，2200 多年来一路沉淀下来的山光树色，理性与激情的相濡以沫。

可是这一次它也没有能够幸免。几乎是难以置信地读完了这样的消息：世界文化遗产地都江堰遭受巨大损毁，完好无损的建筑已是凤毛麟角。二王庙古建筑群已全部倒塌，成为废墟；伏龙观所有古建筑屋脊、屋瓦全部损坏，地面塌陷开裂，遍地瓦砾；沿山石阶、古老照壁、观澜亭等建筑和围墙全部垮塌；鱼嘴工程大面积裂缝，数吨之重的都江堰石碑也从底座摔下，碑身、碑盖断成了两截……

它们曾经无比真实地在我的生命中存在过，四川盆地温暖如春的冬天，气喘吁吁地穿行在都江堰沿山而筑的古刹与林木中，久久地凝视着脚下至鱼嘴处平静分流的汹涌江水，一边在心里说，这是我所偏爱的，如此厚重的记忆。

纵然是天马行空的想象力，也不可能相信，一晃而过的不足三年的光阴，那些留下过我微弱足迹的土地，刹那之间，成为废墟。

　　这个时候，分明地感受到了自己的身体，仍然能听到它那时候的呼吸，触到它那时候的肌理。时光交错，才懂得我的身体不只是经过了它，心里的痛楚如此遥遥相望，近在咫尺。我们所有的遭逢，都有可能彼此交集。

　　万物有灵，向死而生。

　　从来没有这样一个时刻，嘈杂的尘世终于因为对于生命的悲悯而得到宁静。那么多的牺牲、胆量和意志，那么多的绝望、重生和尊严，披荆斩棘完成了一场生者与死者的双重救赎。

　　它让我们重新记起帕斯卡尔说过的话："人是一根芦苇，大自然的一点力量，一口气、一滴水就足以致他死命。但纵使这世界毁灭了他，人却比致他于死命的东西更高贵。"

（该文载于 2008 年 6 月 9 日的《无锡日报》）

清心明目的精神保健体操

——缪小星《读书的年轮》简析

世界上的图书文献迄今为止已经有了六千年的发展历史。从公元前四千年波斯与地中海地区的泥板图书，到公元前三千年古埃及的纸草图书，从公元前四百年中国战国时期的缣帛图书和简牍图书到公元前二百年小亚细亚帕加马的羊皮书，从公元二百年开始出现的纸质图书到公元四百年前地中海地区流行的蜡版图书，人类用文字的形式通过各种载体把知识、文化和各种信息保存了下来。这些文献是人类文明的记录和结晶，而在数千年的人类历史发展进程中，读书也成为人类的一种不可或缺的生活方式、行为方式和交流方式。

在人类的发展历史上，成千上万的学人的读书生活、读书精神、读书方法、读书格言、读书技巧给我们今天的读书以有益的启示。尽管二十一世纪已经进入了喧哗与躁动的网络时代、"读图时代"，但相较于广播的嘈杂、电视的喧闹、报纸的欠厚重、网络的过于虚幻，书籍所独有的那份沉静、深远和幽雅，最让人难以割舍。

如何在"读图时代"这一意义暧昧的流水线生产的时代，也是心灵空洞化文化模式化的时代找到自我和个性、想明白自己的生存处境，就必须跳出时尚的旋涡，必须不时地停下脚步，向历史的深处张望。而读书正是可以帮助我们清心明目的精神保健体操。

缪小星的这篇散文，就比较真实细腻地写出了他自己的那种超然自在的读书生活，从谈自己在书摊上租读琼瑶等人的作品，与朋友发短信交流读书心得，到自己对普鲁斯特、莫言、张爱玲、沈从文、杨绛等人所创作的作品的解读、分析，均言简意赅，饶有情趣。

我非常欣赏那种在平和的心境下读书的美丽姿态。在没有升学的压力、没有功名利禄的动机驱使下读书，这并不说明读书可以没有目的、没有寄托、没有追求。读书的最大目的，就是去俗。林语堂认为，读书的主旨在于排除俗气，他曾经说过："人之初生，都是好学好问，及其长成，受种种的俗见俗闻所蔽，毛孔骨节，如有一层包膜，失了聪明，逐渐顽腐，读书便是将此层蔽塞聪明的包膜剥下，能将此层剥下，才是读书人。"宋人黄庭坚也说："士大夫三日不读书，则义理不交于胸中，对镜觉面目可憎，向人亦语言无味。"这样日日读书，读好书，就能修成"腹有诗书气自华"的造化，这才是读书的真境界。

读书这一清心明目的精神保健操，还是要坚持不懈地做下去为好！

附：

读书的年轮
南京　缪小星

自在的读书是最没功利的，管他什么事，一读而不可收拾。三十出头的那一年，一个人挂职在乡里，有事没事便从书摊上租来各色书等，先将琼瑶过了，记得从《心有千千结》开始，一到两天一本，人好似给淘过一遍。文革男女大防，此时在书的世界补上了那一课。

对读书有所寄托不会是衰老的征兆吧，没看到年轻有大志的人还在说读书，或者说在读闲书。可是人总要有所爱好有所归依，下棋、打牌固然不错，但要找相当的对手或搭档，就没有读书来得方便了。有朋友经常要我推荐新书，凡说到的他们一定淘来，然后发个短信说说感觉，鼓励鼓励，实际上是要我继续把功课做好，好让他们吃现成的。一天夜里值班，说起十多年前读的《老海失踪》，绘声绘色，一块当班的同事急得上网速查，意外地发现他正迷着的《如鹢》的作者也是写老海的。书，会让一个人发现自己还有点意思，特别是得到异性的青睐。前些天一位姑娘突然问起读书，用短信发出，当即开出周扬翻译的《安娜·卡列尼娜》。问，为什么一定是周扬翻的？答，不同的翻译几乎就是不同的书。草婴的第一句就给打倒了，"幸福的家庭家家相似，不幸的家庭各各不同"。而周扬是怎样翻的呢，"幸福的家庭是相似的，不幸的家庭各有各的不幸"。你看周扬的多好。当年还对了对最为经典的渥伦斯基和安娜在火车上相遇的一节，觉得也是周扬的好。

读书的事对不同的人，或同一人在不同的时段，差异极大。比如，普鲁斯特的《追忆逝水年华》，是意识流的扛鼎之作，看到国内国外许多大文豪为之倾倒，于是从图书馆借了过来，而且是上庐山疗养时看的，因为怕这样的特大级砖头消受不起，就要在山里看。结果呢，还是昏昏欲睡。但是说不定什么时辰捧起，便能如痴如醉了。又比如莫言的作品，上学的时候在宿舍读完《红高粱》，一下子拍案而起；如今莫已是获诺奖呼声很高的大陆作家，可是读他的近作，整个儿是排斥，因为过分铺张且主题先行，与世俗生活相隔。自以为莫言矫情，先天不足，后来又让那个诺奖害了。

通常说什么样的年龄读什么样的书，错过了再读就是另外一回事了。但是有些书是不受年轮限制的。张迷是华人世界至今不衰的文学现象，男女老少，此一时彼一时，都迷。有一阵子看张的小说通宵达旦，丢不下来。《半生缘》中，她写感情的那种冷酷和透彻让人全身结冰。《倾城之恋》，很短，能看得人产生千回百折的感慨。她的文笔令读者不见署名便认出她来，记得形容女性三十岁的美丽是如何经不起生活的突变，说那是细腻精致的瓷，薄得一碰都能碎去。沈从文，零碎地读他，觉得好，但是读到《边城》，长时间缓不过神来，就那么一个传统的题材，古老的爱情故事，宿命的结局，在沈的笔下怎么会变成这样。他的语言纯净、含蓄、优美，找不到刻意的痕迹，找不到自己所读的哪一部诺奖作品有这样的境界。有研究发现，《边城》的写作是在沈和张兆和成家之后第 8 天开始的，而且是沈一个人在某一个地方，用现在的话说，在蜜月中沈向张请了创作假。沈追张是一个马拉松式的艰苦卓绝锲而不舍的戏剧性的过程，本身就有许多十分有趣的故事，特别是胡适先生"调侃"沈的情书和张的告状。那么，为什么当幸福美满要溢出酒杯的时候，沈要去写这部小说？揣摩下来，恰恰是沈感受到人生太过辛苦，爱情太不容易而百感交集，于是怀着对天底下无数男儿、姑娘们的同情、悲悯而落下了如椽之笔。沈本来就是一个与世无争而全身心地观察和怜爱着民间生活的"小作家"，他的性格和人生阅历使得他对美以及对美的消逝非常敏感，所以沈成为那个黑暗年代很少有"愤青"表现而唱着田园牧歌的少数作家之一，而这种艺术表现绝非轻浮廉价的，看似家长里短柴米油盐儿女情长，经过沈的笔端，有许多故事便让人不得不去关心不得不去追问，因为它们包含的命运主题缠绵而又深邃，令读者难以释怀。可以想见沈从文在创作《边城》时的状态：幸福、平静、伤感、孤寂，还有冷峻。这个世界任何伟大的作家都会有这种悲天悯人的情怀。

书的存在能让时空发生变化，尤其在老得不方便出门的时候，读书更具有力量，直至可以平静地面对生和死这样的终极门槛。如今我们读到了杨绛的新作《走到人生边上》。一位 90 多岁的老人，在身边两位亲人先后离她而去后，在时光隧道的尽头探讨人究竟还有没有来世这一人类社会最为迷惘的大问题。老人第一次把灵魂两字拆开，说灵说魂说人，特别指出人不能没有信仰没有归宿。老人在暗示她已经看到了自己的未来——冥冥之中将产生一个新的存在。其实，杨绛是不会老的，她在 70 多岁的时候还写出一部经典爱情小说《洗澡》。北大几位泰斗级的老先生读后称之超出《围城》，评书中女主角姚宓为建国以后文学创作中最具魅力和性格的女性，金岳霖则称姚为"中国第一青衣"。也因为姚宓，有了许彦成，让男人在女人面前总是太卑微。刘若英有一首歌叫《为爱痴狂》，其中反复唱道："想要问问你敢不敢"，真叫是，唱得男人无地自容。杨绛则是用宽容、温情还有悲凉的笔调写许先生，因为男人毕竟还是男人呀。

　　读书是非常安静的，犹如树站在那里，一天一天，一年一年，在风雨中，在阳光下，给自己的生命留下美丽的年轮。今天，在网络时代，在娱乐专制的时代，我们从哪里体验那种传统的细致入微的痛苦和快乐，我们又如何掂量自己的生命把握属于自己的时光，去聆听大师们的耳语心声？其实这非常简单而纯粹，那就是静下心来，捧上一本好书。

（该文载于 2008 年 4 月 29 日的《新华日报》）

一曲深沉、苍凉的乡村挽歌

——单士兵《大地微凉：戏台》简析

一手写时评，一手写散文的单士兵先生坦言自己写的散文比时评要好，这当然是他的过谦之语。作为《重庆时报》评论员，他仅在 2008 年就在中国各大报刊发表评论文章 300 余篇，更有多篇文章被收入年度《杂文选刊》等书籍，几乎每天都有文章被网易、搜狐、新浪、华龙网等各大知名网站转载。只要你在百度输入"单士兵"就可查搜出六万多条与其有关的评论，其搜狐博客，点击量现已经超过 7850000 次。他还被相关媒体推选为"2008 重庆十佳网络知识分子"候选人。由此可见，他所写的犀利、切中时弊的时评是很受广大受众的欢迎的，当然这也给他带来不少麻烦。我也曾多次在《现代快报》等媒体上拜读过单先生的评论文章，其文风、见解均给我留下深刻的印象。近年来，我虽专事散文教学及散文评论研究，但对单先生的散文作品涉猎并不多，可就在这些作品中，《大地微凉：戏台》这篇略显苍凉、略带忧伤的散文深深地触动了我心底的乡思、乡情，我也因此牢牢地记住了这篇优秀散文。

被评论界称为"二十世纪受到普遍关注的最后一位散文家"刘亮程在接受央视《读书时间》栏目主持人的采访时说："乡下那种生活是一种什么样的生活呢？我觉得它跟城市生活最不同的一点就是一个人可以在他的童年岁月中完整地经历一些东西，这种东西可能促使一个人过早地对一件事情的完整过程做系统的体验。……乡下的生活却留了足够的让你的心灵去珍藏那些事件的时间，它用那么长的岁月把一件东西放到你的生活中，你可以慢慢去认识它、怀想它，你有足够的时间让这件事物进入你的心灵。""岁月过去以后好多东西都消失了。但是这些东西可能库存到某一个人的心里面了，它变成了一个人自己的东西。"生于 20 世纪 70 年代的单士兵先生，远离苏北故土，想必也会时常怀想自己的故乡，想念那"乡下的生活"，而他用以寄托乡思的"这件事物"就是那"不高，仅越过人头；不大，宽长并不逾一间民房"用"土坯堆垒，上铺木板，靠后的两侧搭木质台阶"的乡村戏台。这个已经"彻底坍塌"消失不再的戏台已经"库存"到单士兵先生的心里面了，它已经变成了单士兵"一个人自己的东西"了。

这篇文章借助"乡村戏台"这一意象展开虚实相间细腻描写，既写戏台给乡村生活带来的生机与乐趣（"戏台，可以催发乡村从一个荒诞的梦中醒来，也可以引领乡村在一个更美丽的梦里沉浸"；"喧天锣鼓，激荡着乡村的心灵。戏台的风，抚摸着乡村所有的肌肤。一方戏台，也许有着改变乡村文化走向的可能"），又写了诸多在当时戏台上"顾目流盼"、让人"销魂蚀骨"的乡村演员们的戏剧人生与现实人生，更写了乡村戏台的现实境况（"变成了一堆灰土残木，然后，在时光的暗影里灰飞烟灭"）。字里行间既弥漫着对朴素、悠远的乡村生活的悠悠怀恋，又充溢着梦想走向枯涩不再美丽的淡淡忧伤。

一篇好散文往往有道不尽的精妙之处，《大地微凉：戏台》便是如此。面对它，有太多的感慨与赞赏，却总觉力不从心，因为它触及的是人心灵的深处，与血液相融，与灵魂相契！

附：

大地微凉：戏台
单士兵

……他们曾用金属的响器
摇曳大地上的树木和乡间孩子们的梦？
如今那矮小的戏台只剩了一堆黄土
午后的太阳投下电视天线蛛网般的影子
往日的光阴遥远　忧伤　进入了永恒
——录自林莽《乡村的戏台》

人，在哪里活，都不能成被遗漏于暗角的珠子。谁都需要一根线，串起人与人之间的理解、温情与关爱。这强韧的细线，是文化。在乡村，缠绕着这种文化细线的轴，是戏台。

那时候，戏台就是乡村最坚固的底座。历史的幽微，现实的印痕，未来的探询，一切都在戏台之上。于戏台之上远望，天空清澄如洗，田野照人，纵有千重回旋，脚底也像是有了最重要黏合剂，坚定、稳重、踏实。

戏台不高，仅越过人头；戏台也不大，宽长并不逾一间民房。但在平原的乡村，戏台就是高台，端立的姿态，伟岸，庄重。戏台土坯堆垒，上铺木板，靠后的两侧搭木质台阶。大幕破旧不堪，但遮得住台内的神秘；一盏汽灯苍白，却又能尽显壮观气派；戏台产生的这种气蕴，大抵是源于其集纳的文化元素吧。能于戏台之上挥舞水袖，扭动腰肢，在老家乡村，那是真正上得了台面的人。

人生如戏。只是，有太多的人生，只不过是这世界里的一束微光，黯淡幽渺。太多的事，只能各自面对；太多的人，只有素颜修行。这样，似乎这世间有些人是只为演戏而生，而更多人生来就是看戏的。在那乡村戏剧之年，我已分不清戏台上的演员，是在演别人的故事，还是讲述他们的人生。我只是知道，他们的人生因为戏台而与众不同，让台下的人们，鼓掌、喝彩、嘘叹、悲泣。这些不同的声音混杂在乡村的星空与月光之下，乡村是清醒的、精神的、有力的。

生旦净丑，百味人生。戏里戏外，悲欢离合。戏台，可以催发乡村从一个荒诞的梦中醒来，也可以引领乡村在一个更美丽的梦里沉浸。是妖精，就会让人有销魂蚀骨的感觉。演《白蛇传》里的白素贞，是杨庄的沈月琴，在戏里演的其实也是白娘子的善良柔情，尽管唱着"西湖山水还依旧"，可她在现实中，却祛除不了狐狸与蛇的意象，那是因为她所有的美丽都只能转化为妖媚，谁叫那些乡村男人无法拒斥她原本无意的吸引呢？杜丽娘，其实也会是许多少女的一场乡村春梦。一朵野花、一场电影、一只发夹，一支情歌，都可能点燃乡村少女的情爱梦想。但是，不经意的一场世俗小雨，就可能会让跳动的火苗熄灭。爱恋的心，又会在灰烬底下苦苦守护，梦想能有一种神奇的超越力量重新点燃。唱"原来姹紫嫣红开遍，似这般都付与断井颓垣。良辰美景奈何天，赏心乐事谁家院……"的女子神情恍惚迷离，很容易让人猜想她是否也经历过惊梦背后那极致的风雅。有情有梦，人生，才精彩。

戏曲更是对精神伦理进行教化的圣地。戏台下面的村民，为《四郎探母》里历史缝隙中的杨四郎哭，是因为人性与道德超越利益，甚至是所谓的"国家利益"；为《牙痕记》里的孤儿寡母悲，是因为母爱亲情的力量可以刻下永不磨灭的生命印记；为《秦香莲》里的包龙图笑，是因为司法不畏强权能够实现公平正义；对《窦娥冤》里的贪官奸臣恨，是因为那一腔感天动地冤屈，在现实世界却无处昭雪。戏台上心妩媚，则乡村多温柔；戏台上人多情，则乡村有大爱；戏台上心坚韧，则乡村更强劲；戏台上人刚正，则乡村多公义。

　　喧天锣鼓，激荡着乡村的心灵。戏台的风，抚摸着乡村所有的肌肤。一方戏台，也许有着改变乡村文化走向的可能。古戏今唱，老戏的前世到了今生，自然会被赋予更多的时代色彩。于是，那些演唱、做派、衣饰、心理，也从台上步入台下，点缀平常生活。没有掌声的平淡生活，不是戏，但比戏更真实，更直接。村里的大姑娘小伙子，知道如何把自己打扮更体面且节制，能够在跌宕起伏人生中迅速成长与担当；那些长辈们在戏文传递的礼法节义中，不断地荡涤自己的陈腐陋习，于一方戏台之下诠释为尊为范之本义。

　　少年时代，我经常顺沿着戏台后的木质台阶，缓缓而上。那时，内心会涌动起莫名的滞重与感动。双脚踩在木板台面上，铿锵的声音，从脚心传至心间，直到头顶。戏台望远，乡野静淡，青草更青。历史的烟云像炊烟一般飘过来，往事与大地，空间与时间，一切都很旷远。而少年的梦，就从戏台上，伸延得更加深远。有一回，我在后台找到了戏台可以放飞梦想的心脏。在那些漆面早就斑驳的陈旧木箱里，我看到一大堆的希罕乐器与道具，皮鼓、铜锣、笛子、唢呐、二胡、三弦、琵琶，太多我都报不上名称。特别是那些眩目布景、古代服饰、复杂道具以及化妆材料，透着久远又神秘的气息。我知道，就是这一切，让历史复活，让未来有梦。

　　印象中乡村最早略施粉黛的女子，就是那些曾在戏台上顾目流盼的演员。她们曾经有过一些虚拟的身份，比如白娘子、秦香莲、祝英台、虞姬等等。我最喜欢的是运河对岸的史小云，她唱的《霸王别姬》，哀怨凄绝，愁肠千回，太悲凉，那凉气遍彻全身，心又最凉。后来再听她唱什么，都觉得声音里透着无尽的苦涩，她那脸上，曾于戏台上布迹的泪水，似乎永远也擦拭不去。此外，还有凌桥那边过来演祝英台的张青梅，还有杨庄的那个把白娘子演得撼人心魄的沈月琴，等等。她们曾经是我老家乡村最大最美的明星。《伊底帕斯》几千年震撼，《李尔王》数百年感动，那是在世界的戏台上演。而我老家的戏台，也同样演绎过如夜色一样挥之不去的精彩。就像莎士比亚所说，世界只是一个戏台。

　　岁月的风尘湮没了太多的风景。似乎就在不经意，我老家的乡村戏台就变成了一堆灰土残木，然后，在时光的暗影里灰飞烟灭。我曾经无数次徘徊那片现在仍然开阔的土地上，却终究无法再寻迹到戏台的昔日旧颜。大地如昔，只少了一方高台。戏如人生，选得却是最精彩的部分；人生如戏，留的又多是淡然的细节。我每一次回老家，都会碰上当年曾经在戏台上盘旋扭转的乡村演员。只不过，她们现在已经失了粉黛，暗了衣裳，成了寻常村妇，但是，一定有人知道，她们曾经有过的瞬间璀璨与极致炫美。所有的梦，总是先经过美丽，然后渐然走向枯涩。所有的生活，都是经过梦想之后，然后平淡精心地琢磨属于自己的现实角色。

戏台在乡村的彻底坍塌，其实是乡村一曲深沉的挽歌，传递的忧伤，使曾经无限丰满的乡村，一下子就被现实的泥沙挤瘦，变得灰暗、干涩、冰冷、空荡。现在，没有戏台的乡村，心就像断了线的风筝，虽然在同一片天空，又似乎因为没有一根可控的轴，随时都可能会被莫名的风带走。而内心缺少了根系，人就一定容易迷茫。

（该文发表于 2008 年 8 月 6 日的《淮安日报》）

用真诚化解心结

——赵本夫《我的日本朋友》简析

英国作家布莱克说过，"鸟需巢，蛛需网，人需友情"。我们每一个人活着都需要友情的滋润，而友情的获得却终究要靠我们自己去把握。防人之心应该有，但不要让提防成为阻塞友情发展的堤坝，因为你要明白：朋友都是从陌生人开始的。

赵本夫的这篇谈论友情的散文，就是在散淡平易的叙述中写出了他与日本女作家永仓百合子从陌生人到最后成为好朋友（"成为我们家的一个亲戚"）的交往历程。整篇散文的脉络十分清晰明了，本文以作者与日本女学者、翻译家永仓百合子之间的友情发展为线索，细致地讲述了两个人结识的缘起，交往的发展、深入（从时常来信介绍作品翻译的进展情况，到专程从日本来南京当面探讨问题，再到在国际长途电话中谈论对短篇小说《逃兵曹子乐》的认识，最后发展到作者全家人都把她视为"自己家的一个亲戚"……），让人读后能深深体会到这份淡若水的友情所蕴含的分量。

熟知赵本夫的人都知道，"平日的他一向节语、戒躁、勤恳、宽厚、忠诚，是一位兄长式的完全可以信赖的朋友"。（韩小蕙：《赵本夫：我的小说卖的是血不是水》，见《光明日报》2009 年 2 月 13 日第 12 版）正因为如此，所以在与永仓百合子交往的过程中，他给她留下了"最不爱讲话"的印象，尽管他也意识到自己"不应当冷慢一个无辜的人"。那么，是什么东西让他们后来的交往发生那么大的转变呢？是双方的真诚和努力！作者在文章中写到好几个细节：第一，永仓一如既往满腔热情地翻译着他的小说，至今已在日本翻译出版了十几部作品；第二，差不多十几年了，每逢春节，永仓都会从日本寄来一箱甜点，说是给孩子们吃；第三，这个细节非常关键，那就是永仓打国际长途电话与他交流对短篇小说《逃兵曹子乐》的感受、认识，正是这一举动改变了作者以往的认识，他终于被永仓那颗真诚而热情的心所感染，从内心深处接受了她，把她当成自己的朋友，甚至成为他全家人的朋友。

有句谚语说得好："钢铁需要火硬，交友需要心诚"。要想从陌生人变成彼此的朋友，关键是靠彼此的真诚来消除误解、缩短心距。

附：

我的日本朋友

赵本夫

上世纪 90 年代中期，我忽然接到一封从日本寄来的信，当时有些奇怪，我在日本并没有熟人，怎么会有日本来信呢？打开信才知道，这位来信人叫永仓百合合子，是一位日本女士。我以前并不认识。

原来，她和丈夫此前曾在中国广东一所学校教授过十年日语，连女儿都是在广州出生的。一次在广州逛书店时，偶尔买到我一本书，从此喜欢上我的作品。回国后，在东京一所大学教书，工作之余一直在翻译我的作品。她的信言词恳切谦虚，希望我授权让她翻译，并希望我提供更多的作品。她的信让我有些意外，但还是回信同意了她的要求，并寄去一些作品。当时我只是抱着试试看的心情，并没指望她能翻译成功。因为她在信里说，以前没有翻译过作品，也就是想尝试一下。但永仓百合子是认真的，她时常来信告诉我翻译的进展情况，有时也打国际长途电，就一些技术问题和我探讨。后来有一次突然告诉我，她要专程到南京来看望我，并当面讨论一些问题。我真是有些吃惊，她会如此执著严谨。不久，永仓专程从日本来到南京，我陪同三天，带她在南京参观了一些地方，还去看了阳山碑材。南京的古城风貌让她惊叹不已。临别时，我在一家干净的小饭馆为她饯行。我们都喝了不少酒。永仓性格很爽直，她的酒量比我还大。临告别时，她说了一句话："赵先生，你是我见过的中国男人中，最不爱讲话的一个。"这话让我有些尴尬。的确，在陪同的几天里，除了谈一些作品中的话题，以及简略介绍所到之处的一些景点，别的话没有。我只是做到了礼貌，却没有表现出应有的热情。我心里清楚，唯一的理由是因为她是日本人。由于众所周知的原因，加上我生活的这个城市，曾被侵华日军屠杀过三十万人，让我在心理上对日本人保持着距离。尽管我十分清楚，这和永仓百合子没有任何关系，和普通的日本人民也没有关系。一九九二年，我曾作为江苏省友好代表团的一员。去日本爱知县、大阪、京都、东京作过访问，并亲自感受了日本普通百姓的善良和友好，可心中的结还是无法解开。我可以和彬彬有礼的日本人彬彬有礼地相处，却很难产生亲近感。我不是政治家，我不会掩饰自己。面对善良而热情的永仓百合子，那几天内心十分矛盾。我不能伤害她，却又说不出一些虚假的话。第二天陪同时，我把活泼的小女儿带去了，希望她能调节一些气氛。永仓很喜欢我的女儿，一直夸她聪明漂亮，像个芭蕾舞演员。但她依然感到了我的沉默寡言。她是个直率的人，趁着酒后分别时说了上面那句话。我想她是在抱怨我。她有理由抱怨。记得当时我说了一句："抱歉，我平时就不爱说话。"这话也是对的。尽管我知道，这不是真正的理由。永仓大概看出了我的尴尬，随后又笑起来，说我知道，从你的作品中也能看出来，没有一句废话。现在，我能更好地理解你的作品和为人了。永仓走后，我有好多天都内心不安，觉得不应当冷慢一个无辜的人。

　　后来这么多年，永仓一如既往满腔热情地翻译着我的小说。至今已在日本翻译出版了我十几部作品，包括《碎瓦》《天下无贼》《鞋匠与市长》等。差不多十几年了，每逢春节，她都会从日本寄来一箱甜点，说是给孩子们吃。我一再写信告诉她，不必再寄东西来，我的孩子都大了，而且在中国什么都买得到。但永仓不听，依然每年都寄。她在用一个女人的方式，带着一种亲情，进入了我和我的家庭生活。对于历史上那场惨剧，每一个中国人都不可能忘怀，那是一种永远的痛，但平静下来需要时间。两国人民之间的交往，需要双方的真诚和努力。前几年我曾写过一篇小说《逃兵曹子乐》，讲一个人天生胆小，却又常年混迹于各种军队之间，纯粹为了混饭吃，一到要打仗了，就趁机逃走。后来被八路军俘虏，发现训话的长官是老乡，就当了八路军战士。八路军常和日本人打仗，十分英勇。这个人非常痛恨日本侵略者，也想杀几个敌人。可是一到战场上，就吓得尿裤子，怎么也冲不上去。几仗下来，他一个人也没打死。事后他很难过，觉得自己丢了八路军的脸，于是决定逃跑。可在夜间逃跑的路上，意外遇到一个日本逃兵，并且很容易缴了对方的械。这时他非常激动，用枪指住这个日本兵，很想一枪射杀他，他要证明自己是恨侵略者的。可他的手一直哆嗦，终于没有扣动扳机，因为他发现此时杀掉这个求饶的日本人，比在战场上打死日本人还难。他终于没有杀他，并把他送到自己的营地附近，让他向八路军投降。他知道，只有这样，才能保证他的生命安全。而他自己还是逃跑了。这是一部短篇小说，永仓百合子看到了，她从日本打来长途，说看过这部小说，她哭了。正是那个长途电话，让我真正把永仓看成了朋友。我想她懂得了我，懂得了中国人，我也懂得了她。

去年夏天，永仓百合子再一次来南京看我，我从机场直接把她接到家里，和全家人一块吃了一顿晚饭，这一顿晚饭吃了将近三个小时。她谈到中国时，和一帮日本年轻人如何彻夜偷听中国广播电台的趣事，她会唱《东方红》《大海航行靠舵手》，她喝了很多酒，唱了很多中国歌曲，逗得全家人大笑不止。这是一次家宴，永仓已成为我们家的一个亲戚。第二天，我和妻子陪她去了一趟苏州古镇同里，玩得十分开心。这一趟她来，我仍然说话很少，大多是妻子和女儿在陪她说话。但她没有再说我是个不爱说话的男人。

转眼春节又要到了。日本和中国一样，也是过春节的。一衣带水，两国相距并不遥远。借此机会，我和家人衷心祝永仓百合子一家幸福！

（该文载于 2008 年 1 月 12 日的《南京日报》）

后　记

　　"写作，是一项重要的事业，全社会都需要它，人人也离不开它；写作也是一门学问，这里有种种妙不可言、深不可测的奥秘需要我们去探索；写作，说得浪漫一点，更是一门艺术，它需要作者按照美的规律，艺术地把心灵物化为用文字编织的美的'花环'"（凌焕新先生语）。我有幸与写作这项事业、这门学问、这门艺术结缘，可以说与诸多引路人的指引、教诲密不可分，这其中就有像凌焕新先生、何永康先生、裴显生先生、包忠文先生等德高望重的前辈，他们在我探索的艰辛历程中曾给予我许多的鼓励和支持，在此向他们表示衷心的感谢！

　　我自九十年代中期在南京师范大学文学院攻读写作学研究生以来，曾深受导师、著名写作学专家凌焕新教授（曾任中国写作学会副会长、江苏省写作学会会长及名誉会长）及著名学者、写作学专家何永康教授（曾任南京师大文学院院长、江苏省红学会会长）的影响，在他们的指引下投身于写作学研究领域，毕业后长期在高校从事写作教学工作，在写作这块园地里默默耕耘，获得了一点点聊以自慰的成果。这些成果绝大多数曾在《江苏社会科学》等期刊上公开发表，也曾获得过江苏省写作学会第二届优秀成果一等奖、"江苏省青年文史学者高层论坛"优秀论文奖等奖项，取得了良好的社会反响。

　　本书主要就写作学科及写作教学中的相关课题进行较为系统的研究和思考，如写作教材研究、写作教法研究及具体文体的写作实践等提出了自己的思考，并重点结合微型小说创作与实践、散文批评的研究及实践、时评写作等文体现象进行深入、细致的探索，还结合写作教学过程中遇到的问题进行专门研究，如文科学年论文的选题、创新意识培养、文风等问题，这些思考都一一反映在这些长短不一、格调也不尽相同的研究文章中，且时间跨度又大，但也可约略窥见一个笔耕者的浅浅足迹。

恩师凌焕新先生不顾年事已高，仍欣然为该书作序，体现出浓浓的舐犊情怀，再次表达我的谢意。同时也敬请广大读者、专家同行批评匡正。

作者于南京三江学院文学院

2016 年 6 月